한국어로 내려온
New Bible

새로운
성 경

제24권

2부 | 총10부

하얀마음

하나님 말씀 중에서

1. 사랑의 하나님

- 세상을 창조하신 하나님은 모두를 사랑하신다. 인간만 특별히 더 사랑하지 않고, 우주 만물을 다 똑같이 사랑하신다. 그러니 하나님이 창조하신 천지 만물과 화친하고, 미물까지도 소중히 대하라.

- 하나님은 특정 종파나 민족만을 더 사랑하지 않으신다. 자기 자신만 구원받겠다는 욕심을 버리고, 자기 종파만 구원받는다는 편협한 교리에서 벗어나야 한다. 종파를 초월해서, 모두를 사랑하라.

- 원수까지 사랑하라 했으니, 이 세상에 사랑하지 못할 자가 누가 있겠는가? 종파가 다르다고 해서 부모 형제와 원수처럼 지내는 자는 인간의 근본을 모르는 자다. 가장 가까운 가족부터 사랑할 때 남도 진심으로 사랑할 수 있다.

- 한 사람을 원수같이 생각하던 마음에서 사랑하는 마음으로 돌리면, 자기 자신의 마음이 가장 기쁘고 행복하다. 하나님께서는 인간의 마음속에 무거움이 없이 기쁘고 행복한 삶을 살기를 바라신다.

- 이웃을 "내 몸처럼" 사랑하라 했으니, 마지막 한 장 남은 천국의 티켓도 이웃에게 양보하라. 자기 중심적인 신앙에서 벗어나서 남을 위해 살아야 한다.

- 독초도, 약초도, 이단도 사탄도 천사도 다 필요하기에 존재한다. 독초일지라도 극소량을 사용해서 생명을 살릴 수 있고, 약초라 하더라도 남용하면 생명을 잃을 수 있다.

- 세상 모든 것을 명약으로 활용하는 것은 인간의 지혜에 달렸다. 어떤 것이든 어떤 사람이든 적재적소에 꼭 필요한 명약으로 승화시키라.

- 사탄도 이단도 천사도 모두 하나님의 주관하에 존재한다. 진정한 하나님의 백성은 사탄과 마귀까지도 감화시켜서 천사로 거듭나게 한다.

2. 기도

- 하나님은 인간의 생각까지 모두를 다 알고 계신다. 우리의 소원도 이미 알고 계시기에, 소원의 기도를 할 필요가 없다. 우리가 받을 자격이 되면 내려 주신다.

- 죄를 짓고 아무리 회개를 해도 용서받지 못한다. 도둑질한 자는 용서해 달라고 기도하고, 도둑맞은 자는 도둑을 잡게 해 달라고 기도하면, 공의의 하나님은 누구의 편에 서시겠는가?

- 자기가 잘못한 것은 그 사람에게 직접 갚고 용서를 구하라. 그가 용서하면 하나님도 용서하신다. 땅에서 매면 하늘에서도 매이고, 땅에서 풀리면 하늘에서도 풀리는 이치다.

- "회당에서 기도하지 말고 골방에서 기도하라" 했다. 눈에 보이는 골방이 아니라, 골방과 같이 고요한 마음이다. 잡념을 버리고 하나님을 향해 마음을 집중하며, 사랑하고 용서하는 아름다운 생각만 나오도록 하라.

- "두드리면 열릴 것이다." 하는 것은 육의 소원을 위해 두드리라는 것이 아니라, 진리의 깨달음을 얻기 위해 두드리라는 것이다.

- 기도하는 방법: 생활 속에서 수시로 기도하는 삶을 살아야 한다.

- "저의 죄를 용서하여 주옵소서." 하는 회개의 기도를 하라.
- 범사에 "하나님! 감사합니다." 하라. 현재 가진 것에 감사하며, 과욕하지 말라. 자기 노력 이상의 것을 더 갖고자 기도하는 것은 도둑놈심보다. 공의의 하나님은 각자 노력한 만큼 주신다.
- "하나님 뜻대로 살아가겠나이다." 하며 마음의 각오를 다지라.

- 기도는 하나님의 말씀을 받아서 "행하는 것"이다. 하나님이 계심을 굳건히 믿고, 하늘을 향하여 한 점 부끄럼 없이 사는 삶 자체가 가장 위대한 기도이며, 삶이 곧 예배다.

3. 지도자

- 똑같이 사랑한다는 말을 해도, 순수하게 하는 말은 천사의 말이지만, 사기 쳐서 재산을 가로채려고 하는 말은 사탄의 말이다.

- 종교 지도자가 아무리 훌륭한 설교를 해도, 신도의 재물을 거둬서 더 큰 교회를 짓고 자기의 부귀영화를 바라며 설교하면 사탄의 가르침이 된다.

- "저희 교회는 만원사례요, 믿음은 다 같으니 이웃의 개척 교회에 가서 예배를 드리시오." 하며, 이웃 교회의 부흥을 먼저 생각하여 제 신도를 보내는 종교 지도자가 있다면 그를 따르라. 그가 하나님의 사랑을 실천하는 자다.

- "부자가 천국에 들어가는 것은 낙타가 바늘구멍을 통과하는 것보다 더 힘들다" 하였거늘, 지금의 교회에서는 부자가 되기만을 기도하고 소원하니, 이는 곧 천국을 포기하고 지옥 행 열차의 티켓을 사는 것과 같다.

- 예수는 빈손이었다. 종교 지도자가 예수보다 더 호화롭고 편안하게 살아간다면 잘못된 것이다. 부귀영화와 명예를 바라는 자는 절대로 갈 수 없는 좁고 협착한 길이 종교 지도자의 길이다.

- 종교 지도자는 유리로 비춰 봐 한 점의 부끄러움이 없이 살아야 한다. 의식주도 직접 일해서 해결하고, 예수의 가르침과 행함을 그대로 따라야 한다.

- 종말은 없다. 지금의 잘못 가는 종교 집단에게만 종말이 있다. 보이지 않는 하나님은 보이는 육의 종말은 관여하지 않으신다. 환경 파괴로 인간이 스스로 멸망을 자초하는 것이다. 종파끼리 싸우기 전에, 무너진 인성을 바로잡고 지구의 몸살을 해결하는 데 뜻을 모으는 게 급선무다.

4. 성전이란

- 이 세상 자체가 하나님께서 만드신 성전이다. 자연보다 더 아름다운 성전이 있는가? 보이는 건물이 성전이 아니라, 성스러운 마음가짐이 성전이다.

- 반석 위에 교회를 지으라 했다. 지상의 단단한 돌은 인간이 쪼갤 수 있으나, 마음속의 굳은 결의는 세상 무엇으로도 쪼갤 수 없다. 바르고 굳건한 믿음으로 성경의 가르침을 실천하는 것이 마음의 반석 위에 교회를 짓는 것이다.

- 손으로 지은 건물의 교회에 모여서 복음을 전하는 것이 아니라, 교회를 개인과 가정에 심어 주어야 한다. 무너지고 부서지는 건물을 짓지 말고, 마음속에 영원히 불변하는 참진리의 교회를 지으라.

5. 십계명

- 십계명은 인간이 죽어서 반드시 통과해야만 하는 열 개의 관문이다.
  - 부모를 공경하지 아니한 자는 “네 부모를 공경하라.” 하는 제5계명의 관문이 열리지 않으니 구원받을 수 없다.
  - 살인, 간음, 거짓, 우상 등의 나머지 계명도 마찬가지다.
- 십계명은 하나님의 친필이다. 모기소리만 한 하나님의 음성이라도 들어 보겠다고 여기저기 찾아 헤매지 말고, 십계명부터 암송하고 지키라.

- 십계명은 영혼을 구원하는 양식이며, 십계명을 지키는 것이 구원을 받는 길이다. 인간이기에 지키고자 노력하고 또 노력한다면 지킬 수 있다.

- 십계명을 지키고 천사처럼 아름답게 살아가는 그 마음 하나면 세상에 이루어지지 않는 것이 없다.

6. 보물

- 하나님은 재물이 아니라 우리의 마음을 받으신다. 사랑을 실천하며 천사처럼 변하는 마음이 하나님께 바치는 보물이다.

- 보이지 않는 하나님께 재물을 바치려 하지 말고, 너희를 길러 준 부모에게 용돈드리고, 찾아뵙고, 효성을 다하라. 그것이 하나님께 효도하는 것이다.

- 하늘에는 선과 악의 창고가 있다. 자기 창고에 선이 많으면 천국으로 구원을 받고, 악이 많으면 심판받아 지옥으로 간다. 그것이 바로 “선한 일을 행한 자는 생명의 부활로, 악한 일을 행한 자는 심판의 부활로” 나오는 것이다.

- “선악과를 따먹지 말라”는 것은 양심을 지키라는 것이다. 선과 악을 구분할 수 있는 양심을 최초에 인간에게 주셨다. 선한 열매는 취하고, 악한 열매는 버리며, 양심에 비추어 부끄럼 없는 삶을 살아가라.

- 가장 작은 거짓말을 하지 않고, 가장 작은 죄를 짓지 않으며, 가장 작은 선행을 하고, 가장 작은 악행을 멀리하는 것이 율법의 일점 일획도 빠뜨리지 말고 다 지키는 삶을 사는 것이다.

7. 우상

- 박물관에 있는 불상은 하나의 예술품이다. 그 조각품에 대고 제 소원을 빌 때 우상숭배가 된다. 십자가라 하여도 그 앞에서 소원을 빈다면 우상숭배하는 것이며, 하나님께 소원을 빈다면 하나님을 우상으로 전락시키는 것이다.

- 지금 기복신앙에 젖어 있는 모든 사람이 우상 앞에 절을 하고 있다. 조각품을 우상이라며 파괴하지 말고, 네 마음속에 있는 욕심의 우상을 무너트리라.

- 생수를 약초가 먹으면 약을 만들고 독사가 먹으면 독을 만든다. 같은 성경을 봐도 선한 지도자는 신도를 천사로 만드는 데 활용한다. 그러나 욕심이 가득한 지도자는 재물을 거두어들여 제가 부귀영화를 누리는 데 악용한다. 그가 바로 성경을 우상숭배의 도구로 전락시키는 거짓 선지자다.

- 성경을 한 획도 빼거나 더하지 말라는 것은, 그 가르침을 빠트리지 말고 온전히 지키라는 것이다. 성경 속에서 자기에게 유리한 구절만 보는 것은, 자기에게 불리한 구절들을 빼 버리는 것이다. 믿음이 제일이요, 행함은 구원과는 관계없다는 것은 자신에게 유리한 쪽으로 성경을 악용하는 것이다.

- 진정한 종교 지도자는 종파에 관계없이 어떤 종파든 어떤 책이든 접하고 보고 깨우쳐 견문을 넓히도록 인도한다. 참진리를 모르고 자신이 없는 자가 남을 이단이라며 배척하고, 신도들의 눈과 귀를 가린다.

8. 예수

- 예수의 재림은 없다. 예수가 다시 온다 해도, 과연 누가 그를 예수라고 믿겠는가? 예수와 같은 삶의 행함이 곧 예수의 재림이다. 각자 모두가 "재림 예수"가 되는, 차원 높은 믿음으로 가야 한다.

- 예수는 "주여 주여 하지 말고, 아버지의 뜻대로 행하라"고 했다. 예수가 전한 하나님의 뜻이 곧 "길이요, 진리요, 생명"이며, 그 가르침이 예수의 보혈처럼 소중한 것이다. 예수를 믿는 것은, 예수의 가르침을 믿고 따르는 것이다.

- 예수는 낮은 자로서 만백성을 섬기고자 했다. 만나는 모든 사람을 다 하나님이라 생각하라. 돈을 벌수록 겸손하고, 높은 지위를 얻을수록 낮아지라.

▪ 예수는 종파를 만들지 않았다. 인간이 만든 종교와 인간의 교리를 따르지 말고, 예수를 통해 전한 하나님의 참진리를 연구하고 따르라.

▪ 예수가 2천 년 전에 만백성을 위해 죽었으니, 지금 이 땅에는 예수의 가르침대로 사는 천사만 존재해야 한다. 예수가 죽어 가면서 바란 것은 만백성이 천사가 되어 예수의 자리를 채워 주는 것이지, 지금과 같이 재물을 바치면서 중언부언 제 소원만을 비는 백성들을 바란 것이 아니다.

9. 구원

▪ 천사가 사는 천국에는 천사만 갈 수 있으니, 천사 같은 마음을 길러야 한다.

- "천국 열쇠를 네게 주리니 땅에서 무엇이든지 매면 하늘에서도 매일 것이라" 했다. 땅에서 천사같이 사는 자가 하늘에서도 천사가 되어 천국에 들어간다. 모든 사람에게 천사같다는 말을 듣는 삶을 살아야 한다.

▪ 천사의 곱고 아름다운 마음은 부모를 공경하고 어른을 어른으로 대접하는 데에서 출발한다. 효도하는 자는 형제와 화목하게 지내기에 가정이 화목해지고, 이웃과 화목해지고, 국가가 화목해지고, 온 인류가 화목해진다.

- 그러므로 지상의 아름다운 소왕국은 가정에서부터 이루어야 한다.

▪ 선택된 14만 명만 구원받는 것이 아니라, 천사처럼 변하고자 하는 14만 명을 기초로 온 인류가 천사처럼 거듭나는 영적인 개혁이 시작되는 것이다.

▪ 천 년에 걸쳐서 하늘에서 이루어진 것같이 이 세상을 낙원으로 만들어, 만백성이 지상의 천국에서 살다가 죽어서 그대로 하늘의 천국으로 들어가는, 영원한 지상 낙원을 건설하는 것이 하나님의 계획이다.

- **이것이 구약과 신약에 이어 "새로운 성경"으로 역사하시는 하나님의 창조의 완성이다.**

▪ 지금의 믿음으로 구원받을 수 있다면 그 길을 가라. 그러나 자신이 없다면 하나님께서 직접 내리신 160권의 "새로운 성경"을 읽고 구원의 길을 보라!

하나님 머리말씀

이 새로운 성경을 읽는 너희 모두는
이 율법에 따라 행하면 영원히 구원받을 것이니라.

너희 인간이 수년, 수십 년, 평생
성서를 공부하고 기도하는 것은
하늘나라 나의 곁으로 오고 싶은 소망일진대,

몇천 년 전의 너희 인성과 생각이
지금의 너희와는 판이하게 다르니,

꺾여 가고 병들어 가는 너희를 고칠 수 있는 길은,
오늘 내가 선지자에게 내리는 새로운 성경과 같이
너희가 변화되는 것뿐이니라.

나의 예수가 태어난 것처럼
내가 아들 선지자를 선택하여
나의 새로운 성경을 온 세계에 전하고자 하니,

묵은 것은 버리고 새로운 것은 취하여,
너희 모두는
'여호와 하나님! 저의 죄를 용서하여 주옵소서.'
하는 기도문으로 기도하고, 죄를 뉘우치라.

이 새로운 성경은
수천 년간 내려온 성서를 요약한 것이니,
너희는 이 책을 정독하여 쉽게 깨달음을 얻고,
이대로 실천하여 하늘에 오르라.

대역자 머리말

■ 하나님의 율법을 지키는 선지자로 선택을 받도다.

저는 남들처럼 그저 열심히 살아온 평범한 사람이었습니다. 그러나 50대 중반에 사업에 실패하여 많은 부채에 시달렸으며, 건강도 악화되어 눈이 잘 안 보이고, 걷기도 어렵고, 두통이 심해서 잠을 이룰 수 없는 고통의 나날을 보냈습니다. 그때 제가 선택할 수 있는 것은 육의 삶을 끝내는 길뿐이었습니다.

죽기 직전에 그동안에 죄를 지은 이들에게 용서를 빌고 인생을 끝내기로 작정하였습니다. 어려서부터 지은 죄를 빌고 빌다 보니 끝이 없었고, 죽음으로도 그 많은 죄를 용서받을 길이 없다는 생각에 하염없이 눈물이 흘렀습니다. 그 순간 '재래식 화장실의 구더기는 죄를 짓지 않는데, 나는 인간으로서 구더기만도 못한 삶을 살았구나.' 하는 생각이 들면서 괴로움에 몸부림칠 때, 갑자기 하나님의 음성이 들렸습니다.

"나는 여호와 하나님이니라. 너는 십계명을 암송하고 내가 내려 주는 메시지를 받아 책으로 만들어 만백성을 구하라." 하시며, 제 눈을 손으로 문지르게 하시고, 아픈 머리와 다리를 손으로 두드리게 하셨습니다. 그러고 나니 눈도 잘 보이고 걸을 수 있었으며 머리의 통증도 말끔히 낫게 되었습니다. 그때부터 십계명을 암송하고 나면 들려주시는 말씀을 기록하였고, 1999년 8월부터 2004년 7월까지 권당 288쪽, 총 160권을 받아서 "새로운 성경"이라는 책으로 펴내게 되었습니다.

그러한 저에게 죽기보다도 힘든 길이 시작되었습니다. 모든 교인들이 저에게 사탄이요, 이단이요, 악마요, 마지막 시대에 온 거짓 선지자라 하면서 공격하였고, 저를 짐승을 보듯이 대하는가 하면, 편협한 종교 지도자들의 선동으로 신도들이 이 책을 직접 읽어 보고 평가할 기회마저 막아 버렸습니다. 그래서 하나님의 말씀을 세상에 내는 데 많은 어려움을 겪으며, 피를 토하는 심정으로 책을 전하고 있습니다.

그러나 아무리 인간의 힘으로 막으려 해도, 하나님의 뜻이 세상에 전해지는 위대한 역사는 계속될 것입니다. 책으로 전해지는 "하나님의 말씀"은 세상 끝날까지 항상 우리와 함께하실 것입니다. 사람은 죽어도, 책에 기록된 말씀은 영원히 남으니까요.

■ 따뜻한 실천

하나님께서는 어려운 사람들에게 삶의 터전을 마련해 주고, 미래를 열어 주는 것을 기뻐하십니다. 어려운 이웃이 스스로 자립할 수 있도록 이끌어 주는 것이 진정으로 이웃을 돕는 것이라고 말씀하셨습니다. 그래서 일자리가 없는 제자들에게 작은 사업장을 만들어 주는 "달란트 사업"을 하고 있습니다. 식당, 반찬 가게 등을 차려 주고, 기존의 어려운 사업장이 자립할 수 있도록 돕고 있습니다(커피숍, 미용실, 의상실 등).

하나님께서는 교회에 나와서 모든 시간과 재물을 쏟기를 원하지 않으시고, 그 시간과 재물을 교육에 투자하여 스스로 미래를 열어 가기를 원하십니다. 그래서 제때 공부하지 못한 제자들에게 학업을 이어 가도록 하였습니다. 중화요리 주방장을 하며 초등학교 검정고시부터 공부하여 2012년에 방통대를 졸업한 36세 남성, 만학도들의 2년제 중학교에 입학해서 2007년에 명지대학을 졸업한 38세 여성, 중학교 검정고시를 시작으로 숭의여자대학을 졸업한 47세 여성 등이 있습니다. 그밖에도 많은 제자들에게 나이를 초월하여 배우고 깨우쳐서 사회 속의 당당한 일원이 되도록 인도하고 있습니다.

학자금 대출로 힘겨워하는 젊은이들을 위해 "따뜻한 바람 장학회"를 발족하여(2016년 12월) 대출받은 학자금 전액을 매월 갚아 주고 있습니다. 또한, 다문화 가정을 위해 "다문화 가족 랜드"를 조성하여, 각종 시설을 무료로 활용하도록 하고 있습니다.

이러한 따뜻한 실천이 아직은 미약합니다. 그러나 책의 수입이 늘고, 저와 뜻을 같이하는 분들이 늘어나면 계속 확대할 것입니다. 지도자로서 신도의 재물을 헌금으로 거둬들여 착복하는 것이 아니라, 하나님께서 기뻐하시는 일에 사용하도록 중매 역할만 하며 살아가고자 합니다. 이런 제가 과연 사탄이고 이단인가요? 하나님께서 기뻐하시는 일이라면, 저에게 사탄이라 하든 거짓 선지자라 하든 굽히지 않고 실천해 나갈 것입니다.

끝으로, 일상의 삶 속에서 "지금 내가 하는 행동이 과연 하나님께서 기뻐하실까, 슬퍼하실까?" 생각하고, 매사에 하나님께서 기뻐하시는 길을 택하기 바랍니다. 교회에 모여서 집단적으로 예배 드리는 것이 아니라, 개인이나 가정 단위로 새로운 성경을 읽어 스스로 깨우치고 그대로 행하면 충분합니다. 그것이 마음속에 성전을 짓고, 신령과 진정으로 예배 드리는 길입니다. 그러면 천국의 문에 들어서게 됩니다.

2017. 2. 1.

하나님 말씀 대역자 김용철

차 례

십계명

이 책은 십계명을 암송하고 나면 내려 주시는 "하나님의 음성"을 듣고 그대로 받아쓴 기록입니다. 하나님께서 십계명을 모세에게 내려 주셨지만, 그것은 만백성에게 내려 주신 것입니다. 마찬가지로 이 책의 모든 말씀도 저에게 내려 주셨지만, 만백성 각자에게 들려주시는 말씀입니다. 여러분도 이 책을 접할 때마다 십계명을 암송하고 나서 정독해 주시기 바랍니다.

제일은, 너는 나 외에는 다른 신들을 네게 있게 말지니라.

제이는, 너를 위하여 새긴 우상을 만들지 말고, 또 위로 하늘에 있는 것이나, 아래로 땅에 있는 것이나, 땅 아래 물 속에 있는 것의 아무 형상이든지 만들지 말며, 그것들에게 절하지 말며, 그것들을 섬기지 말라.

제삼은, 너는 너의 하나님 여호와의 이름을 망령되이 일컫지 말라.

제사는, 안식일을 기억하여 거룩히 지키라.

제오는, 네 부모를 공경하라.

제육은, 살인하지 말지니라.

제칠은, 간음하지 말지니라.

제팔은, 도적질하지 말지니라.

제구는, 네 이웃에 대하여 거짓 증거하지 말지니라.

제십은, 네 이웃의 집을 탐내지 말지니라.

나 여호와가 존재함을 믿는 그 자체가 구원의 길에 들어서는 기본이요, 근본이며, 나의 새로운 성경을 가슴에 안고 정독하는 자, 반석 위에 서서 하늘에 오르는 찬란한 빛을 보게 되는 영광을 얻게 됨이니라. 진정 나를 따르고 믿는 자는 감히 사탄이나 마귀도 근접하지 못하느니라.

〈하나님 말씀〉

2002년 2월

1,933 번째 하나님 말씀

2002년 2월 28일 18시 50분

1 사랑하는 선지자야!
2 "네, 여호와 하나님! 말씀하옵소서."
3 내가 너에게 일러 너의 제자들에게 말
하기를, 마음을 비우라 하였느니라.
나의 성령을 태워 내려보낸 열여섯 권
의 법전을 정독하며 너의 강론을 들으
러 오는 너의 제자들의 지금의 마음
자세는 어디에 있는가?
4 그들은 마음을 다 비웠다고 생각하며
저희들의 믿음이 나 여호와를 향하여
달려오고 있다고 생각할 것이나, 그들
의 기본의 바탕이 어떠한가 너는 그들
에게 물어봐야 할 것이니라.
5 이와 같이 세상에 나의 음성을 직접
듣는 자들이 선지자의 제자 너희들뿐
이고,
6 내가 직접 내려쓴 이 법전을 직접 읽
고 정독하는 자들도 너희들이고,
7 많은 백성을 구원하기 위하여 동분서
주하며 지금 뛰고 있는 것도 이 지구
상에 있는 많은 나의 피조물 중에 너
희들뿐이며,
8 그리고 한 시대에 살아가면서 내가 선
택한 선지자와 같이 생활하며 또 그를
통하여 내리고 그를 통하여 내가 강론
하도록 하는 그 모든 나의 성령의 뜻
을 직접 듣고 너희 것으로 만들어 깨
닫는 자들이 너희들 외에 또 어디 있
겠는가? 그러한 너희들의 지금 마음
의 상태가 어디에 있는가?
9 사랑하는 선지자야!
10 너의 제자들에게 일러 물어보라. 너희
들은 지금 미워하는 사람이, 너희들
가슴속에 지울 수 없는 사람이 있는가,
11 그리고 너희와는 절대로 삶을 같이할
수 없으며 마음을 열 수 없는 사람이
너희 주변에는 없는가,
12 너희들 마음속에 정녕 용서할 수 없는
사람, 용서하지 못하는 사람은 없는가,
13 그리고 너희들이 미워하고 시기하며
질투하는 그러한 사람들의 이름이 너
희 가슴속에 기억되어 있지는 아니한
가 한번 물어보라.
14 이와 같이 나의 성령을 듣고 나의 법
전으로써 깨달음을 얻으며 마음을 비
워 나의 피조물 만백성을 구하는 전사
요, 나의 사랑하는 제자들로서 너희들
이 지금의 이 위치에 서 있으면서,
15 너희 마음속에 미워하는 사람을 지우
지 못하였고, 너희를 꾸짖고 탓하는
사람들을 지우지 못하였으며, 너희들
에게 욕하고 너희를 나무라는 자를 미
워하는 마음이 너희 가슴속에 남아 있
다 하면,
16 너희들은 정말 나 여호와의 가슴을 너
무나 아프게 하고 나를 울리는 것이
며, 나아가서는 너희들이 나를 기만하
는 그 죄가 얼마나 무서운가를 깨달아
야 할 것이니라.
17 지금 너희들의 가슴속에 미워하는 사
람의 이름이 남아 있으며, 시기하고

질투하는 사람의 이름이 남아 있으며, 정녕 용서할 수 없는 사람들이 남아 있다 하면 이는 안 될 것이니라.

18 내가 너희들에게 처음에 '작은 거짓말도 하지 아니하는 깨달음을 얻으면 세상의 모든 실천함을 얻을 수 있다.' 하였으니,

19 지금은 너희 마음속에 미워하는 사람, 지울 수 없는 사람들이 남아 있다 하면 너희들은 이것부터 지우고 이것부터 용서하라.

20 너희들이 용서받을 수 없는 사람이라면 너희들이 가서 용서를 받으며, 너희들이 용서할 수 없는 사람이면 그를 용서할 수 있는 그와 같은 마음의 자세를 가져야 할 것이니라.

21 너희 마음에 굴곡이 있고, 너희 마음에 높낮이가 있고, 너희 마음에 그 사랑함이 뜨겁고 차가움이 있고, 매섭고 무서움이 있으며, 그러한 마음을 가지고 있다 하면 아무것도 너희들 마음에 들어올 수가 없음이니라.

22 그저 너희들은 생수처럼 온유해야만 되느니라.

23 너희 마음속에 맵고 짬이 있고, 매서움이 있고, 차고 뜨거움이 있으며, 높고 낮음의 형태의 마음이 있다 하면 너희들이 무엇을 어찌 그곳에 받아들일 수 있겠는가?

24 너희들이 모두를 받아들일 수 있는 것은 그저 깨끗한 생수와 같은 마음으로 되어 있어야 함이니,

25 너희들이 아직도 미워하는 자를 기억하고 있고 용서하는 자를 기억하고 있으며, 너희가 만나서 괴로운 자가 있고 너희가 봄으로 괴로운 자가 있으며 같이 생활하면서 용서할 수 없는 자가 있다 하면,

26 이는 너희 마음이 생수가 되어 있지 아니하기 때문에 그들의 마음이 너희 마음을 비집고 들어올 수가 없음이니, 이와 같은 너희 마음의 비움을 먼저 실천해야 할 것이니라.

27 너희 가슴속에는 어떠한 사람도, 사랑하는 사람도 미워하는 사람도 똑같이 자리 잡고 있어야 함이니, 이를 너희들은 실천해야 할 것이니라.

28 이를 실천하지 못하면 너희들이 나를 기만함이요, 선지자를 기만함이요, 너희들이 선지자를 따르는 제자로서 자격이 없음이니, 이를 먼저 너희 스스로 다스려야 할 것이니라.

29 오늘 나의 이 성령의 메시지를 듣는 너희들은 너희 가슴을 열라.

30 그리고 너희 가슴속에 있는 미워하고 사랑하며 용서할 수 없는 사람, 그리고 바라보기도 싫은 사람, 쳐다보기도 싫으며 그 음성까지도 듣기 싫은 사람, 그러한 모든 사람을 다 날려 보내야 할 것이며 지워 버려야 할 것이니라.

31 너희들이 너희 가슴을 도려내는 그 아픔을 인내하며 그를 다 받아들이고 용서하는 것을 실행함으로 인해서 거기에 받아들이는 너희 영혼의 아름다움이요, 영혼이 나에게 가까이 오는 것은,

32 육상 선수가 달려오듯이 그와 같이 나에게 가까이 달려오고, 그가 힘차게 나를 향하여 달려오는 그와 같은 역사

가 이루어지는 것과 같으니, 너희 마
음을 비우라.
33 너희들과 가장 가까이에 있는 사람들
의 모든 것을 다 용서하라, 그리고 눈
을 내리감으라.
34 너희들이 화가 나고 속이 상하며, 그
들과 같이 치받고 싶고, 그들을 원망
하고 그들에게 욕설을 퍼부으며 그들
에게 너희 손이 날아가려 하거든,
35 너희들은 눈을 아래로 감으며 너희 눈
속에 그 눈물을 흘리는 그와 같은 마
음으로 변하여 너희 눈을 감으라.
36 그를 구박하고 싶고 그를 욕하고 싶고
같이 치받고 싶으며 그에게 손이 올라
가고 싶거든, 너희들은 나 여호와를
향하여 너희 영혼이 지금 달려가고 있
으니, 너희들이 구원의 길을 달려오는
그 영혼의 달려가는 것을 막지 말라,
그리고 중단시키지 말라.
37 그리하여 너희 육 앞에 그가 서 있으
나 너희 육은 아무것도 아니니, 눈을
아래로 감아 너희 육에서 흐르는 눈물
로써 실컷 울거라.
38 소리 없이 너희들이 눈물을 흘리라.
그리고 고개를 숙여 너희 육신에서 흐
르는 그 샘의 눈물을 마음껏 쏟아 내
라.
39 너희들은 달려가는 나의 영혼을 멈추
는 행위를 해서는 아니 될 것이니라.
40 너희들과 같이 생활하는 가까이 있는
사람을 욕하고 같이 치받으며 그를 욕
하고 미워하고 저주하는 마음으로써
너희 육신의 화를 돋운다면, 나를 위
하여 달려오는 너희 영혼이 그 자리에
서 멈추며 그저 죽어 감이니라.
41 그 자리에서 숨을 멈추는 것이 아니라
그 자리에서 죽어 감이니라.
42 너희 영혼을 죽이지 말라, 사랑하는
나의 피조물 만백성들아! 그리고 나
의 사랑하는 선지자를 따르는 선지자
의 제자인 너희들은 그 영혼을 멈추게
해서는 아니 될 것이니라.
43 너희들이 눈을 아래로 감아 너희 눈에
서 소리 없는 눈물을 하염없이 흘리
며, 그가 구박하는 소리, 욕하는 소리,
저주하는 소리, 너희들이 들어서는 아
니 되는 소리, 그 모두를 너희들은 들
으면서 눈물로써 씻어 내야 하는 그
와 같은 아픔의 역경을 겪어야 하는
것이니라.
44 내가 오늘 나의 선지자를 통하여 나의
성령을 너희들에게 전함이니,
45 너희들이 이것을 듣고도 이리 시행하
지 아니하며, 너희를 미워하는 자, 너
희를 욕하는 자에게 같이 맞받아치고
같이 언성 높이고 같이 원망하는 마음
을 가지며 너희 몸으로써 부딪치고
너희 주먹을 그를 향하여 날리고 싶은
열화와 같은 마음을 갖고 있다 하면
너희 영혼은 그 순간에 죽음이니라.
46 고개를 내려 육신의 눈물로써 씻어 내
며, 그 달려가는 영혼을 멈추게 하지
말라.
47 나의 이 뜻을 깊이 새겨서 행하도록
할 것이며, 너희 것으로 반드시 만들
어야 할 것이니 그리 알라.

1,934 번째 하나님 말씀

2002년 2월 28일 19시 05분

1 내 사랑하는 선지자야!
2 "네, 여호와 하나님! 말씀하옵소서."
3 내가 너에게 일러 말하였느니라. 너에
게 물 한 그릇을 전하는 자가 어떠한
정성과 아름다운 마음으로써 너에게
물을 전하는가 하는 그것을 네가 감사
하는 쪽으로 생각하여 감사하는 마음
으로 받아들이라 하였음이니라.
4 그저 물 한 그릇을 네가 얻어 마시는
것으로써 생각지 말고, 그가 너에게
전해 주는 그 아름다운 마음을 생각하
라 하였음이니라.
5 또한, 그 물 한 그릇을 원하는 자에게
떠 주는 자가 너희들이라 할 때, 너희
들이 그 물을 떠서 상대방에게 전해
줄 수 있는 그와 같은 물질적인 것이
며 그 모든 영광을 누구로부터 받아서
그와 같이 선한 일을 하는 것인가를
깨달으면 나 여호와가 있음을 너희들
이 알 수 있음이라 하였느니라.
6 그러나 선지자야, 여기서 너희들이 또
하나 깨닫고 가야 할 것이 있느니라.
7 남들이 너에게 좋고 아름다운 선물을
한다든지, 그저 간단한 선물을 한다든
지, 너에게 성의의 표시요, 정 표시를
할 때, 너희들은 그의 수고로움과 그
의 어려움을 덜어 주는 그와 같은 행
위에서 그를 받지 않고 거절할 수 있
느니라.
8 그러나 너희들이 거절하고 돌아서는
그 마음만으로써는 아니 되느니라.
9 너희를 위하여 빵 한 봉지를 너희에게
사 주고자 하는 자에게 너희가 수고로
움을 끼치지 아니하려 거부하였음이
니, 그것이 너희들이 지켜야 할 사랑
이며 너희들이 가는 아름다운 마음이
아님이니라.
10 너희들이 그로부터 그 물건을 받지 아
니하였더라도, 그가 사 준 것 이상으
로써 그가 사 주고자 하는 그 곱고 아
름다운 사랑하는 마음을 그대로 너희
가슴에 받아 심을 수 있는 그와 같은
마음의 자세를 가짐이 이제는 너희들
이 가야 할 길이니라.
11 너희에게 빵 한 봉지를 사 주고자 하
는 자, 그의 수고로움을 너희가 생각
해서 그를 거절하며 받지 않고 돌아서
는 그 마음의 자세가 아니라, 너희들
이 너희 것으로 만들어 깨우쳐 가야
하는 것이 지금의 너희들의 마음자리
이니라.
12 이를 너의 제자들에게 일깨워 가르쳐
주도록 하라, 선지자야!

1,935 번째 하나님 말씀

2002년2월 28일 19시 20분

1 사랑하는 선지자야!
2 "네, 여호와 하나님! 말씀하옵소서."
3 너의 제자들에게 이르라.
4 내가 너의 제자들을 사랑하노라. 내가
사랑하는 너의 제자들이요, 나의 백성
에게 내가 너희들의 그 모습을 그려
주고자 함이니, 나의 이 뜻을 깊이 가
슴에 새기도록 하라.
5 너희들의 마음이 아름답게 변하며 생
각이 변하면 너희 얼굴의 모습이 선하

고 아름답게 다스려지며 변해 가는 것
이니라.
6 나 여호와는 너희들이 마음의 깨달음
과 변화에 의하여 너희 얼굴의 형태가
아름답고 곱게 변해 가는 그 모습만을
보고자 하는 것이 아니니라.
7 나의 사랑하는 제자요, 나의 백성이
요, 내가 사랑하는 너희들은 너희 마
음이 변하여 얼굴이 곱고 아름답게 변
함과 더불어 너희들이 손가락 하나 놀
리는 것도 곱고 아름답고 부드러우며,
아기들 손과 같이 아름다운 모습으로
써, 천사의 손으로써 모든 것을 만지
고 다스리고 움직이는 그와 같은 변함
을 원하며,
8 춤추는 여인의 손끝과 같이 그렇게 부
드럽고 아름다운 모습으로써 너희들
손가락이 변해 너희들 손으로써 무엇
을 만지고 집고 놓고 누르고 치울 때
도 그 손을 춤추는 천사의 아름다운
손가락처럼 그리 놀리기를 바라는 것
이니라.
9 너희들의 발가락 하나를 놀림도 또한
유하고 부드러운 모습으로써 움직여
야 할 것이며, 걸어가는 모습도, 음식
을 취하는 모습도, 너의 제자와 나의
백성은 한 폭의 그림 속에 있는 선남
선녀의 모습과 같이 유연하고 아름다
운 모습으로써 행동하고 변하는 것을
내가 너희들에게 보고자 하며, 그 모
습이 너희들의 변한 모습이라 내가 말
하고자 함이니라.
10 사랑하는 선지자야!
11 "네, 여호와 하나님! 말씀하옵소서."
12 너희들은 나 여호와가 욕심이 많으며
너무나 너희들에게 많은 것을 원하고
너무나 많이 너희들이 변하는 것을 원
한다 그리 생각할 것이나,
13 너희들이 그 육신에서 마음이 변하여
나에게 오르는 그 믿음이 강하여 변하
는 모습이 너희들의 외형의 얼굴이 변
하는 모습, 그것 하나로써 변했다 하
며 내가 너희들의 그 얼굴의 모습만을
보고 싶어 하겠는가?
14 정녕 나를 위하여 변해 오는 너희들의
그 변한 모습은 마음의 변함이 얼굴의
변함이요, 더불어서 너희들의 손가락
하나 놀림도 아주 아름다운 무용수가
춤을 추는 것처럼, 천사가 춤을 추듯
이 그와 같이 아름답게 스스로 너희들
이 행해야 하느니라.
15 너희들의 걸음걸이와 행동하는 그 모
습 하나하나가 많은 관중 앞에서 유
연한 모습으로 저희를 자랑하는 무용
수의 춤 추는 것과 같이 연하고 부드
러운 몸놀림으로써, 생명이 있든 없든
모든 것을 접하는 그 모습이 부드럽고
유연하며,
16 생명을 가진 자가 너희들의 손발을 접
할 때, 그들이 부드럽고 유한 촉감을
느끼며, 너희들이 그들에게 무게를 실
어 누르고 전하는 그와 같은 모습이
아니라,
17 그저 춤추는 무용수처럼 가볍게 쓰다
듬는 유한 모습으로써 사물을 만지고
인간을 만지며, 너희들이 돌덩이를 집
더라도 무용수와 같은 부드럽고 유연
한 그 모습으로 그를 잡고 만지고 다
스리는, 그와 같은 너희들의 굳어진
모습까지도 변하는 것이 내가 너희들

을 보는 마음의 변화요, 또한 육신의
변화이기에 그 모습을 내가 보고자 함
이니라.
18 그와 같이 너희들이 변한 모습을 내가
보고자 함이니라.
19 너희들은 나이 먹어 굳어진 육신이라
그리할 수 없을 것이라 말할 것이니라.
20 그러나 너희들 손가락을 한번 펴 보
라. 그를 부드럽고 유하게 움직여 보
라. 그리고 모든 것을 하나 잡더라도
천사가 잡는 것처럼 가벼운 마음으로
만지고 잡아 보라.
21 그와 같이 유하고 아름다운 모습으로
써 너희들의 손과 발과 모두가 똑같이
변하는 것을 내가 보고자 함이니라.
22 너희들이 바라보는 그 눈에서는 사랑
의 눈빛이 흐르며, 너희들의 입에서는
사랑의 음성이 나오며, 너희들의 부드
러운 혀, 부드러운 입술에서 아주 부
드럽고 가벼운 음성이 구슬을 굴리듯
이 들려오고 전하는 것을 내가 원하며,
23 너희들의 바라보는 그 눈동자에서 유
하고 아름다운 그 사랑의 눈빛이 나오
고
24 그저 수정 같은 눈물이 흐르는 여인의
아름다운 눈과 같은 그 눈방울로써 세
상의 사물을 바라보는 그 눈빛이 되기
를 내가 바람이니라.
25 그 눈빛 속에 너희들의 총명함이 있고
아름다움이 있으며 세상을 바라보는
너희들의 소중함이 있으니,
26 그와 같이 모든 것이 변하는 너희들의
모습을 보고 싶어 하는 것이 나 여호
와의 마음이니,
27 너희들은 나이를 탓하지 말고 굳어진
육신을 탓하지 말며, 그와 같이 아름
답고 유한 모습으로 변하라.
28 너희들이 어린아이의 볼을 비비듯이,
어린아이의 손가락을 만질 때 느껴지
는 그 촉감처럼 그리 변해 달라.
29 많은 관중 앞에서 피아노를 치는 음악
가가 피아노의 건반을 두드리는 그 손
끝처럼 그와 같은 감각과 그와 같은
정성으로써, 그와 같이 부드럽고 유한
모습으로써 사물을 만지고 대하며, 그
와 같은 모습으로 너희들이 변해 주기
를 나 여호와가 바라는 것이니라.
30 많은 관중 앞의 무대 위에서 피아노의
건반을 두드리는 그 음악가의 손처럼,
그 손가락의 놀림과 같이 유하고 부드
러우며 아름다운 모습으로써 너희들
이 변해 주기를 바라며,
31 너희 발가락이나 너희들의 어떠한 몸
체요, 너희 모든 육신이 그와 같이 유
하고 부드러운 모습으로써 모든 사물
을 접하고 모든 것을 대하며 살아가기
를 바라느니라.
32 그와 같은 마음으로써 너희들이 살아
갈 때 너희들의 마음이 다스려짐이며,
그와 같은 마음속에서 너희들이 정녕
천사가 무엇이고 천사가 되는 것이 무
엇인지를 깨달으며 그와 같은 삶을 살
아갈 때, 너희들이 스스로 천사가 되
어 하늘에 오르고 있음을 알게 될 것
이니,
33 그와 같은 마음 자세로써, 그와 같은
육신의 움직임으로써, 그와 같은 육신
의 변하는 모습으로써 너희들이 그리
살아 주기를 바라는 것이 나 여호와임
을 잊지 말며 깊이 새겨 두라.

2002년 3월

1,936 번째 하나님 말씀

2002년 3월 1일 06시 10분

1 사랑하는 선지자야!
2 "네, 여호와 하나님! 말씀하옵소서."
3 정녕 네가 가는 길이 멀고도 멀고 어
렵고도 힘들며 그리고 고달프고 고달
픈 항해의 길이니라. 네가 모두를 다
참고 인내하고 감은 누구도 생각할 수
없는 그 고개를 넘어가고 있음이니,
4 사랑하는 선지자야!
5 "네, 여호와 하나님! 말씀하옵소서."
6 파도가 치면 그 파도를 거역하지 말고
그에 순응하며 그 파도에 얹혀 그 흐
름을 따라가는 것만이 모든 선박이 견
딜 수 있음이니라.
7 너 하나 모두를 다 버려 수천 수억의
너희 대대손손 만백성이 바른길을 보
고 구원의 길을 간다 하면 그보다 더
큰 영광과 은혜가 어디 있겠는가?
8 그러나 육신을 가진 너희들이 말로써
는 그와 같이 할 수 있으며 언약으로
써는 그와 같이 갈 수 있다 하나, 그
길을 간다는 것이 그리 쉬운 길은 아
니니라.
9 어떠한 각오와 노력을 한 사람도 그
길을 가기는 정녕 어렵고 힘든 것이니
라.
10 그리하여 너희들이 말하기를, 완벽한
사람이 없으며 완벽한 것으로써 구원
을 받는 자 없으니,
11 나 여호와가 너희들에게 성령으로 임
하여 내가 선택하여 구원하는 길밖에
없음이라 하며, 그리하여 자신은 구원
을 받았다고 말하는 자, 그가 얼마나
어리석은 자인가를 알 수 있으며,
12 나 여호와만이 할 수 있는 그 고유의
나의 뜻을 저희 임의로 그렇게 말하고
있음이니,
13 어느 누구도 내가 인정하여 구원하지
않는다면 구원받을 자가 하나도 없음
이니라.
14 네가 어렵고 힘든 그 길을 말없이 견
디어 오는 모습이 그리도 소중하고 나
여호와의 마음이 기쁘기 한량없느니
라.
15 그러나 내가 내려다보는 변하는 네 모
습과 너 스스로 다스려 변화해 가고
자 하는 네 마음의 어려운 그 길을 따
라가려 하고 나의 성령을 네가 들어
전하는 것을 듣는 자들 또한 마음이
하얀 눈처럼 변화되지 못하고 있거늘,
16 너와 접하지 아니하고 너와 같이 있지
아니하며 나의 성령을 직접 듣지 아니
하는 나의 피조물 만백성이 과연 바르
고 옳은 길을 갈 수 있고 하늘에 오를
수 있다 생각하는가?
17 너희들은 나의 피조물 만백성을 구원
하며 하늘에 오르는 길을 인도한다는
많은 그들의 기도 소리를 들어 보고도
그리도 모르는가?
18 그들은 나에게 무엇을 달라, 무엇을
이루어 달라, 그리고 저희들이 무엇인
가를 받은 자에게 그만큼 축복을 내려

달라, 그리고 그에게 은혜와 영광을
주라 하여, 그러한 기도 소리가 몇천
년 동안 이어져 오는 그와 같은 형국
에 있음이니,
19 그러한 그들이 나에게 무엇인가를 원
하고 육신의 영화와 행복을 추구하여
서 하는 그 기도 소리를 듣는 너희들
이,
20 그들이 하는 그 기도 소리가, 10년, 20
년, 30년, 백 년, 천 년의 역사가 흐르
며 천 명, 만 명, 수억의 종교 지도자
들이 하는 그 음성의 뜻이 다 같은 것
을 너희들은 어찌하여 모르는가?
21 지도자의 숫자가 많든 적든 그들이 하
는 기도는 다 그 한 굴레를 벗어나지
못하고 있음이니라.
22 나에게 무엇을 원하는 자, 달라는 자
는 나와 아무런 관계가 없다 하였으
니, 나는 거래하는 자가 아니기 때문
이라 말하였느니라.
23 그러나 그들은 지금도 거래를 하자고
하며 또한 내일도 모레도 영원히 그들
은 거래를 하자고 나에게 부르짖을 것
이며,
24 그리고 그 거래를 하고자 하여 중개인
의 역할을 하는 그들 앞에 너희들은
수많은 노동력의 시간과 금화와 은화
를 바치며 그 허공에 뜬 거래의 소리
를 사고자 함이니, 그는 빈 소리이니
라.
25 나와는 아무런 관계도 없는 그 빈 소
리를 사고자 그를 위하여 모두를 다
바치는 그와 같은 형국으로써 너희들
이 살아가며, 너희들 자손 대대손손이
그와 같이 허공에 질러 대는 그 빈 소
리를 사고자 하여 금화와 은화와 시간
을 주고 기도하며 울부짖는 그와 같은
형국에 있음이니라.
26 그리하여 이를 더 볼 수 없어, 이보다
더 사악하고 험악한 종말의 시대가 없
고 이보다 더할 수는 없기에, 내가 지
금 이 종말의 시대에 나의 모두를 태
워 나의 성령을 세상에 내보내니,
27 내가 내려보낸 나의 뜻을 글로써, 음
성으로써 너희들이 듣고 깨달을 수 있
도록 내가 그리하여 세상에 내려보내
니, 너희들은 그 내용을 살펴보고 들
어 보면 알 것이니라.
28 이를 나의 피조물 만백성에게 전하기
전에, 먼저 접하고 듣고 읽고 보는 너
희들이 어찌 되어야 하는가?
29 불어오는 바람에 흔들리는 갈대같이
너희들 자신이 흔들리는 그와 같은 마
음의 자세로 나를 향하여 오르고자 한
다 하면,
30 이 세상 나의 피조물 만백성이 깨우쳐
하늘에 오르기는 멀고도 먼 길에 있음
이니라.
31 너희들에게 무엇을 주라, 그리고 전해
주라, 축복을 주라는 너희들이 듣기
좋은 그 기도 소리를, 그저 나와 아무
런 관계도 없이 공중에 메아리치는 그
것을 사고자 하는 너희들은,
32 내가 직접 내려 너희들의 목을 조이
며, 너희들이 몸단장을 바르게 해야
하고 생활을 바르게 해야 하며, 너희
들을 통제하는 그 기도 소리가 매일매
일 어려워지며, 나의 뜻을 전하는 그
속에서 너희들이 읽고 깨우치면 하루
하루의 생활이 변화되고 마음가짐이

달라지며, 그 속에서 나에게 오르는
길을 보며 너희들이 나와의 거리를 좁
히는, 너희들을 구원하는 이 나의 법
전의 소중함을 어찌하여 그리도 모르
며 그 위대함을 모르는가?
33 너희들에게 무엇인가를 주라는 편안
하고 듣기 좋은 그 소리보다, 너희들
자신의 잘못됨을 깨우치고 그 잘못 감
을 통제하며 옳고 바르게 살라 너희에
게 명하는 나의 음성이 더 소중하거늘,
34 너희들이 고귀한 보석보다도 더 소중
한 나의 음성은 그저 흘러가는 듯이
들으려 하지 아니함이니, 너희들은 나
의 피조물 만백성에게 전하여야 할 것
이니라, 나의 법전만이 하늘에 오르는
길이요, 진정한 나를 볼 수 있는 길이
라.
35 그리하는 것은 너희들이 고통의 세월
속에서 매일매일 그 고통을 너희 것으
로 만들어 변하여 올 수 있도록 그리
정하여 내린 나의 음성이요, 나의 성
령이요, 나의 뜻이기 때문이니,
36 이것이 지금 수천 년 역사 동안 하늘
에 오르고자 하는 지도자들과 하늘과
땅의 차이보다도 더 엄청난 차이가 있
고,
37 죽고 사는 그 기로에서 죽음의 길을
가느냐 삶의 길을 가느냐 하는, 너희
들로서는 선택할 수도 없고 바라볼 수
도 없는 그 위대한 삶을 향하여 행할
수 있는 그 길을 열어 주는 것이건만,
38 그 길을 보지 아니하고 그 길을 가려
하지 아니하는 나의 피조물 만백성을
구원하는 것이 너희들이 해야 할 일이
니라.
39 너희들은 또한 알아야 할 것이니라.
40 나의 아들 예수가 세상에 태어나 짧은
시간 동안에 너희 인간들과 같이 사는
동안 그 시대에 같이 살아오면서 구원
을 받지 못하고 나의 아들 예수가 부
르짖는 그 주옥같은 생명의 소리를 들
으면서도 듣지 못한 자들,
41 예수가 존재하여 와 있는데도 그가 소
중하며 나의 아들이라는 것을 모르고
살아왔던 그 백성을 어리석다 너희들
이 생각할 것이며,
42 또한 그를 어렵고 힘든 고행의 길로,
죽음의 길로 몰아 십자가에 매달고 가
시관을 씌워 죽인 그 사람들의 어리석
음을 너희들은 지금 탓하며 그들을 어
리석다 말할 것이니라.
43 너희들은 지금 그 시대에 그를 깨우치
지 못하고 예수가 왔음을 모르며 그를
따르지 아니하고 그와 같이 죽음을 선
택하지 못한 그 백성을 어리석다 탓할
것이며 우매한 동물만도 못한 사람들
이라 말할 것이니라.
44 그러나 지금 너희들은 정신을 차리고,
그 시대 사람들을 미워하며 어리석다
원망하기 전에, 너희들의 지금의 어리
석고 우매함을 먼저 깨달아야 할 것이
니라.
45 4천 년의 구약 시대와 2천 년의 신약
시대를 와, 그 모두를 덮고 마감하면
서 내가 제3의 시대라 하여 이제는 구
원의 시대이며, 내가 너희들의 알곡식
을 추수하는 그와 같은 때가 지금이니
라.
46 그때를 맞이하여 내가 알곡식이 무엇
이고 쭉정이가 무엇인가를 구분할 수

있는 나의 법전을 내려보내니, 이는 나의 선택된 선지자요, 나의 종이요, 나의 아들을 통하여 지금 내가 너희들을 구원하고자 이리 내려보냈거늘,
47 너희들은 지금 그를 보고 이단이요, 사악한 무리요, 종말의 시대에 오는 마지막 거짓 선지자라 부르짖고 있음이니,
48 그리고 그 나의 주옥같은 음성을 들으며 그가 내리는 나의 성령의 가르침을 듣는 너희들의 마음이 지금 갈대와 같이 흔들리며 뿌리를 잡지 못하고 있다 하면,
49 너희들은 백 년의 세월도 지나지 않아 오늘의 너희들이 얼마나 어리석고 우매한 동물만도 못한 인간들이었는가를 알게 될 것이니라.
50 너희들이 지금 예수의 시대의 사람들을 우매하고 바보스러운 사람들이라 말하듯이, 너희들은 백 년의 세월도 가지 않아 그와 같은 소리를 들을 것이니라.
51 너의 제자들과 나의 법전을 읽고 깨우치는 그들에게 이르라.
52 나의 법전이 너희들에게 잘못 가라 함이 있고, 너희들에게 오늘과 내일의 깨우침이 없으며, 정녕 그 속에 너희들이 고달픈 길을 가도록 인도하는 것이 없는가?
53 너희들이 정녕 고달프고 힘든 길을 가나에게 오르는 길이라 하여 그를 깨우치며 가르침의 지침서가 된다면,
54 너희들은 나의 법전이 나의 성령이요, 나의 선지자가 정녕 나의 아들이요, 나로부터 선택된 선지자임을 알아야 할 것이니라.
55 이 한 시대에 선지자와 손을 잡고 같이 살아가는 그 영광과 영화의 축복이 과연 얼마나 위대한 것인가 그 이치를 깨우친다 하면,
56 그를 통하여 내리는 나의 성령이 얼마나 너희들에게 소중한 생명수인지 깨달을 것이며,
57 그리고 너희들이 그렇게 갈구하고 원하던 나 여호와의 음성을 들으며 나의 형체를 보게 됨이니, 그보다 더한 영광이 없음을 너희들은 알아야 할 것이니라.
58 내가 너희들에게 일깨워 말하였느니라.
59 나의 아들인 예수가 세상에 나와 나의 뜻을 전하며 나의 뜻을 향하여 살아가는 그동안은 나를 대행함이라 하였음이니라.
60 너희들은 2천 년 역사 동안 구원을 원하는 기도를 하였고, 구원의 길을 위해 살아왔으며, 그리고 그 길만이 너희들의 영원한 삶의 길이라 하여 울고불고하며 모두를 다 바쳐 그 길을 가고자 하는 너희들이었느니라.
61 그리하여 2천 년의 신약 시대가 지나 나의 성령을 들으며 나의 뜻을 받아 세상에 나온 나의 법전을 너희들이 보고 들을 수 있는 글로써 기록하여 너희들을 구원하고자 그 어렵고 힘든 고행의 길을 가고 있는 자가 있다 하면, 그는 결국 무엇을 하는 자던가?
62 나를 대변하며 나를 대신함이니라.
63 나를 대신하는 자, 나를 대변하는 자의 가르침이요, 그 전하는 뜻을 너희

들이 듣지 아니하고 어찌 나에게 올
수 있으며 나를 볼 수 있다 하는가?
64 너희들은 나의 아들 예수의 보혈로써
구원을 받았다 말하나, 천부당만부당
한 소리 하지 말라.
65 꿈에도 그러한 생각을 너희들이 한다
면, 너희들이 죽어 내 앞에 와서 그것
이 얼마나 무서운 착각이었는가를 알
게 될 것이니라.
66 예수를 알게 하며 예수의 음성을 듣게
하여 예수의 가르침을 듣는 자는 그가
나를 대변하며 나를 대신하기 때문에,
그를 통하여 너희들이 그 깨우침을 깨
달아 깨달음의 한계에 도달할 때 내가
구원할 수 있는 자, 만날 수 있는 자를
선택하여 그들을 구하고자 하는 것이
거기에 있듯이,
67 오늘의 나의 선지자를 통하여 내가 나
의 성령을 너희들이 읽고 깨우칠 수
있는 법전으로 만들어 내려보내니,
68 이를 보고 깨우치고 터득하는 자는 내
가 원하고 내가 추구하는 방향으로써
달려오는 자이기에 그들을 내가 만나
고 내가 구원할 수 있는 그와 같은 형
국이 이루어짐이니라.
69 오로지 나를 대신하여 세상에 내려간
자의 그 뜻을 따라 그와 같이 동반하
여 오지 아니하는 자는 나를 볼 수도
없고 나를 만날 수도 없음이니라.
70 이것이 바로 나의 선지자의 소중함이
요, 나의 종의 위대함이며, 나의 법전
의 소중함을 너희들이 알아야 할 것이
니,
71 이를 깨우치지 못하고 오만한 자, 경
거망동한 자, 그리고 선지자에게 이단
이요, 사탄이라며 돌을 던지고 침을
뱉는 자는 정녕 나에게 오고자 하는
자가 아니니라.
72 나에게 오고자 하는 자는 나의 법전을
읽고 깨우치고 마음을 다스리며 나의
선지자와 더불어 나에게 향하고, 내가
내리는 가르침을 저희 가슴속에 깊이
새겨 나의 뜻에 따라 순종하고자 하는
자,
73 그만이 선지자를 통하여 나의 빛을 볼
수 있으며, 나에게 오르는 영광을 얻
을 수 있는 그 관문을 선지자가 지키
고 있음을 너희들이 알아야 할 것이니
라.
74 선지자를 통하며 나의 법전을 통해야
만 나에게 오를 수 있는 그 일차 관문
이 열림이니,
75 그 관문을 들어서는 자만이 나의 영역
에 들어오는 것이며, 그 영혼이 구원
을 받아 나에게 올 수 있는 그 이치를
너희들이 오늘 깨달아, 내가 내리는
하늘의 비밀이요, 천기를 가슴에 깊이
새겨 행하도록 해야 할 것이니라.
76 내가 선지자를 따르는 너희 제자들을
사랑하기에, 나의 성령으로써 나의 법
전에 기록하여 너희들에게 전하며 만
백성을 깨우치고자 하는 나 여호와의
이 간절한 마음을 너희들이 깊이 새기
도록 해야 할 것이니라.

1,937 번째 하나님 말씀

2002년 3월 1일 06시 35분

1 사랑하는 선지자야!
2 "네, 여호와 하나님! 말씀하옵소서."

3 내가 너희에게 이르기를 '내가 없어야
존재하며, 내가 없어야 구원의 길을
보며, 내가 죽어야만 모두를 볼 수 있
다.' 함이니,
4 내가 너희들에게 '나 자신을 죽이라.',
'나는 없다.' 하는 마음으로 세상을 살
라 함은, 너희들 자신이 존재하는 그
상태에서는 어떠한 상황에서도 너희
들이 하늘에 오르는 그 이치를 알 수
없으며 자연의 그 위대함도 바라볼 수
없기 때문이니라.
5 너희 자신이 없으며 너희가 없는 그와
같은 너희들의 마음 자세를 다스릴 때,
6 우선은 자연의 아름다움을 너희들이
알 것이고, 하늘의 위대함을 알 것이
며, 하늘의 위대함 속에 나 여호와가
이 모두를 통제한다는 하늘에 흐르는
그 천기를 알게 됨이니라.
7 너희 자신이 존재하며 '나'를 먼저 놓
고 너희들이 모두를 대입해서 세상을
본다 하면,
8 너희들은 자연의 위대함 속에서 자연
의 그 위대한 흐름을 볼 수도 없고, 하
늘이 있으며 나 여호와가 존재함을 알
수가 없는 것이니라.
9 그리하여 너희들이 자연의 위대함을
볼 수 있고, 하늘의 위대함을 볼 수 있
으며, 나 여호와가 존재함을 볼 수 있
는 것은 너희 자신이 없어야 하며, '나
자신이 없어야 한다.'는 나의 가르침
이 여기에 있느니라.
10 모든 세상사에 '나'를 대입시켜 '나'를
먼저 보고 '나'를 우선으로 기준하여
생각한다 하면 앞에 있는 사람을 볼
수 없음이니라.
11 너희들이 '나 자신'이 먼저 존재하고
'나'를 소중히 하며 '나'를 생각한다면
앞에 마주앉아 있는 사람도 볼 수 없
으며, 평생을 같이 살아가는 너희 부
부요, 너희 자식들도 알 수가 없음이
니라.
12 너희 자신이 존재하지 아니하며, 비운
마음이요, 빈 공간인 너희가 되었을
때,
13 너희 앞에 있는 사람의 마음을 알고,
앞에 있는 사람을 정녕 볼 수 있으며,
너희들이 평생을 같이 살아가는 부부
라는 인연을 맺은 사람의 그 모습도
보게 됨이며, 또한 너희들이 스스로
기른 너희 자손을 볼 수 있음이니라.
그리하여 자기 자신이 빈 상태, 빈 공
간인 자만이 이것을 볼 수 있고, 나아
가서는 자연의 위대함을 볼 수 있으
며, 하늘의 위대함을 알 수 있음이니,
14 너희들이 마음을 비우지 아니한다 하
면 너희 앞에 있는 같이 살아가는 사
람도 볼 수 없기 때문에 내가 너희들
에게 '마음을 비우라.' 함이니,
15 '나 자신'이 없으며 자기 자신이 모두
비워져 있는 자세가 얼마나 위대한가
를 너희들이 깨우쳐, 너희들 자신을
버리고 잊어버리는 그와 같은 삶을 살
아가도록 노력하고 너희들을 다스려
야 할 것이니라.

1,938 번째 하나님 말씀

2002년 3월 1일 11시 30분

1 사랑하는 선지자야!
2 "네, 여호와 하나님! 말씀하옵소서."

3 내 너를 사랑하나니, 네가 나의 성령
을 받아 열여섯 권의 법전을 세상에
냈으며, 제2부요, 3부의 이와 같은 법
전을 세상에 냄에 있어서 이제는 네가
이를 버릴 수도 없고 중단할 수도 없
고 돌이킬 수도 없다는 것을 깨닫고
있으며,
4 이는 오로지 네가 완수해야 할 일이
며 네가 매듭을 지어야 할 길이라는
걸 너 스스로 알고, 조금이라도 더 많
은 나의 성령을 받아 나의 피조물 만
백성을 구하고자 하는 그 마음에 네가
이르렀음이니, 나 여호와의 마음이 기
쁘기 한이 없구나.
5 네 순종하는 마음의 깊이와 순종하는
마음의 그 넓이와 그리 너 자신을 잡
아 가는 것을 바라보는 나 여호와의
마음이 어떠하겠는가?
6 "전지전능하신 여호와 하나님 아버지!
7 아버님께서 사랑하시는 아들 예수께
서 만백성을 구하기 위하여 그 고통의
죽음의 길을 간 것을 이제 제가 깨달
으며, 그 심정을 알 것 같으며 그 마음
을 알 것 같사옵나이다.
8 제가 아버님의 성령의 귀한 말씀을 받
아 법전으로 만드는 그 순간부터 저
자신이 그들로부터 받을 제 육신의 생
명의 위협과 그 타격과 그 방해가 너
무나 두렵고 무서웠사옵나이다.
9 그러나 그 모두는 저와 아무런 관계가
없는 것이며 저에게는 그러한 것이 필
요 없다는 것을 이제야 깨달았사옵나
이다.
10 제가 예수님과 같은 죽음의 고통의 길
을 가지는 못할망정 저에게 가해하고
자 하는 사악한 무리가 제 몸을 달라
하면 제 몸을 내놓을 것이며 제 목숨
을 달라 하면 그들에게 아낌없이 내주
겠사옵나이다.
11 제가 그들로부터 도망가는 것이 아니
고 그들이 두렵거나 무서워 피하는 것
이 아니며 그들을 회피하고자 하는 것
이 아니라, 제 스스로 그들에게 걸어
가 그들에게 저 자신을 바칠 것이며
던져 줄 것이옵나이다.
12 저 자신을 그들에게 던져 제 살을 갈
기갈기 찢어 제 몸에 있는 붉은 피가
하나님의 말씀대로 법전 한 권을 물들
이고 죽을 수 있다 하면 그것으로 저
는 영광이라 생각하며 그 길을 가겠사
옵나이다.
13 이제는 제 마음이 그러하며, 저는 그
리 가려 하옵니다.
14 그리고 저를 따르는 저의 제자들도 저
와 같이 목숨을 던져 갈 수 있는 자들
이라 생각하오며,
15 그들의 마음 또한 저보다 더 굳은 결
의와 굳건한 마음으로써 저를 따르고,
아버님이 계시고 이 말씀이 정녕 여호
와 하나님께서 내리는 성령의 말씀이
며 만백성을 구하는, 말씀 그대로 법
전이며 생명수라는 것을 알고 있사오
니,
16 아버님의 그 말씀을 위하여 생명을 바
칠 수 있는 저의 제자들 또한 저를 따
라가리라 생각하옵나이다.
17 여호와 하나님 아버지!
18 예수님께서 그 많은 사람에게 그 자신
을 스스로 던져야 할 때를 알고 또 던
져야 한다는 것을 알며 그 고통의 세

월을 겪어야 한다는 걸 아시면서 스스
로 그 길을 걸어간 그 뜻을 알겠사옵
나이다.
19 이는 아버님께서 계시며, 아버님께서
이루고자 하시는 그 큰 뜻에 순응하고
순종하며, 아버지께서 원하시는 그 길
을 위하여 목숨을 던질 수 있는 그것
이 정녕 영광되고 보람된 길이라는 것
을 예수님께서는 아셨기에 그 길을 가
셨다는 것을, 그리고 웃으면서 즐거운
마음으로 가셨다는 것을 이제야 정녕
깨달았사옵나이다.
20 저는 예수님같이 그리하지는 못할망
정 저의 목숨을 끊어 이 법전이 세상
에 전해져 하나님의 진정한 말씀이요,
만백성을 구하는 길이며 대대손손에
걸쳐 하나님의 자식들이 하늘에 오르
는 그 길을 갈 수 있다 하면 그 길이
얼마나 영광되고 보람된 길인가를 이
제 깨달았사오며,
21 그리하여 저를 해하고자 하는 그들이
두렵지 아니하고 무섭지 아니하며, 제
가 염려할 일이 아니라 사료되오며,
22 이제 그들이 원한다 하면 제가 피해서
숨는 것이 아니라 저 자신이 당당히
걸어 나가 그들에게 목숨을 바치겠나
이다. 그리고 목숨을 던지겠나이다.
23 그리하여 제 가슴에 안고 죽는 그 한
권의 법전을 제 몸에 흐르는 피로써
붉게 물들여 그것이 영원히 대대손손
에 남아 그를 보고 저의 형제인 여호
와 하나님의 백성이 구원의 길을 얻는
다 하면,
24 그는 죽음이 아니라 영광의 길이오며
찬란한 빛을 향하여 갈 수 있는 길이
라 사료되어 이제는 제가 그와 같은
마음으로 살아가겠사오며, 저의 제자
들 또한 그러할 것이옵나이다."
25 사랑하는 선지자야!
26 "네, 여호와 하나님! 말씀하옵소서."
27 네가 이 길을 돌아설 수도 없고, 중단
할 수도 없고, 네가 쓰는 그 연필을 꺾
을 수도 없으며, 너는 이것을 받아써
야 하는 사람이라 내가 말하였으나,
28 이제는 네가 그 길을 가야 할 사람이
며, 꼭 지켜야 할 것이며, 그 길이 정
녕 영광된 길이며, 너 외에는 그 누구
도 나의 성령을 받아 만백성을 대대손
손 구하는 법전이라는 책을 만들 수도
없으며 기록할 수도 없는 것이라는 것
을 네가 깨달아,
29 네가 얼마나 소중한 자며 네가 하는
대명이 얼마나 위대한지, 그리고 너
이외에는 누구도 할 수 없다는 것을,
그리고 너 외에는 내가 정녕 나의 성
령을 전하여 만백성에게 전하는 법전
을 만들지 아니할 것이며, 만들지 아
니하고 중단될 것이라는 걸 네가 알고
있어, 그 모두는 너를 통해서만 이루
어질 것이며 너로 하여금 법전을 만든
다는 그 길의 나의 뜻을 알고 깨달았
음이니,
30 네가 나를 바라보며 하늘의 그 길을
보고 있음이니, 그게 바로 네가 천사
와 같은 자로 변하여져 가는 길이니라.
31 이를 보는 나 여호와의 마음이 기쁘기
한이 없으며, 내 마음이 모든 사람을
위하여 너희들을 구하고자 했던 그 뜻
의 보람을 지금 느끼고 있다 하면 너
는 어찌하겠는가?

32 육신의 그 소중한 생명을 바쳐, 너 자
신을 던져서 너를 해하는 자들 앞에
네가 순응하며, 거부함이 없이 너의
목숨을 내던지며 법전을 네 가슴에 끌
어안고 죽겠다 하는 그 하나를 그들에
게 조건을 걸어, 네 목숨을 던져 네 가
슴에 흐르는 그 피로 나의 법전을 물
들여 네가 장렬히 죽어 가는 것을 영
광으로 생각하며 그와 같은 길을 선택
하여, 더럽고 추한 육신의 그 마음의
욕심을 저버려 너의 생명을 던질 수
있다는 그 마음의 깨달음 이외에 더
이상 깨달을 것이 없으며 더 이상 원
할 것이 없으며 그보다 더 아름다움이
없음이라, 선지자야!
33 너희들이 목숨을 사고팔며 목숨을 거
래하고 살인하는 것을 거래의 장으로
만드는 그것보다 더 악하고 사악한 자
가 없다 내가 말하였으니,
34 너희들의 육신의 죽고 삶이 마지막에
선한 무리든 사악한 무리든 그 둘 중
의 하나가 세상을 덮는다 할 때, 네가
살아 나의 법전을 세상에 전하여 많은
나의 피조물 만백성을 구할 수 있는
그 길이 있다 하면,
35 너를 해하는 자를 피해 나의 뜻을 전
하고, 네 목숨을 바쳐 나의 법전을 세
상에 전할 수 있는 그 길이라면 너 자
신이 두려움이 없이 당당히 걸어 나가
조용히 그 길을 가고자 하여 네 목숨
을 던질 각오가 되어 있다 하면,
36 그보다 더 아름다운 세상이 없으며 그
보다 더 아름다운 천사가 없음이니라,
선지자야!
37 네가 죽음을 선택하는 그 길에 있어서
나의 법전을 안고 너의 가슴에 흐르
는 피로 책을 붉게 물들여 그 책을 놓
고 네가 숨을 거두는 순간 나의 피조
물 만백성은 그 뜻을 알 것이며,
38 네가 법전을 놓지 아니하고 법전을 가
지고 나의 법전과 네 생명을 바꿔 장
렬히 죽어 간 네 모습을 보는 그들은
'과연 그 법전이 얼마나 소중하고 얼
마나 진실된 것인가, 그것은 정녕 여
호와 하나님의 말씀이기에 그는 그 법
전을 가슴에 안고 죽는 것으로써 그
목숨을 대신하여 바쳤다.' 하며, '죽는
그 순간까지도 그 법전을 놓지 아니하
며, 그의 육신의 명이 끊어져 그가 스
스로 몸이 풀어질 때 그 법전이 그의
가슴에서 떨어졌다.' 하는 그 역사의
기록을 남기며,
39 그를 읽는 나의 피조물 만백성은 정녕
그가 무엇과도 바꿀 수 없는 그 하나
밖에 없는 소중한 목숨을, 도망가거나
피할 수도 있거늘, 그가 법전을 안고
죽어 간 그 법전의 소중함이 무엇인가
그리하여 나의 피조물 만백성이 그 법
전의 뚜껑을 여는 영광을 위하여 네가
스스로 네 목숨을 던지고자 하는 뜻이
여기에 있음을 나 여호와는 아느니라.
40 그리고 이 구절을 읽는 나의 피조물
만백성이 그 뜻을 알 것이며, 네가 죽
어 나의 법전을 붉게 물들이는 그와
같은 형상을 나의 피조물 만백성이 그
리며 깨우쳐 하늘에 오르는 이 법전을
가슴에 안는 그들에게 영광을 내리게
될 것이니라.
41 그리고 네가 그와 같이 죽어 가 나에
게 오르는 길을 만백성을 위하여 비춰

주고자 하는 그 마음을 너의 제자들
가슴에 깊이 심을 것이며, 그 제자들
또한 그와 같은 길을 가고자 하여 이
제는 그들이 법전의 소중함을 알며,
그 법전을 가슴에 안고 잠을 자는 저
희들이 얼마나 영광되며 축복을 받은
것인가를 깨달을 것이니,
42 선지자 너의 오늘의 그 깨달음이 있기
까지 너의 걸어온 그 모든 노고에 대
하여 나 여호와가 너를 사랑함이며 너
의 제자들을 사랑하노라.
43 "여호와 하나님! 그 길만이 제가 가야
할 길이며 저의 제자들이 가야 할 길
이라면, 저희들은 거부하지 아니하며,
돌아서지 아니하며, 웃으며 그 길로
가겠사옵나이다.
44 예수님 시대에 열두 제자들이 예수님
을 따라 그와 같은 길을 가지 아니하
였던 것은 오늘과 같은 깊은 뜻을 그
들이 이해하지 못하고 깨닫지 못하였
기 때문이라 생각하오며,
45 예수님을 따르던 그 고귀한 열두 제자
도 예수님이 선택하는 그 길과 가야
하는 뜻을 알았다 하면 그들 역시 저
의 제자들과 같이 그 목숨을 바쳤을
것이옵나이다.
46 어찌하여 여호와 하나님께서는 그 제
자들에게 그 깨우침을 주지 아니하셨
사옵나이까?
47 그들에게 그 깨우침을 주셨다 하면 그
열두 제자가 예수님을 따라 같이 죽는
그 가르침이 더 만백성에게 교훈이 되
고 그리고 오늘과 같이 지도자라는 자
들이 성서를 함부로 해석하고 저희들
의 재산을 모으며 부귀와 영화를 위하
여 그 성서를 함부로 다루지는 아니하
였을 것을,
48 여호와 하나님께선 어찌하여 오늘과
같은 깨우침을 저의 제자들의 가슴에
심어 주시듯 그 열두 제자들의 가슴에
이 거룩하고 숭고한 뜻을 심어 주지
아니하셨사옵나이까, 아버님?
49 그 뜻을 알고 싶사옵나이다, 그리고
그 이유를 알아 만백성에게 전하고 싶
사옵나이다."
50 사랑하는 선지자야, 사랑하는 나의 아
들아!
51 6천 년의 역사는 무엇이라 말하였더
냐? 오늘의 과정이 이루어지기 위한
준비 단계라 내가 말하지 아니하였더
냐?
52 준비 단계로써 그들이 예수를 따라 행
하였으며, 그리하여 그들은 그와 같이
돌아서는 것이 너희 피조물 만백성의
교훈이고 그들의 가르침의 길이었으
며,
53 이제는 나의 성령이 세상에 나가 마지
막 제3의 시대를 열고 있음이니, 이때
는 너의 제자들이 같이 너를 따라 죽
어야 하는 그 길과 영광된 길이 무엇
인가를 내가 깨우쳐 줌이니,
54 이제는 그를 향하여 천 대 만 대 길이
남는 역사를 이루어야 하는 것이 너희
들 몫이니라.
55 예수의 제자들의 몫이 있으며, 너의
제자들이 지켜야 할 몫이 있으며, 너
의 제자들이 행하여야 할 몫이 있으
며, 너의 제자들이 마지막에 그와 같
이 너를 따라 그 목숨을 바칠 수 있는
결의가 제3의 시대에서 그와 같은 결

론을 낼 것이며, 그와 같이 행했을 때
이루어질 것이며,
56 그리하여 지금에 와서는 천 년 에덴동
산을 이곳에 이루는 기초를 심는 것이
너의 제자들이니,
57 예수의 그 중간의 가르침과 역사의 준
비 단계의 그 시대와 마지막 결론을
내리는 지금의 시대와의 차이점이 있
음이니,
58 너의 제자들이 오늘의 이와 같은 나의
뜻과 네 가슴에 울리는 그 뜻을 깨달
아 너와 같이 법전을 가슴에 안고 저
희들의 피로써 물들이고 죽음의 길을
택하는 것이 이제 너의 제자들이 해야
할 길이니라.
59 이것이 마지막 시대의 뿌리를 내리는
너희들과 중간에서 깨달음을 이끌며
역사의 준비 단계를 이끌어 온 예수
시대의 제자들과의 차이점이니,
60 이 비밀을 너희들에게 하늘의 문을 열
어 알려 줌이니, 이를 깊이 깨달아 너
희 자신들 가슴속에 깊이깊이 간직하
며,
61 이제는 예수를 따르다가 등을 돌렸던
제자들의 길이 아니요, 나의 선지자를
따라 법전을 가슴에 안고 죽어 가는
그 역사를 이루는 것이 너희들의 대명
이니라.
62 나의 아들 예수를 따라 죽지 않은 그
제자들을 보고 깨우치는 것보다 나 여
호와가 내린 나의 성령을 받아 선지자
로서 선택된 자가 그 법전을 가슴에
안고 죽음으로 인하여 그 제자들이 그
법전을 안고 같이 죽음의 길을 선택하
였다 하면, 그를 보고 후대에 너희 백
성은 얼마나 나의 성령의 위대함과 나
의 성령의 진실함을 깨닫겠는가?
63 이것이 너희들이 가고자 함이며, 너희
들이 선택해야 할 길이며, 내가 만백
성을 구하는 마지막 천 년의 역사를
이루는, 나의 피조물 만백성이 낙원을
이루는 그 기초를 심는 너희들이 가야
할 길임을 알라.

1,939 번째 하나님 말씀

2002년 3월 1일 11시 55분

1 사랑하는 선지자야!
2 "네, 여호와 하나님! 말씀하옵소서."
3 내가 너희들에게 나의 법전을 세상에
전하는 자도 나의 14만의 전사들이라
하였으나,
4 네가 나에게 받은 이 성령이 정녕 여
호와 하나님의 말씀이요, 여호와 하나
님의 뜻이요, 이 길만이 만백성을 구
하는 길이라는 것을 깨달아, 사악한
종교 지도자들이요, 사악한 무리가 너
에게 와 너를 해하고자 할 때, 네가 그
들에게 목숨을 내놓으며 나의 법전을
가슴에 안고 죽고자 하는 그 소원 하
나를 들어 달라 하여 네 가슴에 흐르
는 피로써 나의 법전을 물들여 죽어
감이니,
5 또한, 너의 제자들도 그와 같은 각오
로써 너를 따를 수 있는 자들이라 하
였음이니, 이들이 바로 14만의 전사
이니라.
6 너는 나를 대신하여 그들에게 증표를
내리라.
7 선지자요, 그리고 네 이름 석 자를 기

록하는 도장을 찍어 그들의 가슴속에
지니고 다닐 수 있도록 그 증표를 그
들에게 내리라.
8 그를 보유하는 자, 그를 소유하고 사
는 자, 너를 따라 항상 그 목숨을 바쳐
나의 법전이 정녕 여호와 하나님의 뜻
이라 하는 그 전사들로서, 그 전사들
을 임명함에 있어서 너의 이름 석 자
를 그들의 가슴에 달아 줘 그들이 항
상 지니고 다닐 수 있는 그와 같은 것
으로써 그들의 증표를 삼으라.
9 그들의 가는 길에 나 여호와가 그들의
길을 밝혀 줄 것이며, 그들에게 영광
과 영화를 영원히 내릴 것이며, 그들
이 나의 법전을 전하는 데 모두를 다
바칠 수 있는 용기와 힘을 내가 내릴
것이니라, 선지자야!

1,940 번째 하나님 말씀

2002년 3월 1일 12시 05분

1 사랑하는 선지자야!
2 "네, 여호와 하나님! 말씀하옵소서."
3 너희들이 한평생을 살아가면서 내가
너희들에게 작은 거짓말도 하지 말라
하였으며 거짓된 행위를 하지 말라 일
렀으니, 오늘 선지자를 통하여 너희들
에게 하나의 깨우침을 이르고자 함이
니라.
4 같은 인생을 살아가면서 남에게 폐를
끼치고 남에게 무엇인가를 받으며 남
을 이용하여 저희들 것을 쓰지 아니하
고 남의 것을 쓰도록 그리 유도하고
한평생을 살아온 사람과, 항상 남에게
베풀고 남에게 나누어 주며 작든 크든
모든 것을 베풀며 살아온 사람이 있다
하면,
5 너희들의 그 순간순간에 넘어가며 속
고 살며 베풀며 사는 것이 아무것도
아닌 것 같으나, 남을 이용하여 제가
무엇인가를 취하며 작든 크든 제 것을
쓰지 아니하고 남에게 폐를 끼치며 살
아가는 습성에 젖어 온 자가 하루에
한두 번 그와 같이 하는 행위는 아무
것도 아니나 그것이 일평생 쌓이고 쌓
였다 하면, 그것을 마지막에 결산을
본다 할 때,
6 그 얼마나 많은 백성으로부터 신세를
졌으며 또 그들을 이용하여 거둬들였
는가 하는 것은 너희들이 상상할 수
없을 것이니라.
7 그러나 하루에 한두 가지 베풀며 한두
가지 아름다운 일을 행하며 사는 데
자기의 모두를 바쳐 살아온 자가 있다
하면, 그 사람이 죽어 내 앞에 와 결산
할 때 그에게 쌓여 있는 아름다움은
이루 말할 수 없음이니,
8 너희들은 이제 남에게 작든 크든 어떠
한 폐를 끼치거나 신세를 지며 부담을
주는 삶을 사는 것이 아니라 오로지
베푸는 삶을 살라.
9 그리고 너희들은 작든 크든 이제 모두
를 베풀어 가며 살아갈 수 있는 마음
의 깨달음이 있고 그 경지에 와 있음
이니,
10 내가 너희들이 몇 발자국 나에게 더
다가왔으며 몇 계단 더 올라와 있는지
잘 알고 있으며 너희들의 마음을 알고
있느니라.
11 그리하여 너희들의 그 아름다운 마음

속에 나 여호와가 하나를 더 심어 주
고자 함이니,
12 너희들은 작든 크든 모두를 베풀며 살
아가고 그저 한 발자국 걸어가는 것도
베풂이요, 너희들이 남들과 대화하면
서 베푸는 마음으로써 모든 말과 행동
을 하라.
13 베푸는 것은 너희들이 물건을 주고 보
이는 것만을 주는 것이 아니니라.
14 걸음을 걷는 것도 너희들이 남에게 누
가 되지 않게 걷고, 말을 하는 것도 상
대방의 마음이 아프지 아니하게 하며,
그 마음을 위로하고 그 마음을 어루만
지는 아름다운 말을 할 수 있는 그러
한 마음을 갖다 보면 너희들의 베풂이
수천수만 가지이니,
15 너희들 주변에서 모두가 다 베풀며 살
아갈 수 있는 그러한 환경이 되어 있
음이니라.
16 그와 같은 환경 속에서 너희들이 남으
로부터 거둬들이고 받아들이는 그러
한 삶을 사는 것이 아니라 그 모두를
다 베푸는 쪽으로 살다 보면,
17 앞으로 가는 자에게 한 걸음을 양보하
고 비켜서는 것도 모두가 다 베푸는
것이며, 그들에게 아름다운 말 한마디
를 해 주는 것도 너희들이 그들에게
베풀고 양보함이니,
18 너희들의 재산이 들어감도 아니요, 물
질이 들어감도 아니요, 육신의 고달픔
도 힘듦도 아니니, 아무것도 아닌 속
에서 악한 것을 생각하며 사는 자와
베풀며 사는 자와의 그 차이점은 하늘
과 땅이며, 구원을 받을 수 있는 자와
구원을 받지 못하는 자의 차이가 있느
니라.
19 너희들이 줄을 서는 것도 양보할 때
양보하는 마음과 그 앞에 서는 자의
마음은 하늘과 땅의 차이이며, 한 걸
음 멈춰 서서 남을 먼저 보내는 것은
너희들이 아무런 손해 봄도 없음이나
그는 사랑을 베푸는 것이니라.
20 그러나 아무런 이해관계도 없으면서
앞에 가는 그 자리를 뺏어 가고자 하
는 자는 어떠한 마음의 상태이더냐?
21 아무런 것도 잃거나 주고받고 얻는 것
도 없으면서도 하늘에 오르는 길을 향
하는 것과 하늘에 오르는 길을 향하지
못하는 이와 같이 너무나도 무섭고 엄
청난 것이 너희들의 생활이니라.
22 내가 너희들을 다스려 바로 서게 하고
자 나의 하늘의 이 이치를 너희 가슴
에 심어 줌이니, 오늘 아침 너희들에
게 이와 같은 뜻을 전하는 나 여호와
의 마음이 기쁘기 한량없으며,
23 이와 같은 뜻을 받아들여 너희들에게
전할 수 있도록 마음이 아름답게 변한
나의 선지자를 내가 사랑함이니, 내가
선지자에게 내리고자 하는 그 상을 너
희들에게 가르쳐 줌이며 너희들 가슴
에 심어 주는 것이니,
24 특별히 내가 너희들에게 내리는 이 상
을 가슴에 곱게 곱게 간직하여 매사에
너희들은 베푸는 삶을 살도록 하라,
사랑하는 나의 백성들아!

1,941 번째 하나님 말씀

2002년 3월 1일 21시 31분

(강론을 마치며)

1 사랑하는 선지자야!
2 "네, 여호와 하나님! 말씀하옵소서."
3 너의 제자들에게 이르라.
4 나 여호와가 불로 써 너희들에게 직접
내려 지키라는 그 십계명을 너희들이
지키고 그를 순종하며 따르는 것이 하
늘에 오르는 길이며 구원의 영광을 얻
는 길이라 하였음이니라.
5 너희들은 나의 선지자를 따라서 나의
피조물 만백성 중에 가장 십계명을 많
이 암송하고 가장 잘 지키고자 노력하
며 그 길을 위해서 살아가고 있음을
나 여호와가 알고 있음이니라.
6 너희들은 여기서 한 계단 더 올라야
할 것이니라.
7 지금 너희들이 나를 향하여 달려오는
그 길에서 한 계단 더 올라서야 할 것
을 너희들에게 명함이니, 너희들은 나
의 십계명을 하나하나 암송하고 적어
가면서 과연 너희 스스로 이를 잘 시
행하고 지키고 있는가를 한번 짚어 봐
야 할 것이니라.
8 나의 십계명 중에서 너희들이 정녕 지
키지 못하고 행하기가 어려운 그 계명
이 있다 하면, 그 계명을 너희들이 손
바닥에 기록하여 백 날을 가든 천 날
을 가든 그를 지키고 넘는 그와 같은
고통의 시간 속에서 너희들이 그를 저
버리고 깨우쳐야 할 것이니라.
9 너희들이 지키지 못하는 그 계명이 있
다 하면 너희들의 손에 그를 기록하
여, 그를 보고 너희들이 백 날이요, 천
날을 가더라도 그 계명을 지키고 소화
시키며, 너희들 마음속에서 그를 버리
는 그와 같은 인내와 고초가 있어야
할 것이니, 너희들은 그를 그리 시행
하고 가야 할 것이니라.
10 너희들이 나의 열 가지 계명 중에서
지금 여덟 가지를 지키나 두 가지를
지키지 못한다 하면, 그 두 가지로 하
여금 너희들이 구원을 받을 수 없고
나를 볼 수 없으며 나에게 오를 수 있
는 길이 없다 하면 너희들은 어찌해야
하겠는가?
11 내가 너희들을 사랑하노라.
12 그리하여 내가 선지자를 통하여 하늘
의 뜻을 너희들에게 알렸음이니, 너희
들은 버릴 수 없고 지킬 수 없는 그 계
명을 위하여 너희들의 모든 마음을 집
중하여 그곳에 바칠 것이며,
13 너희들의 목숨을 그와 바꾼다 하는 각
오로 너희들이 그를 지키고자 한다면,
그 계명은 스스로 너희들 앞에 와 고
개를 숙일 것이며, 그 못 지키는 계명
은 너희들 가슴 앞에 와 고개 숙여 용
서를 빌듯이 너희들이 그를 관장하고
장악할 수 있으며 그를 지키는 영광을
얻을 수 있음이니,
14 너희들은 그 못 지키는 계명과 오늘서
부터 싸워 그를 다스리도록 하여야 될
것이니라.
15 나의 열 계명을 외우는 것보다 그 하
나 못 지키는 그 계명과 너희들이 싸
움을 오늘부터 시작해야 할 것이니라.
16 나의 사랑하는 선지자의 제자요, 선지
자를 따르는 너희들에게 내가 일렀느

니라.
17 많은 기적과 역사를 이뤘던 나의 아들
예수의 시대에 그 제자들이 그를 따라
같이 그 목숨을 던지지 못했던 것은
그들이 지금의 준비 과정이기 때문이
라 하였으며,
18 지금 나의 성령을 내려보내 나의 선지
자를 통하여 세상에 이 모두를 전하고
자 하는 마지막 시대에 내가 이루고자
하는 그 역사의 시점에서, 선지자의
제자 중에는 그 목숨을 던져 나의 법
전을 가슴에 안고 피로 물들이는 그
역사의 영광의 장식을 할 수 있는 자
가 이 중에 있다 하면 너희들은 믿겠
는가?
19 반드시 있음이니라. 그리하여 나의 피
조물 만백성에게 나의 성령의 이 법전
이 얼마나 귀하고 소중한 것인가를 길
이 남기고자 그 자신을 던지고자 하는
자들이 있으며, 시행할 자들이 있음이
니라. 이것이 다름이니라.
20 이것이 내가 너희들을 선택한 길이며,
내가 너희들에게 일러 말하였느니라.
21 승자는 너희들이라 말하였느니라. 그
모두의 승자는 너희들이며, 너희들은
육신의 눈을 감기 전에 나의 위대함과
나의 성령으로써 나의 법전이 세상을
덮어 나가는 그 영광을 직접 보고 체
험할 것이라 하였으니, 이를 의심치
말라. 그리하여 너희들이 승자라 말하
였음이니라.
22 지금 너희들이 선지자를 통하여 마음
이 굳어져 가며 너희들이 변해 가는
것과 같이 그 마음에 따라 나의 법전
이 세상을 덮어 나가는 것이 같이 나
감이니라.
23 너희 마음이 하나가 되어 굳어지는 그
일을 볼 때, 나의 법전은 그리 갈 것이
니, 이는 곧 너희들이 살아서 볼 수 있
는 시간을 단축하느냐 길게 하느냐 하
는 것이 너희들에게 달렸기 때문이니
라.
24 나의 선지자가 밤과 낮을 가리지 않고
나에게 기도를 하며 나의 음성을 들어
나의 성령을 받아 기록하여 160권의
법전을 세상에 내는 그 시간을 단축시
키려 함은 그가 나의 피조물 만백성을
한 사람이라도 더 구하고자 하는 애절
한 마음에서 그리 가고 있음이니라.
25 그가 눈을 감을 때 나의 160권의 법전
을 끝마치고 간다면 그 후부터 나의
피조물 만백성은 그를 보게 되지 아니
하겠는가?
26 그가 10년 만에 160권의 법전을 세상
에 낸다 하면 20년이라는 긴 세월에
너희들과 같이 살아가는 이 시대의 나
의 피조물 만백성이 얼마나 많이 구원
을 받겠는가? 바로 이와 같은 뜻이 있
음이니라.
27 너희들의 마음이 하나가 되어 오늘같
이 굳은 의지로써 선지자를 따르며 나
여호와가 존재함을 믿고 나에게 향하
고자 너희들의 마음을 하얀 눈같이 비
워 온다 하면 너희들은 나의 법전이
세상을 덮는 그 역사를 바로 볼 것이
니라.
28 너희들은 마지막 시대에 선택된 자이
기에 너희들 중에 선지자를 따라서 생
명을 던질 수 있는 제자가 있다 하였
음이니,

29 그와 마찬가지로 수천 년 역사가 흐르
면서 예수의 제자요, 그를 따랐던 사
람들이 모두 성서의 오늘의 변해짐과
만백성이 나 여호와를 찾으며 내가 존
재하는 이와 같은 역사가 이루어지는
것을 보지 못하였으나,
30 너희들은 지금 선지자를 따라 너희들
의 목숨을 나를 향하여 던질 수 있듯
이, 너희들에게 하나의 축복과 영광과
영화가 있다 하면 너희들의 육신의 눈
을 감기 전에 나의 법전이 세상을 덮
어 나가는 그 영광과 그 영광됨을 너
희들이 몸소 느낄 것이며, 그리하여
너희들의 육신이 죽어 가 한 줌의 흙
이 되는 그 순간에 너희들의 영혼이
구원받아 나에게 온다는 것을 너희들
이 믿고 알게 될 것이니,
31 그것이 바로 너희들이 마지막에 선택
된 자들이며, 너희 목숨을 바칠 자가
있는가 하면 죽기 전에 모든 영광을
너희 눈으로 볼 수 있다는 것을, 이것
이 너희들의 축복임을 그리 알라.

1,942 번째 하나님 말씀

2002년 3월 1일 23시 20분

1 사랑하는 선지자야!
2 "네, 여호와 하나님! 말씀하옵소서."
3 너희들 말에 이르기를, '가는 세월 막
지 못하며 그 흘러가는 세월을 잡지
못한다.' 하였음이니라.
4 이 지구상의 모든 것은 세월이 흘러
지나가고 또 지나가는 속에서 역사가
이루어짐이니,
5 그리하여 나왔다가 지워지고 또 나왔
다가 시들어져 가는 것이 너희들의 지
구상에 살아가는 모든 동식물이 흘러
가는 그와 같은 역사이니라.
6 그러나 모든 것은 그저 죽어 가 다시
제 뿌리가 또 싹을 틔워 이루고 있으
며 또 그 뿌리가 뿌리를 이어 가도록
그와 같이 다 되어 있음이니라.
7 그리고 그들은 그것으로써 저희 스스
로 살아가고 저희의 모든 뿌리를 또
종족을 존속시키며 이어 가도록 그리
되어 있으니,
8 이 모두가 다 나 여호와가 주관하며
나의 권능과 나의 신비의 뜻이 아니면
이리 행하여질 수가 없음이니라.
9 그중에서 유독 너희 인간들을 내가 가
장 아름다운 형체로 만들었으며 너희
들에게 많은 지혜를 주었으며, 또 그
들이 살아가는 그 틀 속에서 그들을
너희들이 활용하고 이용하며 그들로
하여금 너희들을 지탱하며 살아갈 수
있도록 그리 내가 너희들에게 영광을
내렸음이니라.
10 그리하여 그들은 저희 스스로 뿌리를
내려 또 번식하고 그 대를 이어 가며
역사의 흘러가는 그 세월 속에 존속하
니 그들은 그 역사를 반복하고 있음이
니라.
11 그러나 너희들은 나에게 와 심판을 받
는다는 그 엄연한 사실이 그들과 다른
점이니,
12 이는 너희들에게 높은 지혜와 높은 생
각을 주어, 내가 만든 모든 나의 동식
물을 너희들이 취하고 관리하도록 하
였으며, 그리하여 너희들만큼 나로부
터 은혜와 은총이요, 혜택을 받은 그

와 같은 것이 아무것도 이 세상에 존재하고 있지 아니함이니라.

13 역사가 흐르는 속에 모든 것이 다시 태어나며 또 시들어 가고 또다시 태어나는 그 수레바퀴 속에서, 너희들의 육신은 죽어 한 줌의 흙으로 돌아가 썩어 감이니,

14 그곳에서 다시 너희들의 뿌리가 이어남이 없으며 다시 성장함이 없는 것이 모든 생명체를 가지고 있는 나의 동물들이 가는 길이니라.

15 그러나 그 동물과 다른 식물은 저희들 스스로 번식하는 길과 그리고 살아가는 길이 있으며, 역사 속에서 저희들이 다시 돌아가는 그 세월 속에서 그들은 똑같은 형태로 존속되어 가고 있음이니라.

16 그러나 모든 생명체를 가지고 있는 움직일 수 있는 동물이요, 미물들은 저희들이 죽어 와 그곳에서 그 종족이 번식되는 것이 아니니, 이것이 식물과 동물의 차이점이며

17 또한, 동물은 동물대로 저희들이 번식하여 살아가도록 되어 있으며, 다만 너희들만이 죽어 육신은 썩어 가고 그 썩어져 간 육신은 그대로 흙으로 돌아가며, 그 육신 속에서 너희들을 지배하고 통제했던 그 영혼은 나에게 와 심판을 받게 되어 있는 것이 너희들의 특성이니라.

18 그리하여 너희들은 나에게 와 심판을 받기에 그 심판의 기준을 내가 너희들에게 내려보냈으며, 그를 지키고 살다 나에게 와 심판을 받으라 하였음이니라.

19 그러나 너희들은 창조주 나의 뜻을 거역하며, 그를 순종하지 아니하고 그를 따르지 아니하여 지금과 같은 혼란한 시대를 이루었음이니, 이 시대를 다스리고 통제할 길이 없음이니라.

20 그리하여 내가 너희들을 다스리고 하늘에 오르게 하기 위하여 너희들을 인도하는 나의 법전을 세상에 내려보내 너희들을 깨우치고자 하는 나 여호와의 이 마음을 너희들은 한 번쯤은 되돌아보며 생각해 봐야 할 것이거늘,

21 너희들은 내가 선택하여 선지자라 명하여 그를 통하여 나 대신 모든 나의 성령의 뜻을 그로 하여금 세상에 전하여 너희들을 구원하고자 하는 나의 이 법전을 이단이요, 사탄이라 하여 찢어 버리고 불태워 버리니, 이 형국을 어찌하여야만 되겠는가?

22 이는 너희들이 죽어 와 너희들이 얼마만큼 무지하고 몽매한 자였는가를 그때 깨우치게 됨이니, 그때는 이미 때가 늦다고 내가 선지자에게 일깨워 주었느니라.

23 가장 생각이 높고 판단력이 높으며 그리고 지혜를 높이 받은 너희들은 옳은 길로 가라 하면 그른 길로 가고, 잘못 가는 길로 인도하며, 바른길을 가라 하면 너희들은 또 바르지 못한 길로 가고자 하니,

24 이것이 가장 높은 지혜를 가진 나의 피조물 만백성 너희들이 살아가는 형태이니, 이는 너희들의 욕심이요, 오만과 자만 때문이니라.

25 모든 나의 피조물 만백성이 서로를 속이고 기만하는 그와 같은 삶이 연장되

며 계속 이어져 왔기 때문에 너희들
자신도 남을 믿지 못하고 남의 말을
따르지 못하며 이와 같은 형국이 이루
어졌으니,
26 이는 너희들의 마음이 바르지 못하고
곱지 못하기 때문에 남을 의심하고 시
기하는 그 속에서 이와 같은 형국이
이루어졌음이니라.
27 그리하여 지금 정녕 너희들을 구하는
나의 성령의 법전을 선지자가 기록하
여 너희들에게 전하나, 너희들이 이를
보지 아니하고 이단이요, 사탄이라 그
리함이니,
28 너희들의 그 심성을 바로 고치고 바로
잡는 자, 그리고 아름다운 마음을 갖
고 세상을 살고자 하는 자, 자기 마음
이 고와 남의 마음의 그 고움을 인정
하며, 자기 자신이 아름다운 삶을 삶
으로써 남을 아름답게 볼 수 있는 그
와 같은 자만이 나에게 선택된 자요,
29 그리하여 나의 법전을 읽을 때 그들만
이 깨우침이니, 나의 법전을 읽고 깨
우치는 자, 그 마음속에 아름다움이
있고 생각함이 아름다우니라.
30 그 마음에 도적질하고자 하는 마음이
없고 시기하고자 하는 마음이 없으며
남을 음해하고 질투하는 마음이 없는
자, 그자만이 나의 법전의 뚜껑을 열
어 깨우침을 얻는 것이니,
31 그리하여 그와 같은 아름다운 마음이
요, 고운 심성을 가지고 있는 나의 피
조물 만백성이 나의 법전을 읽고 깨우
치기에 그들의 자손들이 이 세상에 뿌
리를 내려 나의 아름다운 에덴동산을
이루게 됨이 여기에 있느니라.
32 제 마음이 검어 남을 의심하며, 제 마
음이 남을 의심하기에 남을 의심하며,
제 마음이 남을 믿지 못하여 불안하기
에 남도 그와 같이 보임이니, 그와 같
은 자는 나의 법전을 보고도 깨우칠
수가 없음이니라.
33 그리하여 그들은 구원을 받지 못함이
니라.
34 그리하여 그 사악한 마음을 가진 자들
은 나의 법전을 읽을 수 없기에 그 자
손들은 서서히 줄어들어 가며 그들은
죽어 감이니라.
35 영원히 구원을 받지 못하는 그 너희들
의 영혼이 뿌리를 내리며 살 길이 어
디에 있다 생각하는가?
36 내가 내린 십계명을 지키고 순종하며
사는 자, 나의 법전을 읽고 내가 풀어
놓은 그 내용을 하나하나 제 것으로
만들어 행하고 순응하는 자만이 그 영
혼이 살고 그 영혼이 지탱하여 나에게
오르게 되어 있음이니라.
37 그렇지 아니하면 그 영혼이 죽음이요,
그 죽음의 상태에서 감히 나에게 올
수도 없음이니, 그 영혼이 죽어 감으
로 인하여 그 영혼으로 하여금 다시
태어나는 사악한 무리의 후손이 끊어
지게 됨이니,
38 그로 인하여 사악한 자의 뿌리를 짓밟
으며, 선하고 천사와 같이 남을 용서
하고 이해할 수 있는 아름다운 마음을
갖고 남을 아름답게 볼 수 있으며, 남
을 도적질하는 자같이 보지 아니하고
남을 속이는 자같이 보지 아니하며 아
름다운 쪽으로 볼 수 있는 마음을 가
지고 있는 자들만이 구원의 길을 볼

수 있으며 그들의 영혼만이 살아남음
이니,
39 그 살아남아 있는 영혼이 다음의 아름
다운 세상을 이루기 위하여 내가 구하
고자 원하는 전사가 되어 다시 세상에
나감이니,
40 그 또한 아름답고 고운 심성을 가지고
세상에 태어남으로 그들이 바로 천사
와 같은 곱고 아름다운 마음으로써 이
세상의 사악한 뿌리를 다 짓밟아 뿌
리 뽑아 놓으며 그들의 뿌리마저 내
릴 수 없도록 하는 역사를 이루도록
이와 같이 내가 행하고자 하는 깊은
뜻을 너희들이 알아야 할 것이니라.

1,943 번째 하나님 말씀

2002년 3월 1일 23시 55분

1 사랑하는 선지자야!
2 "네, 여호와 하나님! 말씀하옵소서."
3 내가 너의 제자들에게 열여섯 권의 법
전을 한 번 읽고 깨우침이 있고 두 번
읽고 깨우침이 있으며 세 번을 읽고
깨우침이 있다 하였으니,
4 과연 지금 나의 성전에 와 주옥같은
나의 음성을 직접 들으며 나의 법전을
가지고 나의 선지자로부터 깨달음을
얻어 하늘에 오르는 길을 보고자 달리
는 너희들이 과연 나의 법전을 몇 번
읽었는가?
5 너희들에게 내가 세 번 이상 읽었을
때 그 깨우침이 있다 하였음이니, 이
를 시행하고 실천하지 아니하는 자는
첫 번째 나의 명이요, 나의 뜻을 거역
하는 자이니,
6 그러고서 너희들이 나의 피조물 만백
성을 대변하는 자이며 천사가 되어 나
의 피조물 만백성을 구원할 수 있다
생각하는가?
7 너희들이 말로써만 행하겠다고 생각
하고 말로써만 실천하겠다고 생각하
며 말로써는 그리하나 행동으로써 그
리 행하지 아니함이니,
8 이는 나 여호와의 존재함을 믿지 아니
하고, 나 여호와의 뜻이요, 나의 명을
두렵게 생각하지 아니하며, 그리고 나
의 뜻이 이루어지지 아니하고 나를 믿
음으로 인해서 얻어질 것이 없으며 이
루어질 것이 없다는 그와 같은 너희들
의 오만방자한 생각이 아니라면,
9 너희들이 어찌하여 나의 법전을 세 번
이상 읽으라는 그 나의 뜻을 거역하
고, 지키지 아니하는가?
10 나의 법전을 세 번 이상 읽고 깨우쳤
을 때 그 속에 얻음이 있다 하였거늘,
지금 전사요, 선지자의 제자라 하여
이름을 걸어 놓고 있는 너희들이 내가
첫 번째 너희들에게 명한 '세 번 이상
나의 법전을 정독하라.'는 것을 얼마
만큼 시행하고 있는가?
11 이로써 너희들 자신의 점수를 매길 것
이며, 나 여호와를 너희들이 얼마만큼
따르고 믿고 있는가 하는 것을 그것으
로써 현재 너희들의 점수를 매겨 보도
록 하여 너희들 자신을 돌아보도록 하
라.
12 그리고 내가 너희들에게 이르기를, 너
희들은 만백성을 구하며, 너희들이 천
사가 되어 앞에 서 낭떠러지로 떨어져
가는 나의 피조물 만백성이 너희들을

보고 가던 발길을 멈추며 구원의 길로
돌아설 수 있도록 그리하라 일깨웠음
이니라.
13 그리하여 내가 너희들에게 두 번째로
명하기를, 나의 성전 이곳에 그득히
웃음꽃을 피우고 선지자가 강론하는
나의 성령을 많은 이들이 들을 수 있
도록 그리 행하라 하였거늘,
14 너희들은 과연 지금 너희들이 서 있는
그 자리에서 얼마만큼 너희들의 직무
를 다했다고 생각하는가?
15 너희들이 이와 같은 나의 두 번째 명
이요, 나의 지시를 거역하고 따르지
아니하며 실천하지 아니하니, 과연 어
렵고 힘든 대명을 내가 내렸을 때, 너
희들이 그리 실천하고 따를 수 있는
선지자의 제자들이라고 내가 너희를
그리 믿을 수 있겠는가?
16 그러한 작은 것 하나도 지키지 못하는
너희들이 어찌하여 나의 피조물 만백
성을, 그 지치고 사악한 무리 속에 끌
려가고 있는 그들을 구원할 수 있는
전사로서 나에게 명을 받을 수 있겠는
가?
17 내가 내린 이 명을 너희들이 충실히
시행하는 자가 되어야 할 것이며, 이
를 시행하지 아니하는 자는 나로부터
멀리 가고자 하며 나로부터 반대의 길
로 달려가고 싶어 하는 그 마음의 뿌
리가 아직도 가슴속에 있음이니,
18 이는 아직도 육의 생각이요, 영을 살
려 나에게 구원을 받고자 하는 생각이
너희들에게 없음이니, 너희들이 나에
게 달려오는 그 영을 멈추게 하는 행
위를 하고 있음이니라.
19 선지자 너는 너의 제자들에게 일러야
할 것이니라.
20 나의 법전을 세 번 이상 정독하라 하
였으니, 그를 정독하지 아니하는 자는
너의 제자가 될 수 없으며, 전사로서,
나의 피조물 만백성을 구원하는 대변
인으로서 그 자격이 없음이니, 내가
명한 자는 그것부터 먼저 시행하도록
그리하여야 할 것이니라.
21 나의 법전을 세 번씩 읽어 누구와 갑
론을박할 때도 대답할 수 있는 만반의
준비가 갖춰져 있는 너희들이 되어야
할 것이며,
22 그리고 세 번을 정독하는 그 속에서
너희들이 깨우침을 얻게 됨이니 이를
내가 실행하라 하였거늘, 너희들이 지
금 얼마만큼 시행하고 있는가?
23 너희들이 한 번 읽고 덮은 자, 두 번
읽고 덮은 자 있으니, 지금 너희들이
얼마만큼 정독하고 있으며 깨우치고
있는가?
24 너희들은 말로써만 나 여호와가 존재
함을 믿고, 나의 주옥같은 그 음성을
듣고 있을 때만 너희들이 나 여호와가
존재함을 믿으며 너희들 자신이 아름
답고 깨끗한 마음으로 천사가 되고자
한다 하나, 나의 성전을 나가면 너희
들의 생활이 이미 흐트러짐이니,
25 나 여호와가 직접 선지자를 통하여 너
희들에게 명한 그것을 지키지 아니함
은 내가 지금 선지자를 통하여 내린
나의 법전 이 자체도 너희들이 믿지
못함이며, 이를 순종하지 아니하고 이
를 지키고자 하는 생각이 없으며 이를
따르고자 하는 생각이 없는 너희들이

아닌가 너희 마음을 다시 한 번 다지
고 봐야 할 것이니라.
26 그리고 내가 나의 성전에 어른 아이
할 것 없이 웃음소리가 충만하도록 이
자리를 그득히 다 채우라고 하였거늘,
27 나의 법전의 반을 넘어가 깨우쳐 가는
너희들의 지금의 위치가 어디 있으며
너희들이 과연 얼마만큼 나의 뜻을 수
행하였는가?
28 이를 거역하는 자는 나에게 오고자 하
는 자가 아니고, 나를 숭배하는 자가
아니고, 나에게 경배 기도를 하는 자
가 아니며, 정녕 나 여호와의 하늘에
오르고자 하는 뜻이 없는 자이니,
29 육신의 안일과 육신의 행복과 육신의
편안함과 무엇인가를 구하고 얻고자
하는 것이 너희들이 여기에 와 있는
마음이 아니던가?
30 너희들은 모든 너희 마음의 양식이요,
너희 영혼을 살리는 나의 성령을 들어
너희 스스로 맑고 깨끗한 영으로써 나
에게 달려오라고 내가 너희들에게 명
한 것은 어찌하여 실천하고 시행하지
아니하는가?
31 이러고도 정녕 너희들이 나에게 올 수
있다고 생각하는가?
32 그러고 너희들이 나로부터 선택된 선
지자의 제자들이요, 만백성을 구하는
전사요, 선지자의 제자로서 너희 직무
를 다할 수 있으며 만백성을 구할 수
있겠는가?
33 너희들이 과연 힘들고 어려운 고비가
닥쳐올 때 어찌 지키겠는가? 어찌 행
하겠는가?
34 너희들은 너희 자신을 돌이켜 봐야 할
것이니라.
35 너희 스스로 평탄한 이 마음의 자세에
나의 성령의 뜻을 선지자를 통하여 듣
는 그것에서 너희들에게 힘들고 어려
운 고행의 길을 가는 역사가 이루어진
다면 너희들은 과연 그리하여도 나의
선지자를 따르겠는가?
36 나의 선지자와 더불어 따를 자가 몇
명이나 있으며, 선지자가 그 목숨을
던져 나의 법전을 가슴에 안고 그를
피로 물들여 죽어 갈 때 그를 따를 사
람이 지금 너희들 중에 몇 명이 있겠
는가?
37 이 작은 것도 실행하지 아니하는 자들
이 어찌 큰 것을 실행할 수 있으며 그
를 지키고 따를 수 있다 생각하는가?
38 너희들의 마음이, 공허한 하늘에 대고
소리를 지르는 것이 아닌가 다시 한
번 생각해 봐야 할 것이니라.
39 정녕 너희들이 내가 명하는 것을 실천
하지 아니하고 나 여호와를 찾는다면
이는 허공에 대고 나를 찾는 것과 같
으니, 그는 내가 듣고자 하지 아니함
이니라.
40 오늘 선지자가 드리는 이 기도에 내가
나의 성령을 실어 내려보냄이니, 너희
들은 오늘 이와 같은 나의 성령의 뜻
을 듣고 난 다음에 너희 몸과 마음을
추스를 것이며, 마음을 다짐하며, 너
희들이 이끌어 가는 그 사업이요, 너
희 육신의 생활이요, 너희 육신의 편
안함을 위해서 너희들이 노력하는 그
부분을 다 중단하고 나의 뜻을 따를
것인가, 그렇지 않으면 너희들이 너희
육신의 생활을 위하여 살아가면서 나

의 뜻을 따를 것인가,
41 너희들이 병든 자가 되어 나의 뜻을 따를 것인가, 건강한 자로서 나의 뜻을 따를 것인가, 이는 너희들이 선택하기에 달렸음이니라.
42 너희들은 모두를 행하고 취하면서 나의 뜻을 따르는 길을 선택할 것인가?
43 어찌하여 내가 너희들에게 내린 작은 명도 따르지 못하면서 너희들이 나의 피조물 만백성을 구하는 전사로서 그 명함을 너희 가슴에 달고자 하는 것인가?
44 너희들이 구원을 받아 영원히 나의 낙원 에덴동산에 와 사는 그 존재함만을 생각하니, 너희들이 과연 나에게 잘함이 무엇이 있더냐?
45 내가 너희들에게 재물을 바치라 하였던가, 지금 사악한 종교 지도자들이 이끌어 가듯이 십일조를 바치라 하였던가, 그리고 각종 헌금을 바치라 하였던가?
46 너희 스스로 나의 성전을 운영하는 그 기금을 모아 성전을 운영하고자 하였으나, 선지자가 또한 이와 같은 것은 너희들의 사악한 마음에서 나오는 것이니 이를 행하지 말라 하였음이니라.
47 내가 너희들에게 재물을 바치지 아니하도록 하며, 재물을 거둬들이고자 하지 아니하며, 너희들이 재물을 무상으로 바치고자 하는 그것은 너희들의 간악하고 사악한 마음에서 나오는 것이라 하여 그를 접어 두며 두 번 다시 그와 같은 생각을 갖지 말라는 엄명을 내가 선지자를 통하여 내렸거늘,
48 너희들은 내가 나의 성전에 병든 자, 병들지 아니한 자, 남녀노소 할 것 없이 그득히 모여 웃음의 꽃을 피우라 하였거늘, 어찌하여 그를 시행하지 못하는가?
49 오늘부터 내가 너희들을 직접 다스리고 통제함이니라.
50 너희들이 나의 법전을 세 번을 읽는데 정신을 모두 다 집중하여 정독할 것이며, 나의 성전에 남녀노소 할 것 없이 그득히 모여 너희들이 웃으며 담소하며 나에게 경배하는 그 하나를 이루어 바치라 하였거늘,
51 이로써 너희들이 나에게 어찌하여 고개를 들고 나의 성전에 들어올 수 있는가?
52 그리고 나의 성전에 와 너희들이 어찌하여 나의 음성을 직접 듣는 그와 같은 영광을 가지며, 깨우침을 얻으며, 너희 영혼의 양식을 공급하여 너희들의 영혼이 하늘을 향하여 달려오는 그 역사를 이루고자 하는가?
53 너희들은 어찌하여 나의 성전의 문을 열고 들어오는 그 순간에 부끄러움을 느끼지 못하고 자신의 태만함을 느끼지 못하며, 안일한 그 자세로 나의 음성이요, 나의 성령을 직접 듣는 너희들이 내가 직접 내린 나의 명을 거역하는 자들이라는 그 무서운 사실을 어찌하여 돌이켜 생각해 보지 못하는가?
54 너희들은 이후부터 나의 성전을 들어올 때, 너희 자신을 돌아다보라.
55 너희들은 내가 명한 '세 번을 정독하라.'는 나의 법전을 얼마나 읽었으며, 그리고 내가 남녀노소 할 것 없이 그득히 모여 나에게 웃음의 담소를 던지

는 그 흐뭇한 나의 성전을 이루라 하였거늘, 과연 얼마만큼 그 역사의 일을 이루었는가?
56 너의 제자들이 성전에 들어오면서 자신을 돌아다봐 저희들의 행할 것을 하도록 그리 깨우쳐 주라, 선지자야!
57 나의 성령의 뜻이요, 내가 직접 내리는 나의 명을 거역하는 자, 너희들이 어떠한 자세며, 어떠한 심성이며, 어떠한 형태로써 가야 할 것인가?
58 너희들이 나로부터 등을 돌리고 멀리 돌아가는 백성이 되지 말라.
59 나 여호와의 뜻에 따라 너희들의 그 웃음 속에 내가 같이 있는 그 행복과 그 영광이요, 그 축복을 너희들이 어찌하여 버리려 하는가? 이 나 여호와의 뜻을 버리지 말라.

1,944 번째 하나님 말씀

2002년 3월 2일 01시 05분

1 사랑하는 선지자야!
2 "네, 여호와 하나님! 말씀하옵소서."
3 수천 년 역사가 흘러오면서 지금의 신약 시대에 나의 피조물 만백성을 구하고자 하는, 그리고 저희들만이 구원의 길에 오를 수 있다 하는 그 지도자들과, 그 지도자들 밑에 가서 고개 숙여 찬송 부르며 광란의 몸짓으로써 나에게 무엇인가를 얻고 구원받고자 기도드리는 그들의 가는 길을 네가 나의 법전으로써 멈추고, 나의 법전을 들어 그들이 깨우쳐 하늘에 오르는 길을 보는 것을 너는 이끌고자 함이니,
4 네가 만일 나의 법전으로써 지금의 시대에 이 사악하고 험악하며 잘못 가고 있는 종교 지도자들이 가던 길을 멈추고 돌이켜 하늘에 오르는 진정한 이 길로 가도록 인도한다는 것을 말한다 하면 그들은 너를 비웃을 것이니라.
5 그리고 정신이상자라 말할 것이며, 감히 바위를 계란으로 깨고자 대드는 무모한 짓을 하는 그와 같은 자라 할 것이며, 너를 정신이상자라 하며 바라보지도 아니할 것이니라.
6 그리고 그들은 말할 것이니라. 쓸데없는 한 인간이 정신이 돌아 제정신이 아닌 상태에서 실성하여 그와 같은 짓을 하는 것이라고 말할 것이며, 도저히 깨고 넘을 수 없는 그 벽을 넘겠다 하는 그러한 자라 말할 것이니라.
7 그리고 너희들 말 속에 있듯이, 계란으로써 바위를 깨고자 하여 계란을 던지는 그와 같이 어리석고 무모한 짓을 하는 자라며 너를 비웃을 것이니라.
8 그리고 지금 너희들이 보기에는 그 벽을 넘을 수도 없으며 깰 수도 없다 그리 생각할 것이니라.
9 그러나 선지자야, 너는 당황치 말며 염려하지 말라.
10 온 세상을 적시는 비처럼, 조용히 소리 없이 나리는 그 가랑비처럼 나의 법전이 조용히 흐르고 또 흘러 나의 피조물 만백성의 마음을 울릴 것이며, 그들의 손에 나의 법전을 들고 깨우쳐 그들이 정녕 하늘에 오르는 길이라 하여 나의 법전을 놓고 무릎 꿇고 나에게 기도할 날이 머지않았음이니,
11 반드시 이와 같은 역사가 이루어져, 바위를 깨고자 계란을 던지는 너를 비

웃는 자들이 정녕 무서움과 두려움을
알게 될 것이니라.
12 서서히 흐르는 물처럼 나의 피조물 만
백성을 구하는 데 나의 법전이 스며드
는 것을 너는 알 것이니라.
13 그리고 너의 제자들이 이를 꼭 보게
될 것이다.
14 그리하여 서서히 나의 계획에 의하여
물이 땅에 스며들어 그 땅을 적시듯
이, 그리고 소리 없이 나리는 가랑비
에 그 땅을 적신 그 빗물을 받고 모든
식물이 노란 새싹을 피우듯이,
15 나의 법전이 그와 같이 서서히 나의
계획에 의하여 단계적인 역사를 이루
며 가랑비가 지상을 적시듯이 이 세상
을 서서히 적셔 갈 것이니라.
16 그리고 적셔 간 그 빗물에 의하여 모
든 초목의 새싹이 나오듯이 나의 피조
물 만백성이 나의 법전을 읽고 하늘에
오르는 길을 볼 것이며, 지금까지 잘
못 가 죽은 그 영혼들을 살리는 그와
같은 역할을 하는 나의 법전을 그들이
접하게 될 것이니라.
17 그들은 그리하여 내가 지키고 하늘에
오르라 하는 그 원천의 샘인 십계명을
바라보게 될 것이며,
18 그 계명을 기준으로 하여 내가 너희들
에게 행하고 지키면서 하늘에 오르는
답을 내려 준 그것을 보며 그들이 나
의 법전을 들고 떠오르는 태양을 향하
여 두 무릎 꿇고 기도할 날이 있을 것
이니라.
19 '여호와 하나님! 저의 죄를 용서해 주
옵시고, 하나님의 뜻에 살아갈 수 있
는 용기와 힘을 주옵소서.' 하고 그들
이 기도할 날이 머지않아 있을 것이니
라.
20 선지자야, 너는 그날을 위하여 조급해
도 아니 되며, 네가 나서도 아니 되며,
네가 성급하게 가서도 아니 됨이니라.
21 소리 없이 나리는 가랑비가 모든 초목
을 적시고 지상을 적시며 그리고 땅을
적시듯이, 너는 조용히 그저 나의 성
령을 받아 법전을 기록하여 만드는 그
일에 최선을 다할 때,
22 나의 법전을 소리 없이 가랑비처럼 전
하는 너의 제자들과 너를 따르는 백성
이 늘어날 것이며, 그들이 서서히 너
에게 다가오고 있음을 너는 알라.
23 너는 불안해하지 말고, 두려워하지 말
며, 조급히 생각하지 말라.
24 서서히 감이니라. 급히 달리는 자는
멀리 못 가느니라. 그리고 급히 가고
자 서두르는 자는 멀리 가지 못하여
지침이니라.
25 서서히 첫 발부터 한 발 한 발 걸어가
면 네가 걸어가는 데 점점 힘이 붙으
며, 그리하여 네가 훈련되고 단련된
몸으로써 나의 피조물 만백성에게 전
하는 것에 탄력이 붙을 것이니, 네가
달려갈 날이 머지않아 있을 것이니 그
리 알라.
26 다만, 내가 너희에게 이르듯이, 모두
를 비우는 마음과 모두를 양보하는
것, 그리고 모두를 이해하며 사는 것
이 베푸는 길이며 너희들이 빛이 되는
길이라는 것을 다시 한 번 너의 제자
들에게 네가 깨우쳐 줘야 할 것이니라.
27 그리하여 그들로 하여금 서서히 뿌리
를 내려 가게 될 것이니라.

28 지금 너희들이 내가 명하는 1단계를
이루고 있느니라.
29 다음에는 2단계의 나의 계획이 서서
히 집행될 것이며, 네가 3부의 법전을
또 시작했을 때, 너희들이 생각할 수
없는 3단계의 나의 뜻이 전하여지고
나의 계획이 세상에 펴질 것이며,
30 한 부를 넘어갈 때, 또 나의 단계가 그
에 맞춰 세상을 덮어 감이니, 너는 그
리 알고 나의 성령을 받아 나의 법전
을 만드는 데 열과 성의를 다하고 모
두를 다 바칠 것이며, 내가 너희에게
지키라 명하는 그 모두를 시행하고 지
키면 될 것이니 그리 알라.
31 이제 시작함이니라. 이제 시작되어 감
이니라.
32 2단계의 나의 계획에 의하여 나의 법
전이 전하여지는 그 역사가 지금 이루
어지고 있음을 알아야 할 것이니라.
33 머지않았음이니라, 선지자야!
34 그들이 말하기를 계란으로 바위를 깬
다고 말하며, 혼돈의 세상이요, 정신
나간 자, 미친 자가 헛소리를 하고 산
다고 말할 것이니라.
35 그러나 그들이 그리 말하는 사이에 나
의 법전이 그들의 심장을 뚫고 갈 것
이니,
36 그들은 나의 법전이 그 심장부를 겨냥
하여 달려가는 그 속도를 막을 수도
없고 그를 방어할 수도 없으며, 그저
떨어지는 낙엽과 같이 그들이 무너져
가는 것을 머지않아 너는 보게 될 것
이니, 선지자야, 그리 알라.
37 오늘의 힘들고 고통스러운 것을 영광
으로 생각하며 네가 나에게 기도하는
그 시간을 최선을 다하여 행하고 나가
도록 하라.
38 이것이 네가 이길 수 있는 길이며 네
가 승자가 될 수 있는 길이며, 도저히
넘을 수 없고 뚫을 수 없는 그 단단한
검은 바위를 네가 무너뜨릴 날이 머지
않았음이니 그리 알라.

1,945 번째 하나님 말씀

2002년 3월 2일 06시 10분

1 사랑하는 선지자야!
2 "네, 여호와 하나님! 말씀하옵소서."
3 나의 피조물 만백성 중에 너와 더불어
살아가는 그 백성은 자식이 부모를 위
하여 그 자신을 희생하고 어미가 자식
을 위하여 모든 희생을 마다하지 아니
하고 그를 받아들이며, 인간으로서는
생각할 수 없는 어려운 고통과 시련도
다 감수하는 자식과 부모의 그와 같은
인간관계의 고운 마음이 있었으며,
4 또한, 예의와 범절이라는 것이 있고,
스승으로서 가르치는 자의 도리가 있
으며, 선비로서의 도리가 있고, 또 우
국충정에 대한 도리가 있으며, 형제와
부모 간에 그 아름다운 정을 나누며
사는 것이 너희들의 그 민족이었느니
라.
5 너희들 말에 그러한 말이 있지 않은
가?
6 형제가 서로 열 가마씩의 곡식을 하였
으나, 형은 동생이 부족할까 하여 그
를 갖다 동생의 집에 쌓아 주며, 동생
은 형이 부족할까 하여 형의 집에 쌓
아 주었다는 너희들의 가르침이 있듯

이, 그와 같은 아름다운 마음을 가지
고 있는 것이 너희 민족이었음이니라.
7 차라리 그때는 너희들이 아름다움이
있고 사랑이 있었으며 나눔이 있었음
이니, 그것이 정녕 내가 너희들에게
내려 준 사랑의 근본이요, 본마음이며
원심이니라.
8 그러나 지금 너희들은 어떠한 형국에
이루어 와 있더냐?
9 1년 동안에 피나는 노력을 하여 알곡
식을 거둔 그들이 부족한 동생의 어려
움을 생각하여 형이 그를 지고 가 동
생 집에 쌓아 주고, 동생 또한 형의 어
려움을 생각하여 형 집에 쌓아 주었다
는 그러한 것을 지금 너희들이 찾아볼
수가 있던가?
10 그러한 너희들의 아름다운 생각과 아
름다운 삶을 생각하기 전에, 이제는
형의 것을 제가 더 빼어 오며 동생 것
을 제가 더 빼어 와야 하며, 그리하여
형제지간에 싸움을 하고 사투를 벌여
가는 이와 같은 지금의 형국에 이르렀
으며,
11 그리고 부모와 자식 간에 그 가지고
있는 재산이 뭐기에 서로의 재산이요,
가지고 있는 재물 때문에 자식은 부모
를 살해하며, 자식에게 내려 주지 않
으려는 부모와의 그 완력의 싸움에서
어떠한 형국이 이루어지고 있느냐?
12 너희들은 부모를 위하여 모든 정성을
다 바치며 제 살을 베어 부모를 봉양
하는 그와 같은 아름다움이 있는 민족
이요, 백성이었음이나, 지금은 어떻더
냐?
13 삶은 윤택하여져 있으며 너희들의 모
든 살아가는 시설은 몇백 배가 더 나
아지고 윤택해진 이 시국에, 낳아 주
고 길러 준 그 부모가 쇠진하였다 하
여 그를 길거리에 내버리는 이와 같은
형국이 도래했으니, 이 원인의 근본이
어디서 왔다 너희들은 생각하느냐?
14 지금 나의 피조물 만백성을 구원하고
하늘로 인도하고 나에게 오르는 길로
써 그들을 인도한다 하며 재물과 금화
와 은화를 거둬들이며, 죄를 안 짓고
살 수 없는 것이 인간이기에 더러는
죄를 짓고 그 죄를 재물로써 용서받는
다고 가르친 그들이 이 땅에 뿌리를
내리지 아니하였다면, 지금과 같은 사
악한 시대는 열어지지 아니하였을 것
을, 너희들은 다시 한 번 뒤돌아봐야
할 것이니라.
15 사랑을 베풀고 나눔을 베푸는, 저희들
을 낳아 준 부모요, 길러 준 부모를 찾
아보는 것도, 그들을 공양하는 것도,
그들을 받드는 것까지도 못하게 하였
음이니라.
16 형제와 나누는 것도, 형제의 정을 나
누는 것도 그들은 칼로 무를 자르듯이
그리 잘라 놓았느니라.
17 나 여호와에게 시간을 바치고 나 여호
와에게 재물을 바치며, 그저 모두를
나 여호와에게 바치면 구원을 받을 것
이라 하여 저희들이 중간에서 그들로
부터 모두를 다 가로채 착복하며 저희
들이 편하게 살아가고자 하는 그와 같
이 흉악한 그들이 지금 존재하였기에,
18 그 흉악한 방법과 그 흉악한 수법에
의하여 지금의 흉악한 세대가 이루어
졌음이니라.

19 그들이 이 땅에 들어오지 아니하였다
면 너희들은 부모가 자식을 위하여,
자식이 부모를 위하여 모두를 다 바쳐
도 아까움이 없는 그와 같은 아름다운
마음이요, 정녕 사랑을 베푸는 근본인
그 마음의 뿌리가 지금까지 지탱해졌
을 것이며, 이리 사악해지지는 아니하
였을 것이니라.
20 그 모든 책임을 누가 져야 할 것인가?
이는 잘못 가르친 자들이 근본이고 근
원이니라.
21 어려운 동생을 위하여 형이 재산을 갖
다 부어 주며 어려운 형을 위하여 동
생이 그 재산을 부어 주는 그와 같은
아름다운 마음을 가지고 살던 너희들
에게, 그때의 삶이 너희들이 정녕 아
름다운 인간의 삶이었는가,
22 지금 너희들이 사람을 금화와 은화로
계산하여 그를 살인하는, 더 이상 볼
수 없는 사악한 형국을 이뤄 놓은 이
시국이 아름다운 삶인가?
23 어떠한 세상이 나 여호와를 향하여 오
르는 삶의 길이라 너희들은 생각하는
가?
24 그러면 지금의 이와 같은 험악한 세상
에 모든 어두운 그늘로써 사악한 무리
가 세상을 덮고 있는 이와 같은 너희
들을 누가 이리 이끌고 만들었는가?
25 그것은 바로 지금 죄를 짓지 아니하고
살 수 없다는 그와 같은 궤변을 떠들
고, 나 여호와가 내린 그 계명을 지킬
수 없다 하는 그 사악한 무리가 이 땅
에 존재하며 그들이 뿌리를 내렸기에
이와 같은 형용할 수 없는 사태가 이
루어졌음이니라.
26 나 여호와가 통제하고 관리했던 너희
민족의 뿌리까지 흔들어 놓으며, 너희
본심이요, 너희들의 인간성마저도 말
살시키고 인간의 자세요, 도리를 찾아
볼 수 없는 이와 같이 험악하고도 험
악한 세상을 만들며,
27 지금도 나의 피조물 만백성에게 모든
재물을 바치도록 하며, 어떤 명분으로
든 그저 긁어 들이는 그와 같은 사악
한 자들이 단상에 서서 사악한 소리로
써, 사악한 자세로써, 세 치 혓바닥으
로써 나의 피조물 만백성을 그리 유도
하고 이끌어 감이니라.
28 이 형국을 더 이상 볼 수는 없음이니
라. 이들을 그대로 더 방치한다면 너
희들 마음속에 있는 실낱같은 사랑하
는 그 근본의 마음까지도 이들이 다
쓸어버릴 것이니라.
29 선한 마음은 찾아볼 수 없고, 그 뿌리
까지도 다 짓뭉개어 너희 마음속에 사
랑이요, 눈물이라는 것까지도 다 메마
르고 거두게 할 그와 같은 사악한 자
들의 형국이니라.
30 그리하여 이 사악한 무리가 세상을
다 덮고 있음이니, 그 선한 나의 뿌리
가 자리를 잡을 수 없는 이와 같은 형
국에 도래하였느니라.
31 그리하여 나 여호와가 더 이상 그들을
방치할 수 없어 그들 중에서 구원할
자 구원하고 버릴 자 버리고 선택할
자 선택하며,
32 스스로 나의 법전을 읽고 깨우쳐 하늘
에 오르는 자, 그 영원히 사는 자를 받
아들일 것이며, 저희들의 그와 같은
잘못을 모르고 사악한 그 길로 계속

가는 자, 이제는 그들이 세상에 발붙
일 수 없도록 그 뿌리를 내가 뽑아내
고자 함이니라.
33 악의 근원을 다 제거하고자 함이니, 6
천 년의 긴 역사 속에 흘러온 그 악의
뿌리를 천 년의 역사 속에서 다 제거
하려 함이니라.
34 너의 제자들과 너를 따르는 백성에게
전하여야 할 것이니라.
35 너희 고유의 정신세계를 가지고 살아
오며 사랑이 있고 나눔이 있으며 이웃
의 어려움을 바라볼 수 있는 그와 같
은 삶을 살아오던 너희들의 마음의 정
신과 그 뿌리와 지금의 사악한 무리가
살아가는 이 세상의 형태 중에 과연
어느 것이 나 여호와에게 오는 길이
며, 사랑을 베푸는 것이며, 인정을 베
풀고 사는 것인가 이것 하나만 너희들
이 바라본다 해도,
36 지금의 지도자들이 잘못 가고 있으며,
종교 지도자로서 이끌어 가는 그들이
얼마나 사악한 무리로서 가고 있는가
를 너희들은 알 것이거늘,
37 어찌하여 내가 너희들에게 높고 현명
한 그 지혜를 주었건만 너희들은 이를
분별하는 데는 그리도 우매한 백성이
되었는가?
38 너희들은 계산이 빠르고 생각하는 것
이 빠르니라. 그리고 득실을 빨리 계
산하는 것이 너희들인 것이니라.
39 육신의 삶의 득실을 계산하는 거며 이
해관계에 빠르고, 수단과 방법을 가리
지 아니하고 옳고 그름을 구분할 수
있는 그와 같은 지혜를 내가 너희들에
게 주었거늘,
40 어떠한 상황에서 어떠한 수단과 방법
의 관계든 간에 너희들은 옳고 그른
것과 득과 실을 판단할 수 있는 지혜
를 내가 너희들에게 주었으나,
41 너희들이 육신의 득과 실은 생각하나
영원히 구원을 받고 나에게 오는 영의
세계의 그 득과 실은 생각하지 아니하
고 생각할 줄 모르며 바라보려 하지
아니함이니,
42 너희들이 한 치 앞은 아나 멀고도 먼
앞을 바라보는 안목이 없음이니, 이와
같은 깨달음을 너희 백성에게 심어 줘
야 할 것이며, 너희 형제요, 너희와 같
이 가는 그 백성이 멀리 바라보는 마
음 자세를 가져야 할 것이니라.
43 그리고 너희들이 아름답고 고요한 마
음으로 순종하며 살아왔던 그 시대의
마음과 지금의 이와 같이 살인하며 살
인을 업으로 삼는 형태를 이끌어 온
그 사람들의 가르침을 놓고 이제는 냉
정히 분별을 할 때가 왔느니라.
44 그리고 깨우칠 때가 왔음을 너희들이
알아야 할 것이니라.

1,946 번째 하나님 말씀

2002년 3월 2일 06시 30분

1 사랑하는 선지자야!
2 "네, 여호와 하나님! 말씀하옵소서."
3 너희들을 길러 준 부모요, 육신의 부
모요, 너희들이 그 모든 은혜를 입은
너희 부모들을 길거리에 버리는 그와
같은 형국의 삶의 시대가 도래하였음
이니,
4 과연 여기서 너희들이 더 변화되고 더

사악한 그러한 너희들의 마음 자세가
앞으로 어찌 가게 될 것인지 너는 알
겠는가?
5 너희들은 이제는 너희들을 길러 주고
낳아 준 그 부모를 길거리에 헌신짝처
럼 버리는 그와 같은 자들을 차라리
효성이 있는 자라 하며 바라보게 될
것이니라.
6 앞으로는 너희들이 너희 부모요, 너희
들을 길러 준 그 육신을 한 줌의 금화
와 은화로 팔아먹는 그와 같은 시대가
올 것이니, 이 형국을 어찌 다스려 나
가겠는가?
7 차라리 그 산 생명을 길거리에 버리고
오는 그것이 은혜라 생각하는 그와 같
은 형국이 도래할 것이니, 이제는 너
희들이 힘없고 늙은 너희 부모들을 길
거리에 버려 그 생명을 유지하도록 하
는 것이 아니라 그들을 팔아먹는, 금
화와 은화와 바꾸는 그러한 시대가 도
래할 것이며,
8 지금은 너희들이 그 육신을 땅에 묻어
줘 한 줌의 흙으로 돌아가게 하나, 그
것마저도 하지 않는 시대가 올 것이니
라.
9 머지않아 너희들은 그들을 짐승에게
던져 줄 것이며, 그리고 너희들은 금
화와 은화를 받고 그를 시험의 대상으
로 팔 것이며, 육신의 살이요, 모두를
짐승의 먹이로써 짓이겨 가는 세대를
볼 것이며, 그와 같은 것을 만들어 내
는 자가 있을 것이니, 이와 같은 사악
한 시대가 도래하고 있음이니라.
10 이와 같은 형국을 나 여호와가 볼 수
없기에, 지금에 와서 나의 열여섯 권
의 법전을 내어 그와 같은 형국을 막
으려 함이니라.
11 지금 나의 선지자를 통하여 너희들이
너희들을 낳아 주고 길러 준 그 부모
의 은혜와 공은 갚지 못할망정 그 부
모의 은혜를 어찌할 것인가를 내가 너
희들에게 미리 예고하여 알려 준다면
너희들은 나의 선지자를 미친 자라 말
할 것이나,
12 너희들이 머지않아 그와 같은 형국으
로 변할 때가 도래하기에 그를 내가
볼 수 없으며 그와 같은 형국에 도래
했을 때 너희들의 마음을 돌이킬 수
없기에, 더 이상 너희들이 사악한 형
국으로 가는 것을 볼 수 없기에 지금
나의 선지자를 통하여 나의 성령을 너
희들에게 내려보내나니,
13 나의 이 법전을 읽고도 이것이 허황된
이야기라 말하는 자와 이와 같이 이루
어질 수 있는 형국에 도래하였다는 것
을 깨닫지 못하는 자, 이는 하늘과 땅
의 이치를 모르는 자들이며,
14 이와 같은 형국이 도래할 것이라는
것을 깨닫는 자, 그는 나의 법전을 전
하는 백성으로 바뀌어야 할 것이며,
나의 법전을 세상에 전하는 데 모두를
다 던져야 할 것이니라.
15 이제는 양분되어 갈 것이니라, 선지자
야!
16 나의 법전을 미친 자의 지껄이는 소리
라며 던지는 자도 있으나, 나의 법전
을 읽고 등골이 오싹하여 저희들 자세
를 돌아다보고 저희들의 형국을 돌아
다보며, 그리하여 나의 법전을 세상에
만백성을 위하여 전하는 대열에 참여

하고자 하는 자들이 모여들 것이니라.
17 그리하여 단비가 내려 세상을 적시듯
이 나의 피조물 만백성에게 나의 법전
을 전하며 깨우치는 그러한 역사가 이
루어질 것이니,
18 이 모두는 다 너희들의 마음 자세에
달렸으며 너희들이 먼저 행함에 달렸
음을 잊지 말라.

1,947 번째 하나님 말씀

2002년 3월 2일 07시 10분

1 사랑하는 선지자야!
2 네가 정녕 이 세상에 나의 피조물 만
백성 중에 나의 계명을 가장 많이 암
송하며 지키고자 하는 자이니,
3 네가 지금 나를 향하여 십계명을 암송
하는 애절한 그 마음을 나 여호와가
알고 있음이니라.
4 이것이 만백성을 구하는 길이며, 이를
지키는 것만이 하늘에 오르는 길이거
늘,
5 이를 지키지 아니하여 지금의 이와 같
이 형용할 수 없는 형태가 이루어진
것을 네 마음에 아파하며, 네가 정성
을 다하여 나에게 십계명을 암송하고
이를 지키는 자로서의 서약을 드리는
이 시간을 가질 때마다 내 너를 바라
보는 마음이 기쁘기 한이 없느니라.
6 네가 나의 십계명을 암송하고 또 암송
할 때마다 나의 피조물 만백성의 많은
그 생명이 지옥 불로 가는 길에서 하
늘에 오르는 길로 돌아선다는 것을 너
는 모를 것이니라.
7 네가 십계명을 외우고 나에게 기도를
드리며 내가 너에게 나의 메시지를 내
려보내니, 나의 성령을 너에게 심어
주어 이 모든 법전이 빠른 시간 내에
세상에 나가 나의 피조물 만백성이 읽
고 또 본다 하면,
8 그리하여 그것이 많은 나의 피조물 만
백성을 구하는 역사를 이룸이니, 너보
다 더 소중한 자가 또 어디 있겠는가?
9 너의 제자들에게 일러야 할 것이니라.
네가 나에게 십계명을 암송하며 네가
나로부터 성령을 받아 만백성을 구하
고자 기도하는 그 뜻을 너의 제자들이
모르고 있느니라.
10 네가 간곡한 마음으로 기도드리는 그
순간에 내가 너에게 성령으로 임하여
모두를 너에게 전함이니,
11 그와 같은 것을 깨닫고 듣고 배워서
하늘에 오르는 길을 볼 줄 아는 너의
제자들의 지금의 마음이 어찌 되어 있
는가를 네가 그들에게 물어야 할 것이
니라.
12 그리하여 내가 너희들에게 말했듯이
나의 법전을 3회 이상 정독하라 하였
으며, 나의 성전을 남녀노소 할 것 없
이 그득히 웃음의 바다로 이루라 하였
으니, 그를 내가 보는 마음의 기뻐함
을 너희들은 어찌하여 모르는가?
13 너희들은 인간사에 알 것이니라.
14 너희들의 자손이요, 후손이요, 너희들
의 피붙이들이 너희 앞에 그득히 모여
재롱을 부리며, 그들이 아름다운 대화
를 나누고 사랑을 나누고 서로의 인정
을 나누며, 윗사람을 알고 아랫사람을
알며, 부모를 공경하고 자식을 사랑하
며 나누고자 하는 그 행복한 시간을

갖는 것에 너희 부모들이 어떠한 마음
이며, 너희들의 마음이 어떠하던가?
15 나이 든 자는 저희 자식이요, 손자요,
저희 핏줄들이 제 앞에 와 재롱을 떨
며 자기를 기쁘게 하는 그와 같은 것
에서 그 흐뭇한 마음을 느끼고 알면
서, 그리고 너희는 그것은 그와 같이
이루고자 하며 그러한 환경과 그러한
생활 속에서 너희들의 인생을 살아가
고자 하면서,
16 나 여호와가 남녀노소 할 것 없이 나
의 성전에 와 웃음꽃을 피우며 너희들
이 아름다운 마음으로 대화를 나누고
나 여호와를 찾으며 나를 칭송하는 그
와 같은 것을 내가 바라보는 그 기쁨
을 얻고자 너희들에게 그리 말하였으
나, 어찌하여 너희들은 이를 시행하지
아니하는가?
17 오늘 선지자 너는 너의 제자들에게 일
러야 할 것이니라. 이 기쁨을 얻고자
하는 내 마음에 정녕 등 돌리지 말라
이르라.
18 나에게 작은 기쁨을 주는 것으로도 너
희들이 크나큰 은혜를 얻으며, 너희들
이 지금의 영광을 얻은 이 기쁨을 나
여호와에게 감사하고, 너희들이 그득
히 모여 나를 칭송하며 나의 이야기를
나누고 나 여호와가 존재함을 나누며,
너희 마음을 깨끗이 다루고자 하여 백
합 같은 마음으로써 웃고 즐기는 너희
들을 보고자 하는 나의 이 깊은 마음
을 어찌하여 너희들은 그리도 헤아리
지 못하는가?
19 사랑하는 선지자야!
20 "네, 여호와 하나님! 말씀하옵소서."
21 너의 제자들에게 이르라. 너희들이 손
에 손을 잡고 나의 성전에 그득히 웃
음꽃을 피우는 그 모습을 나 여호와가
너희와 같이하고자 하는 그 마음을 알
라 이르라.
22 세상에 사악한 무리가 존재하는 이
속에서 내가 나의 선지자를 통하여 그
로 하여금 나의 뜻을 세상에 전하며
너희들의 기쁨과 즐거움을 선지자를
통하여 내가 얻음이니,
23 나의 성전에 내가 너희들과 같이하고
자 함이니, 오로지 이 성전에서만 내
가 얻을 수 있고 내가 볼 수 있으며 내
가 기쁨을 느낄 수 있는 것이거늘,
24 너희는 전지전능한 여호와 하나님이
요, 그 모두를 통찰하고 그 모두를 주
관하는 나 여호와를 위대한 하나님이
요, 그리고 세상에 못 이룰 것이 없는
하나님이요, 못 이룰 게 없는 여호와
며 세상에 내가 주관하고자 하는 것이
아무것도 못 이룰 것이 없으며 부족함
이 없는 나 여호와라 너희들이 생각하
며 나를 그리 보지 말라.
25 나는 너희들이 바치는 그 아름다움 속
에서 나의 기쁨을 얻으며, 너희들이
나의 뜻을 순종하며 나의 피조물 만백
성을 구하고자 이곳에 역사하는 그 모
습에 내가 기뻐하며, 그를 나의 즐거
움이라 생각한다면 너희들은 이를 믿
겠는가?
26 너희들의 변하는 모습이요, 너희들이
나의 법전을 전하는 모습이요, 너희들
이 모여 앉아 손에 손잡고 환담을 하
고, 나 여호와를 찾으며, 너희들이 나
가 나의 법전을 이룰 역사에 대한 이

야기를 하며 즐기고 웃는 그 모습을
바라보는 것보다 나 여호와에게 더 기
쁨이 없으며 그보다 더 행복함이 없느
니라.
27 이는 바로 나의 성령을 통하여 내가
나의 피조물 만백성을 구원하고자 하
나의 점을 찍어 놓은 곳이며 지상과
하늘이 교통이 되는 곳이 이곳 한 곳
뿐이니, 내가 이곳을 바라보면서 너희
들에게 기쁨과 즐거움을 얻는 것은 당
연한 것이 아니던가?
28 내가 사악한 무리가 돌아가는 행위와
사악한 무리가 살아가는 형태와 그들
이 하는 짓을 보며 거기서 웃고 즐거
움을 얻을 수 있다 생각하는가?
29 그 많은 사악한 무리 중에서 그들을
제거하고 그들의 뿌리를 뽑고자 하며
나의 에덴동산에 낙원을 만들고자 하
여 내가 만들어 놓은 이곳 성전에 나
의 뜻에 따라 나에게 순종하는 너희들
이 모여서 같이 즐기고 웃는 그 모습
을 보는 것보다 더한 나 여호와의 즐
거움이 어디에 있다 생각하는가?
30 만물을 창조한 나 여호와요, 세상의
모두를 창조한 나 여호와이나, 내가
창조한 그들이 나에게 순종하고 나를
따르는 그 기쁨을 내가 얻는 것을 너
희들은 잊지 말며,
31 나의 이 애절한 뜻을 너희들이 깊이
새겨, 나의 이 성전에 남녀노소 할 것
없이 너희들이 손에 손을 잡고 즐길
수 있는 그 아름다운 환경을, 그 모습
을 나에게 보여 주는 것을 내가 그리
간곡히 원함이니,
32 노인은 어린아이의 손을 잡고 어린아
이는 노인의 손을 잡고 같이 즐기며
환담하는 그 모습을 내가 보고자 함이
니, 나의 뜻을 너희들이 깊이 기억하
여 따르도록 그리하라, 선지자야!

1,948 번째 하나님 말씀

2002년 3월 2일 08시

1 사랑하는 선지자야!
2 "네, 여호와 하나님! 말씀하옵소서."
3 네가 네 몸이 저리며 네 목에 따가움
을 느끼면서도 나에게 기도드리는 그
순간에 네가 나의 십계명을 암송하여
그를 지키겠다는 서약을 드리며 기도
하는 너의 그 마음을 누가 알겠는가?
4 너 자신이 나에게 기도드리는 그 순간
나의 십계명의 언약을 드리지 아니한
구절이 없으며 그를 실천하지 아니함
이 없다는 그 마음에 네가 한 점의 부
끄러움이 없도록 하기 위하여
5 네 가슴이 조여 오고 목이 따가운 그
아픔을 인내하며 네가 또 나에게 오늘
십계명을 암송하며 기도를 드리나니,
너의 그 마음을 나 여호와는 알고 있
음이니라.
6 사랑하는 선지자야!
7 "네 여호와 하나님! 말씀하옵소서."
8 이와 같은 약속 하나를 네가 지키며
이 한 구절의 기도에 나의 성령을 받
아쓰는 네가 그 앞에 십계명을 암송하
지 아니하고 기록한 것이 한 번도 없
다 하는 것을 나의 피조물 만백성이
아는 날이 있을 것이며,
9 그와 같은 많은 십계명을 암송한 너의
그 뜻을 안다 하면 그들 또한 그 못지

않게 십계명을 암송하며 그를 지키고 살아가는 마음을 굳건히 다지지 아니하겠는가?

10 너의 그 공이 또한 거기에 있음이니, 이와 같이 실행하고 지키는 너의 모습에 나 여호와의 마음이 그리 기쁨이니라.

11 선지자야!

12 "네 여호와 하나님! 말씀하옵소서."

13 학자요, 지식을 가지고 있는 사람이요, 모든 사람은 아주 아름다운 모든 것을 나의 피조물 만백성에게 전하며 그 표현도 아름다운 상식이요, 아름다운 말을 그저 책에 기록하여 전하면 되는 것이며, 남을 공격하여 남의 잘못됨을 탓하면서 글을 써 세상에 내는 사람이 드무니라.

14 그는 반드시 남을 공격하는 만큼 제가 받게 되며, 그가 남으로부터 적을 만들면 제 스스로 적이 된다는 것을 잘 알고 있기 때문에, 어떠한 남의 잘못이요, 잘못 가는 것을 보면서도 그를 탓하지 아니하려는 것이 너희 인간들이며, 또한 저희들의 몫만을 하고 저희들의 뜻만을 전하여 거기서 가르치고 깨우치면 되는 것이며, 남들의 잘못 가는 것을 바로잡고 저희들과 견주어 그를 탓하여 밝히려 하지 아니하는 것이 너희 인간들의 생각이니라.

15 또한, 내가 너희들에게 말하여 일렀느니라. 누구도 나의 피조물 만백성을 평할 수가 없으며, 평가하지 말라 하였음이니라.

16 그러나 지금 나의 성령을 받아 나의 법전을 기록하는 이 뜻에는 잘잘못을 구분하고 깨우치며 가르치는 나의 성령이 기록되어 나감이니,

17 이는 너희 창조주이기 때문에 창조주로서 나의 백성이 잘 가고 못 가는 것을 나만이 탓할 수 있고 나만이 꾸짖고 나만이 바로잡을 수 있기에 나의 성령으로 깨우침이니, 이를 너희들이 깨달아야 할 것이니라.

18 지금 철옹성보다도 더 굳어진, 잘못 가는 종교의 그 믿음의 가는 길이 정녕 잘못되었다고 탓할 자가 누가 있으며, 그를 너희들이 어찌 말할 수 있는가?

19 하나의 종파가 잘못되었으며 그가 너희들이 말하는 이단이요, 사탄이라 할 때, 그로부터 받는 그 보복이요, 그 행패가 하늘을 찌르는 그와 같은 형국에 있으며,

20 저희 스스로 잘못 감을 반성하고 회개하기 전에, 저희들을 나무라는 자, 저희들을 탓하는 자를 이 지상에서 존재하지 못하도록 하고자 하는 것이 지금의 소집단을 가지고 믿음이라 하는 길을 가고 있는 자들의 행위이니라.

21 그러나 너는 하나의 집단이 아니요, 기복 신앙을 가진 자들로부터 모든 종교의 종파요, 나를 향하여 오르는 자들이 다 잘못 가고 있음을 지적하며, 그들이 하늘을 향하여 사랑을 베풀고 나누는 그 근본을 잘못 가고 있으며 잘못 깨닫고 있음을 네가 지적하고 그들에게 깨우침을 전하고자 하며, 그들을 바로잡고자 하는 이 대역사의 광장을 이루고 있음이니, 이 얼마나 두렵고 무서운 현실 속에서 네가 도전하는

것인가?
22 그리고 네가 무서운 그 집단 속에 그
들이 수천 년 역사 동안 굳어지고 지
켜 오며 믿어 온 그 믿음의 길이 잘못
되었다 하여 이를 전함이니,
23 이는 너희 인간으로서 그리할 수 없으
며, 한 사람의 인간으로서 모든 종파
가 지금 잘못 가고 있고 나의 피조물
만백성이 잘못 흘러가고 있는 그것을
바로잡고자 하며,
24 나 여호와가 하늘에 존재하며 너희들
이 죽어 와 하늘의 심판을 받음이니
바르고 곱게 살라, 내가 너희들에게
내린 계명을 지키며 그 계명대로 살아
오는 자는 하늘에 와 구원을 받을 수
있으며, 어떠한 종파든 어떤 종파에
속해 있든 그 계명을 지킬 수 없다 하
며 그 계명을 지키지 않는 자는 구원
을 받을 수 없으니,
25 오로지 하늘에 오르는 길은 그 계명을
지키는 길뿐이라 말할 수 있는 것은
나 여호와의 성령이 아니면, 내가 너
에게 직접 명하는 것이 아니면 누구도
그리 쓸 수도 없고 그리 전할 수도 없
으며 그와 같이 나설 자도 없음이니라.
26 스스로 두려움과 공포요, 자신에게 오
는 억압이요, 자신에게 오는 그 핍박
을 모두 감내하면서 그를 기록하여 전
할 수 있는 것은 나 여호와로부터 선
택된 나의 선지자인 나의 아들이요,
나의 종이기 때문에, 네가 순종하기
때문에 그를 이룰 수 있음이니라.
27 이 모두를 탓하며 이를 바로잡고자 하
는 것은 나 여호와가 아니면 누구도
할 수 없는 길이기에,
28 내가 너를 통하여 그들의 아프고 쓰리
며 잘못 가고 저희들이 부끄러우며,
저희 스스로 잘못을 깨닫는 자들에게
그 잘못됨을 회개하고 그를 용서를 빌
며 그들이 바른길로 올 수 있는, 나의
계명을 지키고 율법을 지키며 살아올
수 있는 그 용기를 불어넣기 위하여
그들에게 깨우침을 주며, 자기 자신의
희생을 감수하며 전할 수 있는 자가
누가 있는가?
29 모든 종파를 상대로 하여 그들이 잘못
가고 있음을 깨우쳐 주는 그와 같은
역사의 한 획을 긋는 것이 너 스스로
할 수 있으며 네가 그를 행할 수 있다
생각하는가?
30 그리고 네가 그들을 바로잡을 수 있으
며 과연 네가 기록하는 나의 법전이라
하면 그를 보고 그들이 깨우쳐 오를
수 있다 생각하는가?
31 이것 한 가지를 너희들이 보더라도 이
는 나의 뜻이요, 나의 주관하에 이루
어지는 것이며,
32 수천수만의 나의 뜻을 전하면서 160
권이라는 이 법전이 세상에 나가며 그
후에도 나의 선지자가 생명을 다하여
명을 거둘 때까지 나의 성령을 받아
나의 피조물 만백성 너희들에게 주옥
같은 나의 그 음성으로 나의 글을 전
할 것이니,
33 이와 같은 대장정의 역사를 보고도 너
희들은 인간의 한 사람이 이를 이루었
다 하여 그 인간을 핍박하고 공격하며
그를 박해할 것인가?
34 이 모두를 주관하고 이 모두를 시행하
며 이 모두를 명한 것은 나 여호와이

니라.
35 너희들은 여기서 진정 너희들이 가는
길이 진실한 길이고 너희들이 가는 것
이 옳은 길이며 너희들이 가는 길이
하늘에 오를 수 있는 길이라 하면,
36 나의 법전을 기록하여 세상에 전하는
것은 하나의 인간, 그가 아니라 나 여
호와가 행하며 내가 시행하며 내가 그
를 빌려 이 세상에 내려보냄이니,
37 그에게 핍박하고 공격하고 가해하지
말고 나 여호와를 핍박하고 나에게 가
해하고 나에게 욕하며, 모든 너희들이
행하고자 하는 그 사악한 행동을 나를
상대로 하여 나에게 던지며 나에게 공
격하라.
38 너희들이 만일 정녕 하늘에 오르는 길
을 가르치는 자이고 나의 뜻을 가르치
는 자이며 나에게 바르게 인도하는 자
라 생각하거든,
39 나의 성령을 받아 그를 시행하고 전하
는 나약한 한 인간인 그를 핍박하고
그를 공격하고 그를 나무라고 그를 욕
하며 시기하지 말라.
40 그는 나의 음성을 들어 나의 피조물
만백성을 구하고자 모든 종파의 잘못
가고 있는 것을 그들에게 깨우치고자
행하는 자니, 이와 같은 역사를 한 인
간으로서 이룰 수 있다고 너희들은 생
각하는가?
41 인간으로서는 할 수 없음이니라. 그리
고 감히 두려워서 행할 수 없음이니라.
42 제 생명이 소중하고, 제 생명에 위험
을 느끼며 저 스스로 모든 그 핍박을
감내할 수 없기 때문에 그는 누구도
그리할 수 없음이니라.
43 세상을 지배하는 유능한 인간이요, 또
인간으로서의 한계에 도달했다 하는
자도, 권력을 쥐고 있는 자도, 재물을
쥐고 있는 자도, 학식을 가지고 있는
유식한 자라고 해도, 박사라는 학위를
수백 개, 수천 개를 가진 자라고 해도,
44 그 누구도 나의 선지자가 지금 기록하
는 나의 법전과 같은, 너희들이 잘못
가는 것을 하나하나 깨우쳐 지적하며
하늘에 오르는 길이 무엇이라 하는 것
을 인도해 주고 깨우쳐 주는 그와 같
은 내용을 기록할 수 없음이니라.
45 이 한 가지 이치를 깨우친다면 너희들
은 나의 선지자를 핍박하지 말라.
46 나의 선지자를 너희들의 목표 대상으
로 생각하지 말라.
47 나의 선지자를 너희들이 박해하려고
생각하지 말라.
48 그와 같은 것을 할 수 있다면 너희들
은 나에게 직접 하라.
49 정녕 나에게 직접 할 수 있는 그 용기
를 가진 자만이 하늘에 오르는 길을
볼 수 있는 자이니라.
50 그를 인간이 할 수 없다면, 그 인간을
핍박하고 박해하고자 하는 것은 너희
들의 추하고 더러운 능력이며, 너희들
이 깨우침이 없는 자며, 하늘에 오르
는 길을 모르는 추악하고 얄팍한 인간
의 생각에서 행하여진 것이니,
51 나의 선지자를 핍박하는 자, 나의 선
지자에게 공격하는 자, 나의 선지자를
박해하는 그 모든 집단은 나 여호와와
아무런 관계도 없는 인간의 사악한 무
리가 이끄는 집단임을 나의 피조물
만백성 너희들은 알아야 할 것이며,

너희 스스로 그들을 단죄해야 할 것
이니라.
52 정녕 너희들이 그를 핍박하고 공격하
고자 하거든 나 여호와를 직접 너희들
이 핍박하고 공격하라.
53 그 모두를 내린 것은 나 여호와이니라.
54 그는 그저 나를 대행하여 기록하고 전
하였을 뿐이니, 그를 너희들이 그 대
상으로 삼지 말아야 할 것이니라.
55 그 모두는 다 너희들이 나 여호와에게
항의하고 나 여호와를 핍박하며 나 여
호와에게 따지라.
56 그러면 내가 너희들에게 답을 줄 것이
니라.
57 그러면 내가 너희들에게 깨달음을 줄
것이니라.
58 그리하는 자를 내가 구원할 것이니라.
59 사랑하는 나의 피조물 만백성 너희들
은 여기서 깨우쳐야 할 것이니라.
60 한 인간이 잠시도 쉬지 아니하고 160
권이라는 나의 성령을 기록하는 그 멀
고도 먼 역사를 이룰 수 있단 말인가?
61 아무도 이룰 수가 없음이니라. 아무도
이를 이룩할 수가 없음이니라.
62 제한된 시간 속에서, 그 짧은 속에서
잠시도 쉬지 아니하며, 그가 썼다 지
우는 것도 아니고 기록하였다 버리는
것도 아니며, 다만 그가 나의 성령으
로써 받은 나의 음성을 기계라는 것에
전달하여 그를 다시 반복하여 나의 법
전으로 세상에 내고 있음이니,
63 이는 너희들의 작가요, 시인들처럼 썼
다 지우고 지웠다 또 쓰고 버렸다 다
시 쓰며, 시간을 두고 연구하며 10년,
20년이요, 몇 년씩을 두고 너희들이
기록하여 만들어 하나의 예술 작품을
세상에 내는 그러한 과정을 거쳐서 이
열여섯 권의 법전이 나오고 이 열여섯
권의 법전이 10부에 걸쳐 160권이라
는 법전으로 나오는 것이 아니니라.
64 그는 직접 나로부터 받는 순간에 그를
기록하여 책으로 만들어 법전이라 하
여 너희들을 구원하고자 그를 바로 전
함이니, 이 엄연한, 엄청난 사실 앞에
너희들이 어찌하여 거부하려 하는가?
65 이를 하나만 깨우친다 해도 너희들이
이는 나의 뜻이며, 나의 성령으로 인
하여 한 인간이 나를 대변하여 너희들
에게 전하고자 함이니,
66 너희들이 나에게 순종하고 나의 뜻에
따라서 대변하는 그에게 공격의 화살
을 돌린다면,
67 그를 핍박하는 자는 제가 정녕 사탄이
요, 사악한 무리며 정녕 나의 피조물
만백성을 인도하는 자가 아님을 스스
로 자처하는 것이니라.
68 이와 같은 뜻을 나의 법전을 접하는
나의 피조물 만백성은 깊이 깨우쳐야
할 것이니라.
69 정녕 너희들이 진정한 여호와 하나님,
나를 위하여 오는 길이며 나에게 오르
는 이 백성을 인도하는 자들이라 하거
든, 너희들은 나에게 공격하며 나에게
질문을 하라.
70 '여호와 하나님이여! 제가 정녕 하나
님의 피조물 만백성을 당신의 뜻에 한
점 부끄럼 없이 하늘나라에 이끌어 가
는 자며, 당신이 내리신 그 십계명을
철저히 지키고 살아가는 지도자이거
늘,

71 어찌하여 저희들이 가는 길이 이리도
사악한 길을 걸어왔다 하시나이까?
그 답을 내려 주옵소서.' 하고 너희들
이 나에게 기도하라.
72 그러면 내가 너희들에게 답을 내릴 것
이며, 너희들에게 깨우침을 직접 명할
것이니라.
73 그러한 용기가 있는 자 있거든 나에게
모두를 너희들이 던지라. 그리고 나에
게 항의를 하라. 그리고 나에게 질문
하라. 나를 공격하라. 나에게 화살을
돌리라.
74 나약한 한 인간이요, 너희들과 똑같이
육신을 가진 자가 나에게 선택되어 나
의 명에 따라서만 그가 순종하며 움직
이니,
75 그가 제 뜻대로 말하는 것이 아니고
제 뜻대로 생각하는 것이 없으며, 나
를 대변하여 전하니, 그에게 너희들은
모든 화살을 던지지 말고 그를 저주하
지 말고 그를 핍박하지 말라.
76 어찌하여 지금 나약한 한 인간이 수
십, 수만 명을 가지고 있는 집단이요,
무력을 가지고 있는 너희들에게 도전
을 하겠는가?
77 그는 인간 스스로 너희들에게 도전함
이 아니요, 그는 너희들이 잘못 가는
것을 가히 탓할 수도 없음이니라.
78 그러한 형국인 그를 너희들은 핍박하
지 말라.
79 한 나라요, 국가를 위하여 지도자들이
잘못 가는 것을 지적하며 그들에게 도
전하는 한 아이를 그 나라에서 짓밟는
그와 같은 형국의 부끄러움을 너희들
이 알라.
80 어떠한 종교 집단이든, 어떠한 힘의
집단이든, 나의 나약한 선지자요, 나
의 뜻에 따라 시행하고 그대로 기록하
여 전하는, 너희들과 똑같은 한 인간
을 놓고 집단적으로 물리적인 행위를
하는 자는
81 저희 스스로 사악한 자며 나 여호와와
는 아무런 관계도 없다 하는 그런 자
들이고 그를 시인하는 자들이며, 그를
인정하는 자만이 나의 선지자를 핍박
할 것이니라.
82 정녕 너희들이 그 나약한 인간에게 너
희들의 방대한 힘과 그 집단을 가지고
대항한다는 것은 무엇이더냐?
83 너희들이 그와 같은 집단이요, 그 방
대한 힘이 정녕 나 여호와의 뜻이고
너희들이 나의 뜻에 살아온 자들이며
그것이 하늘에 오르는 길이라 하면,
너희들은 나에게 기도하여 나에게 물
으라.
84 '전지전능하신 여호와 하나님이여! 당
신의 뜻에 따라 만백성을 하늘로 인도
하였으며 한 점의 부끄럼 없이 이끌어
온 이 종교 지도자를 어찌하여 여호와
하나님은 핍박하시며, 잘못 갔으며 사
악한 무리며, 이 세상의 사악한 지금
과 같은 형태를 제가 만들었다 하시나
이까? 그 답을 주옵소서.' 하고 너희들
은 나에게 기도를 하라.
85 그러면 너희들이 지은 죄에 대한 대가
요, 너희들이 이루어 온 일이요, 그를
내가 구분하여 너희들에게 명할 것이
니,
86 너희들이 정녕 나를 향하여 한 점의
부끄러움이 없는 지도자로서 살아왔

다 하면 나에게 너희들은 항의하며, 모든 것은 나에게 질문하라.
87 나 여호와를 상대하여 모두를 던지라. 명한 것은 나이니라.
88 그 나약한 한 인간을 선지자라 명하여 너희 육신의 형체를 가진 그의 몸을 빌었으며 그의 입을 빌려 나를 대신하여 법전이라 하는 것에 나의 뜻을 전함이니,
89 그 법전 속에 잘못된 것이 있으면 너희들이 그를 지적하여 나에게 항의할 것이며, 그 법전의 내용에 정녕 너희들이 살아온 그 형태가 아닌 것을 거기에 기록한 것이 있으면 그를 선지자에게 너희들이 항의하지 말고 나 여호와에게 직접 질문하여 나에게 답을 얻으라.
90 수천수만 명을 가진 그 집단의 힘을 가지고 나약한 육신을 가진 한 인간을 공격하는 그와 같은 짓을 하지 말라.
91 너희들은 나에게 질문하라. 바로 나에게 항변하라.
92 그렇지 아니하는 자는 스스로 저희가 사악한 집단임을 인정하는 것이니, 나의 법전을 읽고도 이를 너희들이 깨우치지 못한다 하면 너희들이 나에게 와 받는 그 죄는 상상할 수 없을 것이니라.
93 불바다를 너희들이 맨발로 건너며, 옷 하나 걸치지 않은 그 육신의 덩어리로써 그 아픔과 고통을 그대로 느끼면서 너희들은 거기에서 헤어나지 못할 것이니라.
94 그가 무슨 죄가 있는가?
95 내가 예수를 통하여 미리 예언하였느니라, 자의로 말하지 아니하고 듣는 것만을 말하고 듣는 것만을 전하며 진리를 전하는 그가 올 것이라는 것을.
96 그는 나의 명에 따라 너희 만백성을 구하고자, 너희들의 도전과 너희들의 물리적인 그 항의와 그 모두를 다 무릅쓰고 나의 성령을 받아 법전으로 기록하여 세상에 내니, 그는 너희들을 구원하기 위한 희생양인 것이니라.
97 너희들을 바로 인도하고 깨우치기 위하여 그 어렵고 힘든 길을 가고 있는 그는 너희들을 위하여 모두를 다 바치는 희생양이거늘,
98 너희들을 위하여 모두를 다 바치는 그 희생양을 맞이하여 또 그를 죽이려 하는, 두 번 그를 고통 속에 몰아넣는 그와 같은 사악한 행위를 하지 말라.
99 그 불쌍한 한 인간을 너희들이 핍박하지 말며, 모든 핍박과 원망과 원한 그 모두를 나에게 직접 던져 나에게 질문하라.
100 정녕 너희들이 진정한 나의 선택된 지도자로서 만백성을 이끄는 데 하늘을 향하여 한 점의 부끄러움이 없다면, 그 모두는 나에게 너희들이 질문하도록 그리하라.

1,949 번째 하나님 말씀

2002년 3월 2일 08시 25분

1 사랑하는 선지자야!
2 "네, 여호와 하나님! 말씀하옵소서."
3 너의 제자들과 너를 따르는 만백성에게 이리 전하라.
4 '너희들은 여호와 하나님으로부터 선

택된 사람들이라' 하는 그 마음 하나를 가슴속에 굳게 새기도록 그리 깨우쳐 주라.

5 너의 제자들에게 따라 힘차게 외치도록 그리 가르치라.

6 '나는 여호와 하나님으로부터 선택된 사람이니라.'

7 이와 같은 마음 하나만 너희들이 가져준다 하면 나 여호와의 기쁨이요, 행복이 여기에 있음이니, 이것이 내가 너의 제자들과 너를 따르는 나의 법전을 읽고 깨우친 백성에게, 특별히 너희에게 내리는 상임이니,

8 그저 '나는 여호와 하나님으로부터 선택된 자이니라.' 이와 같은 마음을 굳건히 가슴속에 새기고 사는 것에, 내가 너희들에게 베푸는 모든 은혜와 은총에 감사하는 답이 여기에 있음을 깨우쳐 주라.

9 너희들이 나로부터 선택된 사람이라고 생각하고 내가 너희들과 항상 같이 있다고 생각하며, 그리하여 너희들은 모든 것을 다 부정적인 마음으로 보는 것이 아니라 긍정적인 마음으로 보고 세상을 살라.

10 그리고 너희들은 못 이룰 것이 없고 못 갈 길이 없으며 못 할 것이 없다 그리 생각하라.

11 그리하여 너희들은 나로부터 선택된 백성이기 때문에, 나로부터 선택된 자이기 때문에 내가 내린 계명을 지킬 수 있으며, 나 여호와 하나님의 말씀대로 살아갈 수 있다는 마음으로 세상사 모든 것을 다 아름답게 긍정적으로 생각할 것이며, 부정적인 생각은 너희 가슴에 두지 말라.

12 그리고 이룰 수 있다는 생각을 가지라. 그리고 이루어진다는 생각을 가지라.

13 이제 너희들이 축복을 얻게 될 것이니라.

14 너희 스스로 나 여호와로부터 선택된 자라는 그 자긍심을 깊이 가슴에 새기며, '나는 무엇이든지 다 할 수 있다. 여호와 하나님과 같이 가며 하나님께 선택된 백성이기 때문에 무엇이든지 다 이룰 수 있다.' 하는 그와 같은 긍정적인 마음을 가지고 살 때,

15 너희 마음속에 있는 병이요, 육신의 병이요, 너희들이 가지고 있는 고민이요, 모든 고통을 벗어나고, 너희들이 이루고자 하는 모든 꿈과 뜻을 이룰 수 있는 답이 여기에 있음이니,

16 이를 깊이 감사하는 마음으로써 받아들일 것이며, 그를 높이 외치라고 너의 제자들에게 그리 가르치라.

17 '나는 하나님으로부터 선택된 자이니라. 나는 여호와로부터 선택된 자이기 때문에 모든 것을 이룰 수 있느니라. 그리고 나는 해낼 수 있는 사람이니라.' 그와 같은 마음을 갖고 살라.

18 그리고 모두에게 감사하는 마음으로 살라.

19 너희 부모요, 너희 형제에게 감사하는 마음, 그리고 너희 주변에 감사하는 마음, 너희들과 더불어 사는 사람, 너희들과 부딪치는 사람, 너희들과 관계되는 사람, 너희들이 취하고 만지며 너희들과 호흡을 같이하는 모든 것들, 너희 손길을 거치는 것들, 너희 몸을

스치고 가는 것들, 너희와 대화를 나
누는 것들, 너희에게 보이는 것들, 그
모두를 다 감사하는 마음으로써 보는
그 눈을 뜨라.
20 이것이 곧 천사가 가는 길이며 천사가
되는 길이니라.
21 너희들이 이제는 이와 같음을 알아들
을 수 있고 시행할 수 있으며, 이 뜻을
알아들을 수 있기에, 내가 너희들에게
간단한 방법으로써 나에게 오르는 마
음이요, 너희들의 구원의 길을 알려
줌이니, 너희들의 모든 소원과 너희들
이 소망하는 것이 이루어지는 것이 거
기에 있음이니라.
22 선지자의 음성을 듣고 선지자에게 가
르침을 받으며 나 여호와로부터 직접
듣고 나 여호와의 음성을 들으며 나로
부터 너희들이 무슨 축복과 은혜와 은
총을 받는다는 그와 같은 생각을 지금
서부터 너희들은 머릿속에서 다 지우
며,
23 '여호와로부터 선택된 나'라 생각하는
그 속에서 모든 것을 긍정적으로 바라
보며 모든 것을 다 감사하는 마음으로
살아갈 때, 너희들이 소원하는 모든
것은 다 이루어질 것이니,
24 이게 바로 너희들에게 임하여 있음을
알게 됨이니라.
25 모두는 다 너희 스스로 이루어짐이니
라.
26 남이 너희에게 이루어 줌이 아니니라.
27 한 점의 부끄러움이 없이 살지도 못하
는 자들의 광란의 짓으로써 너희 병을
고쳐 줌이 아니요, 너희들을 일어서게
함이 아니요, 너희 마음에 고민을 덜
어 줌이 아니요, 너희 소원과 뜻을 들
어주고 이루어 줌이 아니니라.
28 그는 모두 너희들의 마음속에 있기에
얻어짐이니라.
29 오늘 내가 너희들에게 내린 그 뜻이,
그 모든 비밀이 여기에서부터 시작됨
이니라.
30 그리고 모든 축복과 영광과 은혜가 여
기서부터 시작됨이니라.
31 이를 너의 제자들에게 힘차게 복창하
라 하라. 그리고 깨우쳐 주라.
32 '나는 여호와 하나님으로부터 선택된
자이니라. 그리고 모든 것을 긍정적으
로 받아들이며 모든 것을 감사하는 마
음으로 나는 살아갈 것이니라.'
33 이것이 너희들이 모든 은혜와 은총이
요, 영광을 받게 되는 길임을 너의 제
자들에게 일깨워 주라, 선지자야!

1,950 번째 하나님 말씀

2002년 3월 2일 11시 15분

1 사랑하는 선지자야!
2 "네, 여호와 하나님! 말씀하옵소서."
3 이제 너의 제자들과 너를 따르는 백성
이요, 또 나의 법전을 가지고 공부하
는 자들이며 그를 깨우치고자 하는 자
들에게 네가 나의 법전을 읽고 습득하
는 그 방법을 일깨워 줘야 할 것이니
라.
4 지금까지는 너희들이 지나가는 책처
럼 읽었으며, 아무리 너희들이 암송을
하려고 하며 아무리 기억을 하려고 해
도 너희 머릿속에 남는 것이 없는 그
와 같이 흘러가는 나의 법전의 내용이

었으니, 이제는 너희들이 그를 너희
것으로 만드는 뜻을 내가 너에게 일러
줄 것이니라.
5 나의 법전을 너희들이 그저 소설책 읽
듯이, 그저 한 권의 도덕책처럼 읽어
넘어간다 하면 너희들은 그저 흘러 넘
어가는 그와 같은 방법으로 책을 읽게
됨이니라.
6 제1권의 서두에 이와 같은 말이 있느
니라.
7 모든 종교요, 종파는 다 하나요, 그들
은 한 형제라 하였음이니, 너희들이
그 대목을 그저 그대로 읽고 넘어가면
그와 같은 것이나, 불교와 기독교라는
것과 또는 기타 모든 기복 신앙의 그
종파를 하나로 묶는다 하는 그 대목을
놓고 너희들은 이와 같이 생각해야 할
것이니라.
8 '세상의 모든 종파를 하나로 묶으려
대드는 자가 있는가? 그리고 이를 하
나로 묶을 수 있는가? 하나로 묶기에
는 얼마나 무한한 파장이 생길 것인
가?' 그와 같은 생각을 너희들이 그
대목을 놓고 해야 할 것이며,
9 그리고 그다음에 너희들이 생각하기
를, '만에 하나, 그렇게 된다 하면 어
떠한 결과가 올 것인가?' 이와 같이
너희들이 그 대목을 놓고 거기에 대해
서 이루어질 파생과 거기에서 얻어질
부분과 그리고 내가 원하고 추구하는
뜻이 어디 있는가 그를 생각하고 또
연구하면서 그 대목 하나하나를 짚고
넘어가는 것이 나의 법전을 읽는 방법
이요, 너희들의 기억에 남게 함이니,
10 그리 너희들이 읽다 보면 그 속에 위
대함과 그 속에 내가 뜻하는 바가 있
으니 너희들은 그 장을 두려워서 그저
그냥 넘길 수 없음을 알게 될 것이니
라.
11 나의 법전의 글이 세계의 공통어가 되
며 세계의 모든 이들이 이 글을 읽으
며 하나의 생활 습관으로써 이와 같이
바뀐다 하면 너희들은 그저 그런가 보
다 하고 생각을 할 것이니라.
12 '세월이 지나면 여호와 하나님께서 공
통어를 만들게 하실 것이며 만백성이
이를 쓰게 하시는가 보다.' 하고 그리
너희들이 읽는다면 그것은 그저 한 권
의 소설책을 읽어 가는 것과 한 편의
시를 읽는 것과 같은 것이니라.
13 감상적인 시 한 편을 읽는 그 여운만
도 못할 것이나, 너희들이 여기서 다
시 한 번 짚고 넘어가야 할 것이니라.
14 '만일에 세계의 공통어가 되면 언제쯤
될 것이며, 세계의 많은 문명국 중에
서 후진국에 속하는 우리의 한국어가
과연 세상을 지배할 수 있을까? 그러
면 어찌 지배한다 할까? 이는 여호와
의 능력이 아닌가? 그리고 우리 언어
를 가지고 세계의 공통어를 만든다 하
여 지금 나서는 자 있는가? 자기 나라
의 언어와 문화를 가지고 세계를 다
통제하고 다스리겠다 하는 자들이 있
는가?
15 경제 강대국으로서, 경제로써는 모든
걸 통제하려고 하고 무력으로써 통제
하려 하나, 이와 같이 언어와 생활 방
식을 하나로 통일하려고 하는 민족이
있는가? 세상에 그와 같은 지도자가
있는가?' 이와 같이 너희들은 생각해

보라.
16 그렇다면 나의 뜻을 받아 이 나의 법
전을 기록하는 선지자가, 하나의 작은
육체를 가진, 너희들과 똑같은 인간인
그 한 사람이 세계의 공통어를 만들려
하고, 세계의 생활 습관을 하나로 만
들려 하며,
17 세계의 믿음이 나 여호와를 위하여 한
길로 가며 그리고 기도하는 방법을 하
나로 통일하고 어린아이서부터 늙어
죽는 자까지 기도하는 방법을 동일하
게 만들어서 그들에게 하늘에 오르는
빛을 안내할 수 있다 하면 이게 얼마
나 무서운 내용인가를 너희들은 여기
서 생각해 봐야 할 것이며,
18 그 나약한, 너희와 똑같은 사람이 이
와 같이 방대한 일을 이루고자 지금
대들고 있으니 그는 과연 어디서 그러
한 능력을 받고 나오는가, 그리고 하
나의 공통어로 만들려 하면 그 과정은
얼마나 복잡하고 얼마나 힘들 것이며,
과연 그리 이루어질 수 있을 것인가,
19 그리고 그와 같이 이루어졌을 때, 우
리 온 인류가 얻는 것은 무엇이고 너
희 자신에게 이루어지는 것은 무엇이
며 너희 후손이 얻는 것은 무엇일까,
그와 같은 대목들을 너희들은 하나하
나 생각하고 또 거기에 문제점과 거기
에서 얻어지는 것과 그리고 거기서 최
종적으로 나 여호와가 추구하는 것이
무엇인가를 생각해 볼 때,
20 나의 법전에 소설책과 같이 또는 도덕
책의 한 구절과 같이 넘어가는 그 내
용이 얼마나 무섭고, 폭발하는 핵보다
도 얼마나 더 위대한 위력이 거기에
있는가 그것을 깨우치면서 하나하나
짚고 넘어간다 하면, 너희들은 나의
법전을 읽고도 잊어버리지 않을 것이
며,
21 내가 너희들에게 세 번을 읽으라 하였
으니, 이는 소설책 읽듯이 그냥 읽으
라는 것이 아니라 한쪽에 있는 것을
가지고 너희들이 한 시간을 씨름하고
하루를 씨름할 수 있고 한 달을 씨름
할 수 있는 그와 같은 내용이 있음이
니, 그 세 번의 역사가 너희들이 평생
에 마치기도 그리 쉽지 않은 내용이니
라.
22 이와 같은 깊이를 알고 깨달은 자는,
한 구절을 가지고 한 시간을 생각하고
하루를 생각하여 내가 원하는 것을 깨
우치는 자는 나의 법전을 다 읽지 아
니하여도 세 번을 읽은 자보다도 더
깨달음이 있을 것이니,
23 이와 같은 나의 깊은 뜻이 있음을 터
득하며 공부를 하도록 그리하라.
24 이 세상의 모두는 사악한 무리로 덮여
있으며, 이제는 종말이라 말하였음이
니라.
25 그리고 지금까지 수천 년 동안 하늘에
오른다 하여 너희들을 이끌어 온 그
종교 지도자들이 다 위선이며, 그들이
한 점의 부끄러움이 없는 삶을 살지
못하고 있으며, 또 그들이 지키고 넘
어가야 할 그 어렵고 힘든 십계명이라
는 것을 지키지 아니하고 가는 그들의
심성이 무엇인가를 너희들이 연구하
고,
26 그리고 내가 지금까지 나를 향하여 오
르는 나의 피조물 만백성 그들을 다

버리고, 나의 법전이라는 것을 내려보
내 이 법전대로 사는 사람만이 지상의
낙원에 뿌리를 내릴 수 있도록 그리하
고자 하는 그 역사가 어떠한 것인지
너희들이 한번 생각해 보라.
27 '과연 지금 이와 같이 젊은 한 사람으
로서, 또 이 법전을 만들어 가는 사람
으로서, 그 사람이 기록하여 내는 이
법전을 가지고 세상에 그 많은 종파의
두텁고 두터운 믿음의 벽을 휩쓸 수
있을 것인가?
28 그리하여 지금과 같은 믿음이 정화되
어서 바르고 옳은 길로, 서로 구원한
다 하여 받는 것이 없고 가져오라는
것이 없고 거둬들이는 것이 없으며 재
물을 착취하지 아니하고 편안한 마음
으로써 믿음을 가도록 한다면 그 세상
의 변화는 어떻게 될까?
29 그리고 과연 그런 일이 있을 수 있을
까? 그리 되었을 때 이루어지는 것은
무엇일까?' 이와 같은 내용에 대해서
깨우치고 또 연구하며 거기에서 내가
원하는 폭발적인 나의 뜻이 무엇인가
를 연구하고 깨닫다 보면 그는 그 기
억을 잊지 않을 것이며, 그 한 장의 책
장을 넘김으로 인해서 그 머릿속에 기
억이 영원히 남는 것이니라.
30 너희들이 나의 법전을 읽고서 하나도
남는 것이 없으며, 지나가면 그저 덮
어지며 지나가면 잊어진다는 그 구절
은 너희들이 나의 뜻을 모르고 그저
수박의 겉만 핥고 지나감이니, 그 맛
을 알겠느냐?
31 그리하여 아무것도 너희들이 기억하
지 못하고 있음이니라.
32 이제 너희들이 수박을 쪼개서 그 맛을
볼 때가 되었음이니라.
33 어찌하여 나 여호와가 이와 같은 뜻을
전했으며 이와 같은 것을 너희들에게
전했는가 하는 그것부터 하나하나 깨
닫고 연구하면서, 그로 하여금 파생되
는 것과 변화되는 것과 그리고 나의
피조물 만백성에게 얻어지는 것과 너
희들의 삶의 변화와 이와 같은 것을
너희들이 하나하나 그 대목을 놓고 따
져 볼 때,
34 너희들은 거기서 그 무섭고 두려운 나
의 뜻을 알게 될 것이니,
35 그리 읽는 자, 영원히 기억하도록 그
의 머릿속에 남는 나의 법전이 될 것
이니,
36 이제 내가 너희들이 법전을 읽는 방법
과 기억하는 방법을 알려 줌이니,
37 너희들이 나를 향하여 오는 그 마음이
하얗게 변해 가고자 터를 닦고 지금
새싹이 나기 때문에, 그 새싹에 내가
새로운 깨끗한 정화수를 부어 줌이니,
그리하여 너희들에게 지혜를 내가 내
려 줌이니라.
38 이 또한 내가 너희들에게 내리는 상임
이니라.
39 법전 한 권을 읽을 때 그저 넘기지 말
며, 한쪽을 읽을 때, 한 구절을 읽을
때, 내가 너희에게 내리는 강조하는
뜻이 있으며 내가 너희에게 원하는 것
이 있으면 그를 놓고 너희들은 멈춰
보라.
40 그리고 그것이 그와 같이 됐을 때 문
제가 어찌 되고 무엇이 어떻게 변화되
며, 그 속에 갖고 있는 뜻이 무엇인가

를 하나하나 생각해 보면 너희들은 정좌하여 나의 법전을 읽지 않을 수가 없으며, 이 법전의 위대함과 그 무서움과 두려움을 그때 너희들이 깨달을 것이니,

41 그리 깨닫고 나면 너희들이 읽는 그대로 너희 머릿속에 기억에 남을 것이니 그리 알라, 나의 사랑하는 백성들아!

42 이를 선지자야, 너의 제자들에게 일깨워 주도록 그리하라.

1,951 번째 하나님 말씀

2002년 3월 2일 13시 30분

1 사랑하는 선지자야!

2 "네, 여호와 하나님! 말씀하옵소서."

3 너의 제자들과 나의 법전을 읽고 너를 따르는 나의 피조물 만백성에게 이리 일깨워 주라.

4 내가 지금의 종교 지도자들이 잘못 가르쳤고 잘못 인도하였으며, 나 여호와가 원하는 그 뜻도 모르고 그 깊이도 모르며, 나와는 정반대의 길로써 나의 피조물 만백성을 이끌어 감으로 인하여 지금과 같이 험난하고 험한 시대가 이루어졌다 하였음이니,

5 그리하여 그를 바로잡기 위하여 나의 성령을 한 인간인 나의 선지자를 선택하여 세상에 내보내 너희들에게 전함이니,

6 이를 접한 종교 지도자가 이를 갖고 갑론을박한다 하면 그는 진정한 하늘에 오르는 길을 모르는 자며, 나로부터 선택된 자가 아니며, 너희들을 이끌어 하늘로 인도할 수 있는 자격이 없는 거짓 지도자임을 알아야 할 것이니라.

7 정녕 제가 나로부터 선택된 자이며 정녕 제가 나의 피조물 만백성을 이끌고 오는 정통파요, 저희만이 구원을 받을 수 있는 것이며 저희만이 하늘에 오를 수 있는 길이라 하면, 남들이 무어라 하든 저희들은 그 길만 묵묵히 가면 될 것이니라.

8 나의 사랑하는 선지자는 지금 누가 뭐라 말하든, 그들이 성전에 와서 뭐라 하든, 왔다 떠나가든, 또 떠나가서 비방하든, 그들에 대하여 귀를 기울이지 아니하고, 그들에 대해서 관심이 없으며, 스스로 나의 성전에 와서 공부하라 하는 말을 하지 아니함이니,

9 떠나는 자를 잡지 아니하고, 가고 싶어 하는 자를 가도록 인도하여 주며, 더 좋고 더 유능한 종교 지도자가 있으며 하늘에 오르는 바른길이 있다 하면 그 길에 가서 하늘에 오르는 영광을 얻으라 하여 그들을 축하하며 보내 줌이니, 이는 무엇이더냐?

10 나 여호와로부터 직접 듣고 그가 정답을 가지고 있으며, 하늘에 오르는 길은 선지자, 나의 종이 인도하는 이 나의 법전을 깨우치고 십계명을 지키는 것뿐이요, 그 외에는 하늘에 오르는 길이 없기 때문에 그들은 반드시 돌아올 것이라고 그는 믿고 있으며, 그리고 정녕 이것이 하늘에 오르는 길이기 때문에 그들에게 선지자는 갑론을박하지 아니함이니라.

11 그와 같이 너희들도 정녕 나의 피조물 만백성을 이끄는 종교 지도자들이며,

오로지 너희들이 하늘에 오를 수 있는
정답을 가지고 있고 너희들이 나로부
터 선택된 정통의 길을 가는 자라 하
면, 남들이 무어라 말하든 너희들은
갑론을박할 필요성이 없을 것이니라.
12 지금 나의 피조물, 종교 지도자들이
어찌해야 하겠느냐?
13 그들은 같은 성서를 가지고 공부하면
서도 저희 성전이요, 제 밑에 와서 기
도드리지 않으며 각종 헌금과 십일조
를 바치지 아니하는 자는 정통의 길을
가는 자가 아니고 이단이요, 사탄이라
말하며, 같은 성서를 가지고 가르치는
저희 제자들끼리도 그러하고, 또 종교
지도자들도 서로 그와 같은 알력을 갖
고 있음이니,
14 그러면 누가 정녕 하늘에 오르는 길이
라 말할 수 있겠느냐?
15 이는 정답을 가진 자는 아니니라.
16 정녕 그들이 하늘에 오르는 길이 바른
길이요, 그 길밖에 없다 하면, 그들은
누가 무엇을 말하든 그곳에 와서 갑론
을박할 필요성이 없는 것이니라.
17 저희들이 불안하고 초조하기 때문에,
저희들이 쌓아 놓은 성전이 무너지며
저희들이 지금까지 많은 나의 피조물
만백성을 정통으로 가르치지 못하고
바른길로 인도하지 못하고 잘못 가는
길로 인도하였기 때문에,
18 정녕 바른길을 인도하는 자가 와서 저
희 신도요, 저를 따르는 자들이 그 길
을 보고 따르는 것이 두렵고 무섭기
때문에 그들은 사전에 그와 같은 장막
을 치고자 함이며, 저희들의 모든 인
력과 능력을 다 동원하여 남들을 다
이단이요, 사탄이라 그리 말하느니라.
19 지금 나의 피조물 만백성이요, 그를
따르는 신도요, 그를 따르는 제자들
앞에 나의 법전을 들고 '이는 이단이
요, 사탄이요, 마지막 말세에 사악한
무리의 거짓 선지자가 와서 전하는 것
이니 여기에 현혹되지 말라.' 그리 말
하는 자, 그는 가짜이니라.
20 그는 정녕 진정한 종교 지도자가 아니
요, 하늘에 오르는 길을 모르고 나의
뜻을 모르며, 나의 음성을 듣지 못하
고 나의 형체를 한 번도 보지 못한 자
이니라.
21 정녕 그가 자기가 오르는 길이 정답이
요, 하늘에 오르는 길이 그 길 한 길밖
에 없다 하면 나머지 것을 가지고 갑
론을박할 것이 없느니라.
22 정녕 진정한 보석을 가지고 있으면 흠
집이 있는 보석이요, 가짜 진주를 가
지고 진짜라 말하는 그들에게 어찌 대
항할 생각을 갖게 되며 그들에게 시시
비비를 구하는 그런 수고로움을 던질
수 있다 말하는가?
23 그는 진짜를 알기 때문에, 그들이 가
지고 있는 것이 가짜요, 잘못된 것이
라는 걸 알기 때문에 그들과 시시비비
하는 것 자체도 부끄러우며,
24 그들 자신이 저희 스스로 그 가짜의
더러운 음성이 어찌 흘러가는지를 잘
알고 있기 때문에, 거기에 시시비비를
구한다 하면 이는 진짜 보석이요, 진
주를 가지고 있지 못한 자이니라.
25 곧 나의 법전이요, 내가 내리는 나의
법전을 들고 '이는 말세요, 또는 사악
한 무리요, 이단이요, 사탄이니 이를

보지 말고 읽지 말라.' 하고 말한다 하
면,
26 그가 정녕 이단이요, 사탄이요, 사악
한 무리요, 하늘에 오르는 길을 모르
는 자이니라.
27 나의 피조물 만백성을 이끌어 가는 종
교 지도자 너희들이 정녕 나로부터 선
택된 자이며, 나의 빛을 보았으며, 나
의 손을 잡아 내가 너희들을 이끌어
주는 종교 지도자며 내 품에 안고 있
는 종교 지도자라 하면,
28 너희들은 나의 법전이요, 나의 계명과
나의 성령을 적어 나의 선지자가 전하
는 그 모든 법전을 다 읽으라 그리 말
할 것이니라.
29 그리하여 그들 스스로 그를 읽고 판단
할 것이며 스스로 결정하라 그리할 것
이니라. 자신 있으면 그리 말할 것이
니라.
30 자신이 없기 때문에 그리 말 못 하는
자는 정녕 사탄이며 이단임을 나의 피
조물 만백성은 알아야 할 것이니라.
31 정녕 너희들이 인도하는 길이 하늘에
오르는 바른길이며, 나의 법전이 잘못
된 것이며 이단이 쓴 것이요, 사악한
무리가 썼다 하면 너희 제자들이 그를
읽고 그리 깨우칠 것이거늘,
32 어찌하여 너희들은 두려워하고 겁을
먹으며 이를 아예 뚜껑을 열어 보지도
못하게 말하는가?
33 정녕 너희들이 자신이 있으며 너희들
이 정답을 가지고 나를 향하는 자들이
라면,
34 나의 법전을 너희 성전에서 너희 신도
들에게 읽어 주고 너희 제자들에게 읽
어 주면서, '이 대목은 이리하여 잘못
되었고, 이 대목은 이리하여 잘못되었
고, 이것은 이리하여 여호와 하나님의
뜻이 아니며, 예수님이 행하던 뜻이
아니며, 성서에 어긋난 점이기 때문에
이가 잘못되었다.' 하며 그를 하나하
나 낱낱이 읽어 주면서 그들에게 해명
해 줄 자신이 있어야 할 것이니라.
35 이 세상 나의 피조물 만백성을 이끄는
종교 지도자들아!
36 너희들은 나의 열여섯 권의 법전을 너
희 제자들에게 정독시켜, 이가 잘못되
었고 너희들이 말하는 이단이요, 사탄
이요, 사악한 자가 만든 것이고 이 세
상 말세에 거짓 선지자가 와서 만든
것이며, 정녕 사탄이요, 사악한 말세
의 거짓 선지자가 와서 부르짖는 것이
라면, 그 대목을 그들에게 읽어 주며
그들에게 교육시키면 그들은 스스로
나의 법전을 보지 아니할 것이거늘,
37 너희들은 어찌하여 뚜껑도 열지 아니
하며 그저 이단이요, 사탄이라 그리
말하는가?
38 너희들이 나의 법전에 기록되어 있는
그 내용을 아는가?
39 그리고 내가 나의 성령을 태워 나의
선지자에게 내린 그 주옥같은 가르침
을 너희들이 알겠는가?
40 너희들이 이를 듣고 너희 신도들 앞에
이를 가르친다 하면, 너희들이 지금까
지 온 것이 허상이요, 잘못 가고 그 추
하고 더러운 치부가 드러나기 때문에,
너희들은 사전에 겁이 나서 나의 법전
을 읽지도 못하면서 이를 사탄이요,
이단이라 말할 것이니라.

41 또는 너희들은 이를 읽을 것이니라.
42 아무도 없는 깜깜한 밤에 너 혼자 네
방에서 나의 법전을 읽어 깨우쳤을
때, 네 마음이 얼마나 두렵고 무서운
가를 너희들 중에 깨달은 자가 있을
것이니라.
43 그리하여 나의 법전이 진실이며 얼마
나 무서운지 알고 얼마나 너희들이 잘
못 가고 있는지 깨닫는 자도 '이 법전
이야말로 하나님께서 정녕 이 시대에
내린 성령의 말씀이니 이리 따르라.'
그리 말하지 못하느니라.
44 그리하여 두렵고 무서워서 너희 신도
와 너희 제자들이 너희들과 같이 느끼
고 깨달아 이것이 정녕 여호와 하나님
의 말씀이라고 깨달을까 봐 두려워,
너희들은 사전에 그를 열어 보지도 못
하게 하며 읽지도 못하게 하는 이와
같은 사악한 행위를 하고 있음이니라.
45 너희들은 나의 선지자가 공부하는 나
의 이 성전에 와서 참관하여 보라.
46 어떠한 서적을 가지고 왔을 때, 나의
선지자가 못 읽게 하는가?
47 그리고 어떠한 유능한 종교 지도자가
왔을 때, 그 제자들을 그리 가지 말라
선지자가 말리는 일이 있는가?
48 절대 그러한 일이 없느니라.
49 나의 선지자는 말하느니라. 그러한 책
들을 많이 읽어 모든 좋은 양식을 너
희 것으로 만들라 하느니라.
50 그 좋은 말씀을 기록한 그 성인이요,
학자요, 그들은 나 여호와가 그들에게
깨우침을 주었으며 그들에게 지혜를
주었으며
51 만백성을 깨우치기 위하여 한 시대에
나 여호와가 그들을 깨우쳐서 그들에
게 성인으로서 아름다운 말을 남기며
너희들이 살아가는 바른길을 만들도
록 하여 그 책에 기록하여 놓았으니,
52 그 또한 하나님의 뜻이라 그리하여 하
나님께서 만든 것이니 거기에서 읽고
깨우쳐 좋은 것을 너희 것으로 만들어
그리 그들의 마음을 열어 주며 그들을
그리 깨우쳐 가도록 하는 선지자의 가
르침이 옳은 것이 아닌가?
53 너희들은 너희 것보다 위대하고 좋다
하면 그를 덮어 두며 그를 보지도 아
니하고 내용을 읽어 보지도 아니하며
읽지도 못하게 하며,
54 그를 이단이요, 사탄이라 그리 갖다
붙이고, 가장 너희들이 팔아먹기 쉬운
'마지막 시대에 거짓 선지자가 온다.'
하는 그 한마디로써 모든 올가미를 씌
워, 나의 피조물 만백성이 하늘에 오
르는 길을 못 보도록 그리하는 것이
너희들이니라.
55 나의 선지자가 뭐라 말하는가?
56 능력이 있는 자요, 정말 기적을 이루
는 자요, 또한 하나님의 종으로서, 하
나님의 제자로서 선택된 자가 있다 하
면, 그리고 나의 십계명에 따라 순종
하고 지키는 종교 지도자가 있다면 그
앞에 가 너희는 스승으로 모시라 그리
가르치지 아니하는가?
57 너희들은 어찌 이야기하는가?
58 너희들이 잘못 가르치는 그 허실을
바라보며 그 추한 것을 보고서 그들이
아름답고 깨끗한 지도자를 따라간다
하면,
59 너희들은 밤을 새워 그를 회유하고 가

지 못하게 하며 갖은 협박과 공갈로써
너희들의 성전을 떠나지 못하게 함이
니,
60 너희들의 허실이요, 너희들이 잘못 가
는 것을 보며 그들이 너희들의 추한
꼴을 보고 떠나고자 하나 너희들은 무
어라 말하느냐?
61 갖은 공갈 협박으로써 그들을 떠나지
못하게 하며, 딴 데는 지옥 불이요, 너
희들만이 구원을 받는 길이라 하며 그
저 그를 시시때때로 탐방하고 심방하
여 그 집을 찾아가 그들에게 반 공갈
조로 그들을 가지 못하게 위협하고 그
들에게 공포 분위기를 만드는 것이 너
희들이니라.
62 그러면 그와 같이 자신이 없는 너희들
은 무엇이더냐? 가짜 종교 지도자이
니라.
63 그리고 너희들은 왜 그리 공포 분위기
를 만들어서 떠나는 자를 못 떠나게
하는가?
64 너희들이 진정 그를 나 여호와의 하늘
에 오르는 길로 인도하기 위해서 그러
는가,
65 그렇지 않으면 너희들의 주머니에 들
어오는 십일조요, 각종 헌금의 액수가
줄어드는 것 때문에 너희들은 그를
잡아 두려 하는가?
66 먼저 너희들 가슴에 손을 얹고 생각해
보라.
67 일단 너희들은 진정한 종교 지도자요,
나로부터 음성을 들은 자 없으며, 나
로부터 메시지를 받은 자 없으며, 나
로부터 선택되어 나로부터 내 가슴에
너희들을 안아 너희들에게 대명을 내
린 자가 없음이니,
68 너희들은 그들을 하늘로 오르도록 하
는 것은 둘째요, 우선은 그들이 떠나
감으로써 너희들의 금화와 은화의 수
입이 줄어드는 그 타격만을 생각하여
그로 하여금 그를 보충하고자 하는 그
생각에 먼저 너희들이 너희들의 성전
을 떠나지 못하게 하는 것은 아닌가
하는 것을 생각해 보라.
69 정녕 너희들만이 하늘에 오를 수 있는
그 정답을 가지고 있기에 그곳을 떠나
지 못하게 하는 것인가?
70 그렇다면 너희들이 정답을 가진 자면
그 사고력과 판단력을 가진 너의 제자
들이 떠나겠는가, 그리고 신도들이 떠
나겠는가?
71 그 신도들이 떠나고자 하는 것은 너희
들이 잘못됨이니, 너희들이 부끄러워
그 앞에 고개를 숙여 사죄하며, '제가
잘못 가르치고 제가 부족한 탓으로 당
신이 이 성전을 떠나려 하니, 저의 부
끄러움을 용서하여 주시기를 바랍니
다.' 하는 그와 같은 경건한 자세로써
너희는 그를 보내야 할 것이며, 그 신
도요, 너희 제자를 보내야 하는 것이
도리거늘,
72 너희들은 반 공갈, 반 협박으로써 그
에게 엄포하여 그를 떠나지 못하게 하
며 그와 같은 형태로써 너희들은 지금
이루어져 가고 있지 않은가?
73 이 얼마나 무서운 형국의 극치에 달해
있던가? 이 얼마나 너희들이 추하고
더러운 행위를 하고 있는가? 그리고
추잡한 행위를 하고 있는가?
74 나로부터 선택되는 만백성을 구하는

종교 지도자 너희들은 잘못 가는 인생들을 그곳에서 구원하는 것이며 잘못 가는 나의 피조물 만백성을 인도하여 다스리는 자들이니,

75 너희들은 누가 너희들 앞에 오더라도 가장 편안한 자세로, 가장 행복한 자세로 그가 원하는 것을 들어주고, 그를 용서하며, 그리 행하고자 하는 것을 들어주는 것이 인간으로서 할 수 없는, 종교 지도자만이 할 수 있는 덕행이니라.

76 그러나 그것은 고사하고, 떠나고자 하는 자에게 부끄러움을 모르고 엄포요, 반 위협이요, 반강제로 너희들의 줄어드는 그 수입을 보충하겠다는 그 욕심 때문에 그와 같은 행위를 하는 그 종교 지도자들이 과연 나의 피조물 만백성을 구할 수 있는 진정한 종교 지도자라 너희들은 생각할 수 있는가?

77 이 대목을 읽고도 이러한 현실이 일어나는 현상이며 내가 너희들에게 전하기 위하여 선지자를 통하여 내리는 이와 같은 내용이 사실이라 하면, 그리고 너희들이 살아가는 것에 근접한 이야기라 하면,

78 너희들은 너희 자신을 다시 돌아다보는 그와 같은 시간을 가져, 나의 법전을 가슴에 안고 정독하여 지옥 불로 가는 그 발길을 돌려 하늘에 오르는 길로 올라와야 할 것이니,

79 너희 육신 속에 죽어 가는 그 영혼을 살리는, 그 영혼의 영양의 공급처인 나의 십계명과 나의 법전을 정독하여 너희 영혼을 살려 나에게 와 영원히 사는 하늘에 오르는 그 축복과 영광을 얻도록 그리해야 할 것이니,

80 이 대목을 읽고도 너희들이 정신을 차리지 못한다 하면 너희들은 죽어 내 앞에 와서 그 불바다를 맨발로, 맨몸으로 건너야 하는 그 시련을 겪을 것이니, 너희들이 과연 거기를 건널 수 있겠는가?

81 거기를 건너지 못하는 자, 나에게 심판을 받지도 못하고 나의 형체를 보지도 못하며 너희들이 지은 죄과에 대하여 그대로 너희들이 스스로 고개 숙여 물러감이니라.

82 너희들이 죽어 내 앞에 왔을 때, 그 험악하고 멀고도 무서운 그 불바다를 건너야만 나를 볼 수 있음이니, 과연 그 불바다를 너희들이 건널 수 있다 생각하는가?

83 천지가 개벽하는 그와 같은 너희들이 죽는 순간에 그 무서운 불바다의 그 첫 단계를 너희들이 맞이한다는 걸 잊지 말라.

84 이리하여 내가 너희들을 정녕 사랑하며, 너희들이 인간의 도리를 다하며 내가 지키라는 그 십계명을, 간단한 것을 지키고 살다 구원을 받으라는 것을 아직도 실감하지 못하고 깨닫지 못하며,

85 나의 법전이 진정한 나의 성령을 태워서 제3의 시대에 나의 피조물 만백성을 구하기 위하여 내리는 것이라 하는 것을 너희들이 인식하지 못함에 내가 너무나 가슴 아파 천기를 너희들에게 알려 주며,

86 죄를 짓고 온 자가 넘는 하늘의 그 불바다의 첫째 관문을 나의 선지자를 통

하여 너희들에게 열어 줌이니, 너희들
스스로 네 앞에 그와 같은 불바다가
있음을 기억하여 깨우치는 자들이 되
도록 하라.

1,952 번째 하나님 말씀

2002년 3월 2일 15시 20분

1 사랑하는 선지자야!
2 "네, 여호와 하나님! 말씀하옵소서."
3 내가 너희들에게 말하여 일렀느니라.
4 너희들이 살아가는 인생살이에서 너
희들이 접하는 것, 너희들과 만나는
것, 그리고 너희들과 거래하는 그 모
두를 대할 때, 무대 위에서 나비처럼
춤추는 무용수의 아름답고 부드러운
몸놀림과 같이 유한 몸 자세로써 모
두를 접하라 하였음이니, 이는 곧 모
두가 다 생명이 살아 있음이요, 그들
모두에게 혼이 있음이니라.
5 그리하여 내가 너희들에게 그리하라
임하였음이니, 이 뜻을 너희들이 깊이
깨우쳐야 할 것이니라.
6 이 세상 모두는 다 나의 주관하에 이
루어진 것이며 나의 뜻에 이루어졌음
이니,
7 나의 영혼이요, 나의 성령의 나의 뜻
이 그들에게 다 스며 있음이며 그들이
다 나의 주관하에 이루어지니,
8 나로부터 그들이 탄생하였으니 너희
들이 보든 못 보든, 움직이든 안 움직
이든 그들에게 다 나의 영혼이 있음이
니,
9 나의 성령이 그들에게 임하여 있음을
너희들이 알라 함이니라.
10 그러니 말하지 아니하고 움직이지 아
니하는 것이라도 그들에게 영혼이 있
고 혼이 있음을 너희들은 알아야 할
것이니라.
11 그뿐이 아니니라.
12 또 너희들이 인간사 살아가면서 무엇
인가를 만들어 내고 창조하며 한 제품
이요, 작품을 만들었을 때, 그를 만든
사람의 정열과 그 모든 정성이 거기에
들어 있음이니,
13 그 또한 너희 인간들의 혼이 거기에
들어 있으니, 그걸 살아 움직이는 것
과 같이 너희들이 봐야 할 것이며, 생
명력이 있는 것같이 봐야 할 것이니라.
14 너희들이 걸치고 있는 옷이라 하는 것
도 마찬가지이니라.
15 그것을 만든 자가 열과 성의를 다하여
그에 혼을 불어넣었으며 그를 가지고
너희들이 걸칠 수 있도록 그 천의 모
든 윤곽과 그의 흐름에 따라서 너희들
에게 아름다운 옷을 만들어 너희들이
걸치고 입는다 하면,
16 그를 만들고 제작한 사람의 열과 정성
과 혼이 거기에 들어 있음이니, 또한
그것이 살아 있다고 생각하는 마음을
갖고 살라 함이 나의 뜻이니라.
17 세상사의 모든 것은 나의 영혼이요,
나의 성령이 임하여 내가 만든 것들이
니 그와 같이 너희들이 깨우치라 함이
며,
18 너희 인간들이 세상사에 만들어 내는
모든 것은 그 사람의 영혼과 정성과
혼이 거기에 다 집산되어 그 정열로
써, 그 열과 성의로써 그가 최선을 다
하여 만들어 낸 작품들이니,

19 그 작품들은 그를 만들어 낸 사람의
혼이 거기에 심어져 있음이니, 그 또
한 모든 작품이 살아 있는 것같이 너
희들이 그리 대하라 함이니, 그리하여
이 세상에 모든 것은 죽은 것이 없음
이니라.
20 모든 것은 다 살아서 움직이고 있다고
너희들이 생각하라 하는 뜻에서 내가
너희들에게 임하여 무용수와 같이 부
드럽고 연한 몸놀림으로써, 손발의 끝
의 움직임으로써 그리 모든 것을 대하
며 그와 같이 사랑하라 하였으며, 모
두를 다 감사하고 용서하는 마음으로
써 살라 하였음이니라.
21 이제 너의 제자들은 세상사 보는 것을
그와 같이 봐야 할 것이니라.
22 이 지상에 있는 모든 것은 다 나의 주
관하에 이루어졌으니,
23 나의 성령이요, 나의 혼이 그들에게
심어 있으니 그들이 다 숨 쉬고 살아
있는 것이라고 너희들이 생각해야 할
것이며,
24 그들을 이용하여 너희들이 어떠한 작
품이요, 어떠한 제품이요, 너희들이
입는 옷이요, 너희들이 벽에 걸어 놓
은 그림 한 장을 그린다 할 때도 거기
는 여러 가지 물감이요, 여러 가지가
배합되어 있으며 그리는 자의 정성과
혼과 모든 것이 거기에 다 숨어 있으
며 들어 있으니,
25 그 또한 영혼이 있어 살아 있는 것과
마찬가지라고 너희들이 생각하라는
것이니라.
26 그리한다면 너희들이 모든 게 다 소중
함이니라.
27 한 장의 벽에 그려 있는 그림이 그저
그림이려니 하고 생각하지 말라 하는
뜻이니라.
28 그 그림을 그려 낸 자의 혼이 거기에
담겨 있으며 그의 정성이 담겨 있으
니, 그 혼이 거기 있으니, 그것이 또한
살아 있는 것이며 작품을 만든 자와
같은 것이니라.
29 그러한 마음으로써 너희들은 세상사
의 모두를 보게 되면, 하나도 값지지
아니한 것이 없으며, 하나도 소중하지
아니한 게 없으며, 너희들이 함부로
대할 수 있는 것이 없음이니,
30 그리하여 너희들이 항상 유한 어린아
이의 손끝과 같이 그리 모든 것을 대
하며, 마음으로써 그와 같이 살아가
며, 세상사 모든 것을 너희들은 너희
것이라 생각하는 그 소중한 마음으로
써 대하며 살아가야 할 것이니, 그것
이 깨우친 자가, 너희들이 해야 할 길
인 것을 잊지 말라.
31 그리하니 내가 너희들에게 일러 말하
지 아니하였더냐?
32 내가 불로써 직접 쓴 그 십계명이 나
의 영혼이요, 나의 성령이요, 나의 형
체요, 나의 마음이요, 그 모두가 거기
들어 있으니,
33 너희들이 나를 보고자 하며 나를 만지
고자 하며 나의 음성을 듣고자 하며
너희들이 평생 갈구하는 그 모두가 십
계명에 있거늘,
34 그것을 너희들은 짓이기고 바라보지
아니하며, 그저 한 점의 조각처럼, 한
점의 글씨요, 한 점의 시에 흘러가는
문구처럼 그리 취급하고 버린다 하였

으니, 그와 같이 소중함을 너희들이
못 본다 하였느니라.
35 그리하여 너희들에게 이르기를, 나의
성령을 태워 마지막으로 너희들을 구
하기 위하여 나의 선지자를 통하여 내
리는 나의 법전 속에 내가 존재한다
하였으며,
36 너희들이 법전의 뚜껑을 열고 그를 정
독할 때 내가 너희들과 같이하며, 너
희들이 그 법전의 뚜껑을 덮을 때 내
가 물러나며 떠남이라 하였음이니, 이
뜻을 너희들이 알겠는가?
37 그리하여 내가 너희들에게 일러 말하
였느니라.
38 나의 법전을 가슴에 안고 소중히 정독
하는 자, 그는 반석 위에 서서 하늘에
오르는 찬란한 빛을 보게 되는 영광을
얻음이라 하였으니,
39 너희들이 나의 법전의 뚜껑을 열고 정
독하는 그 순간 내가 같이 있으며 나
의 뜻이요, 나를 봄이니,
40 너희들이 반석 위에 서서 하늘에 오르
는 그 찬란한 빛을 보게 되는 것이 나
의 법전을 여는 순간에 바로 그와 같
은 역사가 이루어진다는 뜻이니라.
41 내가 나의 성령을 태워서 나의 선지자
에게 내려보낸 나의 법전이 무엇이냐?
42 바로 나를 대신함이니라. 그리고 나를
대변함이니라.
43 너희들은 어찌하여 내가 육신만이 내
려가서, 나의 형체가 너희들에게 내려
가서 나의 형체를 보여 주며 그 형체
로써 '내가 여호와 하나님이니라.' 그
리 너희들에게 말해야만 믿는가?
44 나는 형체가 없음이니라. 그리고 형체
를 만들지도 아니함이니라.
45 나는 너희들에게 빛이요, 태양이요,
그리고 너희 마음속에 있음이니,
46 내가 너희들과 같은 형체로써 세상에
나간다 하면 너희들은 얼마만큼 나를
핍박할 것이며, 과연 너희들이 내 말
을 듣겠는가?
47 너희들은 듣지 아니함이니라.
48 그리하여 내가 너희들에게 설교를 한
다 해도 그걸 들은 자, 돌아서면서 잊
어버릴 것이며, 또 쓸데없는 자 와 지
껄였다며 미친 자라고 너희들은 욕하
고 침 뱉고 돌아갈 것이니,
49 그리하여 내가 너희들에게 나의 성령
을 태워서 나의 선지자를 통하여 법전
이라는 책으로 세상에 내려보냄이니,
50 이는 너희들이 찢어도 또 나오고 태워
도 또 나갈 것이며, 너희들이 보지 않
고 덮는다 하여도 너희 주변에 나의
법전인 이 책이 꽂혀 있으니 너희들이
언젠가는 그 책을 열어 나를 보게 됨
이니, 이것이 내가 법전으로써 만들어
세상에 전함이니라.
51 그리고 내가 선지자를 통하여 하늘의
모든 비밀을 다 거기에 기록하여 누구
도 만들 수 없는 대장정의 역사를 이
루며 하늘의 뜻을 너희들에게 내려보
냄이니,
52 너희들 말대로 바다를 잉크 삼아 써도
다 쓸 수 없는 나 여호와의 뜻이 있으
며 그 가르침이 있다 하였으니,
53 그게 바로 지금 현실로써 너희들에게
다가가고 있건만, 너희들은 이 나의
성령의 위대함을 깨우치지 않고 나의
진실한 뜻임을 깨닫지 아니하며, 어찌

하여 그리도 마지막 시대에 오는 거짓 선지자가 광란의 짓을 하는 것이라 하여 나의 법전을 보고 하늘에 오르는 그 백성마저도 오르지 못하게 그 앞을 막으며 너희들 스스로 지옥 불로 가는 그 우를 범하는가?

54 정녕 시인이요, 작가요, 글을 쓰는 자요, 너희들이 위대하다는 자들이 과연 한 줄, 한 획을 고치지 아니하며 이와 같이 10부에 달하는 160권의 이 법전을 만들어 낼 수 있고 써 낼 수 있고 세상에 펼쳐 낼 수 있다고 생각하는가?

55 그런 자 있거든 한번 해 보라 이르라.

56 너희 인간의 글을 쓰는 자요, 시를 쓰는 자요, 머리가 좋은 자요, 박사요, 그러한 자들이 논문이라는 것을 쓰며 그 결론을 맺는 글을 세상에 발표함이니,

57 그들이 얼마나 고심과 노력 속에 글을 지으며, 글을 썼다가 지우고 또 썼다가 지우며, 몇 날 며칠을 두고 연구와 연구를 거듭하여 한 권의 너희들의 표본이 되는 책이라는 것을 이 세상에 내는가?

58 그러나 나의 선지자가 그러한 역사의 기록을 가진 적이 없으며 그와 같은 것을 공부한 적이 없느니라.

59 그가 나로부터 받는 나의 성령의 그 뜻을 한 획도 고치지 아니하고, 그가 변조하지 아니하고, 제 생각을 넣지 아니하며, 나로부터 받은 이 뜻을 제가 고쳐 밤낮으로 연구하여 다시 만드는 것도 아니며, 그대로 세상에 책이라는 것으로 만들어 너희들 앞에 전함이니,

60 이 위대한 역사가 과연 너희들은 보통 인간으로서, 사람으로서 할 수 있다고 생각하는가, 그리고 이를 사탄이라 할 수 있는가?

61 이단이요, 사탄이란 소릴 하지 말라. 사탄이요, 사악한 자는 나 여호와를 찾을 수 없으며 십계명을 감히 암송할 수 없음이니라.

62 그가 만일 십계명을 외운다 하면 그는 둘 중에 하나를 선택하는 길이 되기 때문에 감히 나를 찾지 못함이니라.

63 그리고 사악한 자들은 나의 십계명을 암송하지 못함이니라.

64 이것이 엄연히 구분되어 있건만, 그리고 이 나의 법전 속에 나 여호와를 찾지 않는 구절이 없거늘,

65 너희들은 어찌하여 다 같이 나 여호와를 찾는 백성에게 전하는 것을 사탄이요, 이단이요, 사악한 자라 말하며,

66 너희들만이 나를 부르고 너희들이 전하는 그것만이 하늘에 오르는 진정한 길이라 하여 그리 억측을 부리며 우매한 짓을 계속하고 있는가?

67 너희들에게 이르나니, 죽어서 내 앞에 왔을 때, 너희들이 그 죄의 무거움을 어찌 다 감당하려 하는가?

68 너의 제자들은 이와 같은 뜻을 깊이 깨우쳐 나의 피조물 만백성에게 나의 법전을 전하는 데 열과 성의를 다하여 게으름이 없도록 그리하라 이르라.

69 모든 승자는 너희이며, 모든 영화는 너희들 것이며, 너희들만이 길이 역사에 남을 것이며, 길이 후손들이 너희들을 높이 찬양하는 그런 장을 남기게 되는 것임을 잊지 말라.

1,953 번째 하나님 말씀

2002년 3월 2일 15시 35분

1 사랑하는 선지자야!
2 "네, 여호와 하나님! 말씀하옵소서."
3 나의 성전에 와서 공부하는 자, 너희
들에게 내가 일러 말하였으니,
4 어린아이요, 나이든 자요, 젊은 자요,
그 모두가 더불어 한데 어울려 아름다
운 웃음의 꽃을 피우는 모습을 내가
보고 싶다 하였으니,
5 나의 성전에 와서 공부하는 자, 그리
고 나의 성령을 듣는 자, 이제는 아이
와 어른을 구분하지 말고 다 똑같이
공부하고 깨우쳐 나가는 그와 같은 방
법으로써 나의 피조물 만백성을 인도
해야 할 것이니라.
6 이는 너희들이 나이가 많으나 적으나,
젊으나 늙으나, 모두 기도하는 것이
같으며, 나의 나라에 오르는 길은 한
길이기에 한 길만을 향하여 너희들은
와야 되기 때문이니,
7 너희들이 그들을 어려서부터 가르쳐
그들이 너희 나이가 되었을 때도 똑같
은 방법으로써 기도하고 똑같은 방법
으로써 저희 자손들을 가르치고 그 후
손들을 가르치는 그와 같은 역사가 반
복되는 속에서 사악한 무리가 세상에
뿌리를 못 내리며 선한 자들만이 이
세상에 존재하여 나의 지상의 낙원에
에덴동산을 이루게 되니, 그 길이 거
기 있음이니라.
8 거기서 나이가 먹었다 하여 다른 것이
아니고 젊다 하여 다른 것이 아니며
가르치는 방법이 다른 것이 아니니라.
9 그들에게 차이를 두어 가르친다 하면
이는 틀린 것이니라.
10 어려서는 개구리를 믿으라 하고 커서
는 뱀을 믿으라 하며 이와 같이 다르
게 가르치는 것은 사악한 자들이 가르
치는 방법인 것이니라.
11 그리하여 나의 법전은 간단하게 모두
가 다 깨우칠 수 있도록, 들을 수 있도
록, 이해할 수 있도록 그리 만들어졌
음이니라.
12 그리하여 이것이 나 여호와의 뜻이며,
내가 만들어 내려보내는 마지막 너희
들을 구하고자 하는 나의 성령의 뜻임
이 여기 있느니라.
13 어려서는 병아리라 하고 커서는 들짐
승이라 하며 이와 같이 너희들이 가르
치는 것이 달라서는 아니 됨이니라.
14 어려서 너희들이 병아리라 하였으면
그는 영원히 병아리가 되는 것이니라.
15 여기에 나의 뜻이 있음이니라.
16 그리하여 똑같이 너희들이 한자리에
앉아 나의 법전을 읽고 공부하며, 나
의 성령을 듣고 같이 깨우쳐 나가며
같이 연구하여 나가는 그 속에서 계속
이어지는 것이며, 끊기지 않는 하나의
물줄기가 흐르듯이 그 대가 이루어짐
이니라.
17 그리하여 나의 피조물 만백성이 나의
법전을 공부하는 것은 나이 먹은 자나
젊은 자나 아이가 다 똑같으며,
18 또 그들이 어떠한 장소요, 어떤 곳에
가서 나의 법전을 지도하고 인도한다
하더라도 그들은 똑같은 내용으로 똑
같은 방법으로써 가르치게 됨이니,
19 이게 곧 하나가 되는 것이며, 모든 종

파가 너희들에게 거부할 수 없는 위대한 힘의 역사를 이루는 것이니, 그 앞에 모두가 다 고개를 숙이게 되어 있음이니라.

20 어린아이에게 가르치는 것이 다르고, 나이 먹은 자에게 가르치는 것이 다르고, 젊은이에게 가르치는 것이 다르며, 기도하는 것이 다르다 하면 이는 아니 되느니라.

21 아픈 자에게 기도하는 것이 다르고, 건강한 자에게 기도하는 것이 다르며, 병든 자에게 기도하는 것이 다르다 하면 이는 나 여호와의 뜻이 아닌 것이니라.

22 너희들은 그리하라면 '달라', '구원하라' 하며 너희들이 만들어 나에게 기도하는 그 내용밖에는 만들 수가 없음이니라.

23 나 여호와가 너희들에게 내린 기도하는 방법은 단 하나뿐이니, 어떠한 환경에 처했든, 어떠한 순간에 있든 너희들이 기도하는 방법은 단 한 가지이니라.

24 그리하여 병든 자, 나이 든 자, 젊은 자, 그리고 죽어 가는 자, 새로 태어나는 자, 모든 자 앞에서 기도하는 것이 다 동일한 것이니,

25 나 여호와는 하나며, 신은 나 하나밖에 없음이라는 것을 너희들은 어찌하여 그리도 모르느냐?

26 그리하여 나 외에 다른 신을 너희들 앞에 있게 하지 말라 하였으니, 나에게 기도하는 방법이 다 똑같아야 할 것이니라.

27 너희들은 내가 내린 그 방법대로 기도하면 될 것이니라.

28 너희들이 만들어서 나에게 드리는 기도는 내가 너희들에게 원하는 것이 아니니라.

29 너희들은 생각나는 대로 너희 기분에 맞춰, 너희 자신에 도취되어 이곳에 와서 하는 기도와 저곳에 가서 하는 기도가 다르고, 이곳에서 하는 이야기와 저곳에서 하는 이야기가 다른 그러한 방법으로 나의 피조물 만백성을 혼란에 빠뜨렸음이니, 내가 말하였느니라.

30 기도하는 것은 '여호와 하나님! 저의 죄를 용서하여 주옵시고, 하나님의 뜻대로 살 수 있는 용기를 주옵소서.' 그저 이것이면 되며,

31 '감사합니다.' 하면 되는 것이라 하였으니, 모두는 다 감사하다는 기도만 드리면 되는 것이니라.

32 그것 외에는 아무런 방법이 없음이니라.

33 그러니 어린아이요, 나이 든 자요, 죽어 가는 자요, 태어나는 자요, 그 모두는 다 이와 같이 기도를 드림으로써 그들에게 영광이 있음을 너희들이 알아야 할 것이니라.

34 그리하여 같이 공부하며 같이 깨우쳐 가라 함이니, 너희들은 나의 뜻을 실행하도록 그리하라.

1,954 번째 하나님 말씀

2002년 3월 2일 22시 05분

1 사랑하는 선지자야!

2 "네, 여호와 하나님! 말씀하옵소서."

3 지금 수천 년 역사가 흘러오는 동안에
너희들이 잘못 깨우치고 잘못 온 그
길을 더 이상 그대로 흘러가도록 방치
할 수 없으니,
4 나 여호와가 지금의 너희들로 하여금
새로운 세상을 만들며 새로 창조하는
세상을 만들고자 함이니라.
5 너희들은 모두 나 여호와의 피조물로
서, 내가 너희들의 그와 같은 험악한
형국을 볼 수 없어 새로 창조하며 새
로 태어나는 이 세상을 만들고자 하는
것이며, 나의 뜻이 여기 있음이니,
6 새로 거듭 태어나는 그와 같은 세상을
만들고자 하는 것이 나의 뜻이니라.
7 또한, 이 모든 세상을 하나로 만들어
다시 태어나는 세상으로 거듭나도록
하고자 하는 것이며, 나의 뜻이 여기
에 있음이니,
8 나의 피조물 만백성 너희들은 이와 같
은 나의 뜻을 깨우쳐야 할 것이니라.
9 이제는 지금의 너희들의 사악한 무리
가 극에 달하였으며, 더 이상 사악한
무리로서 존재할 수 없는 이와 같은
형국에 있음이니,
10 나 여호와의 가르침과 너희들이 인간
으로서 깨우쳐 오는 그 한계의 차이점
을 내가 오늘 선지자를 통하여 말하고
자 함이니,
11 너의 제자들은 이를 깊이 깨우쳐야 할
것이니라.
12 지금까지 온 모든 종교의 믿음이 저희
들 스스로 저희 안일과 저희들의 출세
를 위하여, 저희들만의 영광과 육신의
행복을 위하여 살아오며 믿음을 또한
그리 가지고 왔음이니라.
13 그러한 형국으로써 너희들은 나에게
오르는 그 영혼의 믿음은 접어 둔 채,
볼 수 없고 형용할 수 없는 그와 같은
세태에 빠져들어 가고 있음이니, 이
는 너무나도 잘못 가고 있음이니라.
14 모든 종교 지도자들은 세속에 사는 사
람들 속에 빨려 들어가 그 속에 젖어
드는 것이 아니라, 그들을 이끌어 내
어 구원의 길로 인도하는 것이건만,
15 지금은 너희들이 육신의 출세와 영달
을 위하여 그 속에 빠져들어 가 있음
이니, 세상이 부패할 대로 부패해졌으
며 악이 판치는 세상이 되었으니, 이
를 더 이상 관망할 수 없어 너희들의
창조주, 나 여호와가 새로운 시대요,
새로운 나라요, 거룩한 나라를 만들기
위하여 지금 나의 선지자를 통하여 나
의 메시지요, 나의 성령을 직접 내려
보내 너희들을 깨우치고자 함이 여기
있음이니라.
16 또한, 더불어서 나 여호와의 뜻이 어
디 있는가 하는 것을 너희들은 알아야
할 것이니라.
17 지금의 종교 지도자들은 저희들의 그
믿음을 가지고 저희들만이 깨우치겠
다고 그리 발버둥치고 아우성치며 구
원을 받겠다 하나, 나 여호와의 뜻은
거기에 있음이 아니니라.
18 나의 피조물 만백성을, 온 세상의 모
두를 하나로 만들며, 그들이 하나로
거듭 태어나는 삶을 영위할 수 있는
새로운 세상을 건설하고 새로운 땅을
만들고자 하며, 새로운 하늘을 너희들
에게 만들고자 하는 것이 나의 뜻임을
너희들이 알아야 할 것이니라.

19 나 여호와의 뜻이 무엇인지도 모르면
서 너희들이 어찌 나의 피조물 만백성
을 하늘로 인도하며 이끈다 말할 수
있는가?
20 나 여호와는 새로운 땅에 새로운 하늘
에 새로운 시대를 다 똑같이 하나로
만들고자 함이며, 통일하고자 하는 것
이며, 나의 뜻이 여기에 있음이니,
21 너희들은 나의 이 뜻을 깨우쳤다면 지
금 누가 나의 뜻에 의하여 이 세상에
태어나 그 대업을 이루고 있는가를 생
각해 봐야 할 것이니라.
22 수천 년의 역사가 흘러온 이 세월 속
에 너희들이 육신의 부귀영화와 출세
요, 너희들의 편안한 그 길만을 위하
여 살아왔음이니,
23 내가 이루고자 하는 새로운 세상에 새
로운 땅이요, 새로운 하늘을 만들고자
하는 것을 감히 너희들이 어찌 알겠는
가?
24 그리고 내가 새로운 시대요, 거룩한
시대를 만듦에 있어서 온 세상을 다
하나로 통일하고자 하는 나의 염원이
있음을 너희들이 어찌 알겠는가?
25 그리하여 지금 내가 천 년에 걸쳐 역
사를 이루고자 하여 내가 직접 나의
성령을 태운 나의 뜻을 나의 선지자를
통하여 세상에 전하고 있음이니,
26 이가 곧 나로부터 선택된 자이며 나의
뜻을 행하는 자이니라.
27 지금 종교 지도자 너희들이 어찌 가고
있는가?
28 너희들이 정녕 나의 아들 예수가 행했
던 그대로 답습하고 그대로 배우고자
하며 그대로 깨우쳐 가고자 하는가?
29 나의 아들 예수의 행함이 너희들의 성
서에 기록되어 있을 것이니라.
30 가난한 자, 없는 자, 병든 자, 나약한
자, 그리고 너희들이 만나지 않는 자,
너희들이 버리는 자, 그 속에 들어가
서 그들과 같이 더불어 생활하였으며
그들과 같이 살아가고자 하였음이니,
31 나의 예수의 행적이 너희 성서에 기록
되었을 것이거늘, 어찌하여 너희들은
성서에 기록된 예수의 행적대로 그대
로 삶을 행하지 아니하고 지금과 같은
사악한 무리의 행동으로 살아가는가?
32 너희들은 지금 깨우쳐야 할 것이며,
나의 아들 예수가 지금 세상에 태어났
다 하면 그가 어찌 살아가겠는가?
33 그가 가진 자 앞에 가서, 권력가 앞에
가서 아부하며 그를 위하여 기도하겠
는가?
34 그리고 그들과 더불어 세상을 살아가
며 그들과 더불어 인생을 살아갈 수
있는 나의 아들 예수라 생각하는가?
35 지금에 태어났다 해도 나의 아들 예수
는 그리 살아가지 아니했을 것이니라.
36 병들고 어렵고 불쌍한 자, 가난한 자,
힘든 자, 그리고 너희들이 바라보지
아니하는 자, 너희들이 말하기를 싫어
하는 자, 만나기를 거부하는 자, 돌팔
매질하는 자들 속에서 그들과 같이 나
의 아들 예수는 살아갔을 것이며 그리
행하였을 것이니라.
37 이것이 너희들과 다른 것이니라.
38 가장 낮은 자로서 행하되 그 뜻의 행
함이 하늘에 있으며, 가장 낮은 자로
서 육신은 너희들 생활 속에서 살아가
면서 그 행하는 법도는 하늘의 법도를

따랐음이니,
39 지금 나의 아들 예수가 태어났다 해도
과연 예수가 너희와 같이 권력자 앞
에, 돈 있는 자, 힘 있는 자 앞에 가서
아부하며 그와 같은 믿음의 형태로 갔
겠는가?
40 너희들은 성서에 기록되어 있는 나의
아들 예수의 그 행적에 따라 행하는
자가 얼마나 있는가?
41 그를 행하지도 못하고 그를 역행하면
서 가는 너희들이 어찌하여 나의 아들
예수의 보혈로써 은혜를 받고 그 죄를
사한다 하며 하늘에 오를 수 있다고
하는가?
42 나의 아들 예수가 이 시대에 태어났다
해도 그는 권력자요, 재물 있는 자요,
힘 있는 어떠한 자와 대하기를 꺼리
고 그들과 상대하지 아니하였을 것이
며 그들과 만나지 아니하였을 것이니,
43 너희들은 정녕 나의 아들처럼 이 땅에
지금 나의 뜻을 전하여 만백성을 구한
다 하며, 너희들이 예수와 같은 대업
을 맡은 자들이고, 또 너희들은 너희
신도들이나 너희를 따르는 제자들이
재판하고 심판할 수 없는 자이며, 오
로지 나 여호와만이 재판하고 심판할
수 있다 그리 말하는 너희들이니,
44 과연 예수와는 너무나 먼 행위를 해
가면서 제 신변에 대한 것은 철저히
보호하고 보호막을 쳐 놓는 그와 같은
간악한 방법으로 살아가는 너희들을
가지고 새로운 시대를 열 수 있으며
새로운 나라를 설립하며 건설할 수 있
다고 생각하는가?
45 그리고 새로운 하늘을 열 수 있다고
생각하는가?
46 나의 뜻을 나의 선지자를 통하여 너희
들에게 확실히 전하노라.
47 새로운 시대를 열며 온 세상을 하나로
만드는 데, 거기에 나의 뜻이 있음을
너희들이 알아야 할 것이니라.
48 이를 역행하는 자, 이를 행하지 못하
는 자, 이를 바라보지 못하는 자, 이
일에 동참하지 아니하는 자는 나와는
아무런 관계도 없음이니, 그리 알라.
49 나의 아들 선지자가 나의 성령을 받아
언어를 하나로 통일하고 세상을 하나
로 통일하고 새로운 시대를 이룩하며
사악한 무리가 난무하는 이 세상을 다
스리고자 하는 데 동참하는 자만이
하늘에 오를 수 있고 구원을 받을 수
있음을 너희들이 알아야 할 것이니라.

1,955 번째 하나님 말씀

2002년 3월 2일 22시 30분

1 사랑하는 선지자야!
2 "네, 여호와 하나님! 말씀하옵소서."
3 지금 수천 년 역사 동안 믿음의 세월
이 흘러오면서 너무나 그들이 잘못 가
르치고 나 여호와와는 아무런 관계도
없이 흘러왔음이니,
4 그들의 대표적인 삶을 너희들이 한번
돌아다봐야 할 것이니라.
5 나의 십계명을 저버렸고 나의 성령의
뜻을 제대로 깨우치지도 못하였으며
그를 제대로 인식하지도 못하고 그를
인도하지도 못하고 저희 자신들이 지
고 있는 그 죄의 대가도 무엇인지 모
르며 저희들이 서 있는 위치도 모르는

그들이 지금 어찌 가고 있는가?
6 잘못된 믿음의 길을 가고 있는 그들의
대표적인 것이, 그들은 믿음이라는 걸
가지고 성령이라는 미명으로써 모든
것을 다 그저 억압하고 강압적으로 너
희들을 묶어 놓고, 짐승에게 먹이를
주듯이 그 먹이에 따라 움직이는 짐승
들처럼 너희들을 그리 지금 이끌어 가
고 있으며, 이것이 그들의 형태이니라.
7 그들은 너희들을 하늘에 오르는 길로
인도함이 아니요, 정녕 나 여호와의
뜻을 깨우치고 나 여호와의 길에 인도
하는 것이 아니라,
8 그저 그 뜻도 모르고, 나 여호와가 추
구하는 것도 모르며, 나 여호와가 새
로운 동산과 새로운 세상과 새로운 지
상 낙원을 이 세상에 만들고자 하는
그 애절한 뜻도 간파하지 못하는 상태
에서,
9 그저 저희들을 믿고 헌금이요, 십일조
요, 재물을 바치면 구원을 받아 하늘
에 오른다는 그와 같은 것 하나만을
가지고 그들은 너희들을 다스려 나가
며 통제해 나감이니,
10 그러면서 그들은 성령이라는 그 미명
으로 너희 모든 것을 통제하고 지배하
고자 하며, 그리고 그들은 성령의 역
사로 너희 모든 것을 묶어 그저 그 길
로 끌고 가고자 하는 것이 그들의 작
태이니라.
11 정녕 나 여호와가 창조하고자 하는 새
로운 시대요, 변화되는 그 새로운 시
대를 열고자 하는 것을 전혀 알지도
못하고 깨닫지도 못하는 그들은,
12 저희들이 성령의 역사에 흘러온 그 모
든 구약 시대의 흐름과 신약 시대의
흐름을 저희 것으로 만들어 오로지 그
것으로써만 너희들을 이끌어 가고 너
희들을 지배하고자 하는 자들이니,
13 그와 같은 자들이 너희들을 어찌 하늘
에 오르도록 할 수 있는 지도자라 말
할 수 있는 것인가?
14 그들은 성령의 역사를 가지고 그 역사
만을 내세우고 그것만을 주장하며 너
무나 멀고도 먼 오류를 만들어 가며
지금 살아가고 있음이니라.
15 그들은 지금 믿음이라는 역사의 그 틀
속에서 그저 성서를 저희들이 편리한
대로 해석한 것을 가지고 성령의 뜻이
요, 하늘의 뜻이라 하여 지금과 같은
신앙의 길로 가고 있음이니,
16 믿음과는 아무런 관계도 없는 그와 같
은 길을 가고 있느니라.
17 그리고 그들은 모든 비판을 적대시하
고, 저희들이 잘못 가고 잘못 깨우치
는 것을 비판하는 자들을 적대시하고,
저희들에게 잘못 감을 깨닫게 하고자
하는 자들을 적대시하며,
18 그들의 말을 들으려 하지 아니하고,
그들을 깨우칠 수 있는 모든 가르침의
뜻이요, 글이 세상에 나온다 해도 그
모두를 적대시하고 그를 받아들이지
아니하는 것이니라.
19 그리고 그들은 광신도와 같이, 이성을
잃은 광란의 세계를 달리는 자와 같이
행하며,
20 저희 자신을 저버리는 그 믿음이라는
것을 모르고, 오로지 저희들이 향하여
가는 그것만이 믿음의 길이요, 광신적
이요, 이성을 잃어버린 그와 같은 믿

음의 행위만이 저희들을 구하는 길이
라 하여 그렇게 믿고 가고 있음이니,
21 이와 같은 지금의 작태를 너희들은 어
찌 봐야 하는가?
22 그들은 성령의 미명으로써 먹이를 따
라 움직이는 짐승들처럼 너희들을 그
리 다스리며 억압하고 통제해 놓고,
너희들이 감히 고개를 들 수 없는 그
와 같은 저희들로 만들어 놓았으며,
23 창조되고 변하는 시대를 만들고자 하
는 창조주 나의 뜻을 깨닫지 못하며,
성서는 나아가 변화되는 것이며 창조
하여 앞으로 나갈 수 있는 새로운 시
대를 열어 가는 그와 같은 뜻으로써
나의 성서가 기록되었으며 그를 제시
하건만,
24 그를 보지 못하고 지난날 믿음의 역사
요, 성경의 역사만을 가지고 억압적으
로 그것만을 주장하며,
25 지금 광란의 시대와 같은 잘못된 신앙
을 가지고 저희들만이 구원을 받는다
며 모두를 적대시하고 남과 대화를 하
지 아니하려는 그러한 사악한 믿음의
길을 가고 있는 것이니라.
26 그리하여 잘못 믿음은 자기 자신의 잘
못됨과 교회의 잘못된 방향도 정당화
하며, 그들은 저희들이 잘못 가고 잘
못 가르치고 잘못 인도하는 것은 말할
것도 없으며,
27 그 교회 자체, 그리고 저희들의 성전
자체의 잘못된 방향을 모두 다 정당화
하여 만들며,
28 저희들의 잘못된 것을 깨우치고 반성
하려 하는 것이 아니라 모두를 정당화
하여 저희들의 방향으로 끌어가고 있
느니라.
29 그런가 하면 그들이 방언이라는 것으
로써 은혜를 받았다고 말하며 그리고
또 은사를 받았다고 말하며, 저희들은
그리하여 받고자 하며 또 방언이다 하
여 그것이 영의 구원의 길에 들어섰다
는 것으로 착각하고 광란의 세월을 이
루고 있음이니,
30 방언이요, 그와 같은 것은 너희들의
은사가 아니니라.
31 그것은 너희들이 착각에서 너희 스스
로 행하는 것이며, 너희 뜻대로 너희
들이 지껄이는 것이며, 너희들이 자화
자찬해서 하는 것이며, 너희 자신의
마음에서 기대하고 너희들이 갈구했
던 그 뜻을 말로써 너희들이 시부렁거
리는 것이니라.
32 그러면서 너희들은 지금 잘못된 그 믿
음의 방향이요, 모든 종교 지도자들의
잘못 가고 잘못됨을 무조건 그저 정당
화하는 것이며,
33 그저 저희들이 착각하여 지껄이는 그
방언이라는 것도 그 모두를 다 은사를
받았다 하고, 또 그 은사를 받고자 하
여 발버둥치고 그리 받았다 하며, 그
리하여 그것이 바로 영혼의 구원의 길
에 선 것이라고 생각하며,
34 저희들은 구원을 받은 자며 선택된 자
라고 착각하고 사는 것이 너희들의 지
금 잘못 가고 있는 믿음이니라.
35 이와 같은 믿음의 잘못을 너희들이 깨
달아, 지금이라도 나의 법전을 보고
세상의 잘못 감을 깨달으며 하늘에 오
르는 빛을 보고 구원의 길을 받아야
할 것이니라.

36 나 여호와로부터 선택된 자는 가장 낮
은 자이며, 가장 낮은 자 속에서 나의
법도에 의해서 살아가며, 너희들 인간
속에서 인간과 더불어 살아가나,
37 그는 나의 법을 준수하며 나의 법 속
에서 살아가는 것이 너희들과 다른 것
이니라.
38 지금 나의 피조물 만백성을 인도하여
이끄는 너희 종교 지도자들이 정녕 육
신 속에서 육신의 삶을 살면서, 너희
들이 살아가는 그 형태는 나 여호와의
법도 안에, 나의 법 안에서 생활하며
살아간다고 그리 생각할 수 있겠는가?
39 나로부터 선택된 자요, 나의 피조물
만백성을 구하는 자는 인간 세속 속에
서 너희와 똑같은 형태로 너희와 똑같
은 삶을 살아가나, 그는 나의 법 테두
리 안에서 생활하며 나의 법 테두리
안에서 살아가니,
40 나의 법 테두리 안에서 살아가는 자는
오늘과 내일이 다르고 내일과 모레가
다르며, 변화되어 새로운 사람으로 태
어나는 것이 나의 법 안에서 사는 것
이라는 것을 너희들은 깨달아야 할
것이니라.
41 정녕 나에게 오르는 종교 지도자들이
나에게 선택된 자라면 너희들은 육신
속에서 생활하고 삶을 살아가나,
42 너희들 자신은 나의 법 테두리 안에,
나의 법 안에서 나의 법의 질서를 지
키며 살아가게 되는 것이며, 내가 그
리 이끌고 내가 그리 선택하고 있음이
니,
43 이와 같은 은혜와 은총을 받지 아니한
자거든 나의 뜻에 의하여 나의 피조물
만백성을 인도하고 이끄는 종교 지도
자로서 선택되었다는 말을 하지 말라.

1,956 번째 하나님 말씀

2002년 3월 2일 22시 45분

1 사랑하는 선지자야!
2 "네, 여호와 하나님! 말씀하옵소서."
3 나의 피조물 만백성 너희들에게 내가
십계명을 불로 써 내려 너희들이 이를
지키고 이를 순종하며 행하여 살면 하
늘에 오르는 길이라 일깨워 주어 너희
가슴에 심어 주었으나,
4 너희들은 그 십계명을 지키지 아니하
고 그를 저버린 상태에 이와 같은 험
악한 세대가 이루어졌음이니,
5 불법의 행위가 난무하며 질서가 없는
이와 같은 세상을 만든 것이 너희들이
라 말하였느니라.
6 사랑하는 나의 선지자의 제자 너희들
은 들으라.
7 나의 피조물 만백성 너희들은 십계명
이라는 그 계명을 생각하고 나의 율법
을 생각하기를,
8 그 십계명은 너희들을 억압하고 규제
하며 억제하는 것이라 그리 생각하여
미리 두려워하고 미리 겁먹으며 미리
무서워하며 그를 실천할 수 없다 하여
팽개침이니,
9 너희들을 창조한 나 여호와가, 너희들
에게 새로운 시대와 새로운 창조를 요
구하는 나 여호와가 너희들이 나의 십
계명을 지키고 살아가며 순종하는 그
속에서 새로운 시대를 열어 가고자 하
여

10 너희들에게 내린 나의 십계명이, 정녕
너희들을 억압하고 규제하며 억제하
는 그와 같은 계명이라 너희들이 생각
하느냐?
11 그것이 아님을 너의 제자들은 오늘 깨
우쳐야 할 것이니라.
12 나의 십계명은 모든 나의 피조물 만백
성이 자유로움 속에서, 그리고 너그럽
고 행복한 그 속에서 살아가면서, 모
두는 다 평등하다는 것과
13 너희들은 다 평등하며 그리하여 평등
한 자격으로서 너희들이 아름다운 질
서 속에서 행복을 누리며 살아갈 수
있도록 하기 위하여,
14 너희들의 그 행복과 육의 영원한 기쁨
과 충만된 생활을 추구하기 위하여 내
가 너희들에게 내린 것이니라.
15 그러나 지금 잘못 가는 종교 지도자들
은 나의 십계명이 저희들을 억압하고
통제하며 저희들을 무섭게 규제하는
그와 같은 계명이라고 생각하고 두려
워하고 무서워함이니,
16 그리하여 그들은 그 내용과 뜻을 연구
하고 파헤쳐 보지도 아니하고, 지키려
고 생각지도 아니하며, 그저 벌레처럼
그를 던져 버리고,
17 저희들과는 아무런 관계도 없는 것이
며, 지나간 구약 시대에 지나간 세대
들이 지껄이던 그 흘러간 이야기라 그
리 말함이니, 이는 그것이 아니니라.
18 나의 사랑하는 선지자를 따르는 제자
너희들은 깊이 깨우쳐야 할 것이니라.
19 성서보다도 더 소중히 기록된 나의 십
계명은 너희들을 억압하고 제어하는
것이 아니니라.
20 너희들이 평등함 속에서, 질서 속에서
행복을 추구하며 누구나 그와 같이 아
름답게 살아갈 수 있도록 너희들에게
내려진 것이 십계명이며 그 뜻이 거기
에 있음을 너희들은 나의 피조물 만백
성에게 전해 주어야 할 것이니라.
21 사랑하는 선지자야!
22 "네, 여호와 하나님! 말씀하옵소서."
23 내가 너를 통하여 제3의 시대를 열고
나의 가슴을 태워 나의 성령을 내려보
내 나의 피조물 만백성을 구하고자 하
는 것은,
24 너희들이 진정한 믿음의 길을 저버리
며, 믿음과는 너무나도 멀고 나와는
멀고도 먼 그 길로만 달려가기 때문에
이와 같은 형국이 이루어졌음이니라.
25 진정한 믿음으로써 가는 길이라는 것
은, 진정으로 나를 믿고 나의 뜻에 따
라 살아가고자 하며 하늘에 오르고자
하는 자는
26 가난한 자, 병든 자, 너희들로부터 인
간 대우를 받지 못하는 자들, 그리고
누구도 돌아다보지 않는 자들을 사랑
해야 하며, 그것이 하늘에 오르는 길
이고 나의 뜻이며, 너희들이 구원을
받는 길이며, 믿음을 향하는 자들이
지켜야 할 가장 근본이거늘,
27 너희들은 그를 모르고 지금과 같이 나
와는 너무나 멀고도 먼 그 길만을 향
하여, 인간의 출세와 인간의 욕망을
위하여 달려가나니, 이를 어찌해야만
되겠는가?
28 그리하여 그들을 바로잡기 위해 오늘
의 제3의 시대가 열리며 나의 성령을
태워 너희들에게 전하는 나의 이 법전

이 세상에 나오게 되어 있음을 너희들
이 알아야 할 것이니라.
29 사랑하는 선지자야! 그리고 나의 선
지자를 따르는 제자 너희들은 들어야
할 것이니라.
30 지금 저희들이 위대하다 하여 소리 지
르며, 저희들이 가는 길만이 하늘에
오를 수 있는 길이라 하고,
31 저희들이 수백만, 수천만 명이라며 저
희들의 그 숫자를 자랑하고, 그 숫자
에 따라서 저희들만이 하늘에 오를 수
있는 집단이며, 저희들보다 더 높을
수 없으며, 저희들보다 더 위대한 종
교 집단이 없다고 부르짖으며 자부하
는 자,
32 그리고 궁전같이 지어 놓은 건물의 그
꼭대기에 나의 아들이 고통스럽게 피
흘려 죽어 간 그 십자가를 하나씩 설
치하고, 그와 같은 궁전을 짓고 살아
가며 행하는 것도 그 속에서 저희들이
과시하고 저희 조직의 힘을 과시하며,
33 저희들의 믿음의 머릿수에 따라서 저
희 스스로 인간 세계에 군림하여 인간
세속에 빠져서 저희들이 모든 것을 통
제하고자 하며 그와 같은 역사 속에
없는 제왕과 같은 그들의 대화와 그들
의 생활 습성을 보라.
34 그와 같은 생활 속에서 진정한 하늘로
인도한다는 그들이 어떠한 형태로 살
아가며, 과연 그와 같은 궁궐을 가지
고 있는 자, 헤아릴 수 없는 많은 조직
을 가지고 있는 그 많은 자라 하더라
도,
35 또 그들이 아무리 큰 역사를 이루며
많은 신도와 많은 조직을 갖고 있다
하여도, 그들을 따르는 자가 헤아릴
수 없고 그들 앞에 와 고개 숙여 구원
의 길이라며 울부짖는 자들이 수없이
있다 해도,
36 십계명을 지키지 아니하고 계명에 순
종하지 아니하고 사랑을 실천하지 않
으며 사랑을 베풀고 살지 아니한다면
그들은 하나님의 나라에 임하는 것이
아니고, 하나님의 영이 그들에게 임하
지 아니하며, 하나님의 축복이 그들과
같이하지 아니함을 알아야 할 것이니
라.
37 그들이 정녕 나 여호와 하나님의 뜻에
따라 하늘에 오르는 길을 가며 나의
영혼과 그 뜻에 의하여 살아온 자라면
지금과 같은 암흑의 세상은 이루어지
지 아니하였을 것이니라.
38 지금과 같이 암흑의 험악한 세상이 이
루어진 것 하나만 보더라도 그들은 아
무리 큰 역사를 이루었고 많은 종파를
거느리고 있으며 저희들을 따르고 숭
배하는 나의 피조물 만백성이 그 아무
리 많다 해도 정녕 하늘에 오르는 길
을 오고 있음이 아니니, 너희들은 이
와 같은 이치를 깨우쳐야 할 것이니라.
39 더구나 너희들이 하나 더 깨우쳐야 할
것은, 그 방대한 조직과 방대한 재산
과 재물과 모두를 가지고 있는 자들이
저희들의 편안과 안일을 위하여 저희
들이 인간의 소왕국 속에서 군림하며,
40 저희들이 나의 피조물 만백성을 하늘
로 오르게 한다는 그와 같은 역설로써
너희들을 현혹하여 너희들의 재물과
은화를 거둬들임으로써 저희들이 그
와 같은 육신의 부귀영화를 누리고 산

다 하면, 이것은 나 여호와의 뜻과는
아무런 관계가 없는 것이니라.
41 내가 오늘 사랑하는 나의 선지자를 통
하여 선지자를 따르는 제자들과 나의
법전을 읽고 깨우치는 만백성 너희들
에게 전하나니, 나 여호와의 뜻이 여
기에 있음이니라.
42 새로운 창조를 위하여 존재하며, 새로
운 시대를 열기 위하여, 새로운 창조
를 하기 위하여 나 여호와가 존재하
며, 그 모두가 나의 뜻임이니,
43 나 여호와의 뜻은 바로 새로운 시대를
위하여 창조해 나가는 것이 너희들이
존재함이며 나 여호와가 존재함이니,
44 이에 버금가는 이와 같은 뜻을 같이하
지 아니하는 자는 나에게 역행하는 자
들이며, 나의 뜻과 나의 이루고자 하
는 것과는 전혀 관계없는, 사악한 무
리가 가는 것이라는 것을 깨우쳐,
45 지금이라도 너희들이 가던 길에서 너
희들 자신이 하늘에 오르는 길을 찾을
수 있는 그 현명함을 얻어, 나의 법전
을 가슴에 안고 한 줄 한 줄 정독하며
그 속에서 너희들이 살아가는 것이 무
엇이며, 믿음의 길이 무엇이며, 하늘
에 오르는 길이 무엇인가를 깨우쳐 너
희들이 하늘에 오르는 그 영광을 얻어
야 할 것이니,
46 이리하여 내가 너희들에게 법전을 내
리는 이 뜻을 너희들이 깨닫도록 그리
하라.

1,957 번째 하나님 말씀

2002년 3월 3일 01시 05분

1 사랑하는 선지자야!
2 "네, 여호와 하나님! 말씀하옵소서."
3 내가 너에게 일러 만백성에게 전하라
하였느니라.
4 너희들이 기도하고 나에게 경배하며
나에게 오르는 길을, 간단히 나에게
기도하는 방법을 내가 너에게 일러 주
었음이니,
5 이는 어린아이든 어른이든 어떠한 자
든 간에 나의 피조물 만백성은 내가
너에게 명하여 가르친 그대로 기도를
하면 될 것이니라.
6 그리고 너희 자신이 깨달아야 할 것이
니라.
7 '여호와 하나님! 저의 죄를 용서하여
주옵소서.' 그것으로써 모두가 다 통
함이니라.
8 우선 너희들이 무엇을 한다, 무엇을
이룬다고 말하기 전에 너희들이 지고
있는 죄부터 깨달아야 할 것이며, 그
죄의 무서움을 먼저 깨달아 바르게 행
하는 그 자세가 가장 근본이며 기본이
니라.
9 그리하여 너희들에게 말하였느니라.
10 나에게 무엇을 달라 하며 무엇인가를
원하는 육에 대한 너희들의 구원이 아
니라, 너희 죄를 용서하여 달라고 그
리 기도함으로 인해서 너희 죄를 씻으
며, 너희 죄를 덜어 버린 그 상태에서
나에게 기도를 할 수 있으며 나에게
오르는 길을 향하여 너희들이 오를 수
있음이니라.

11 그리고 죄를 덜어 버린 자만이 새 시
대를 창조하는 나의 백성으로서 그가
참여할 수 있으며 내가 원하는 그 새
로운 시대의 주역으로서 살아갈 수 있
는 것이거늘,
12 너희들은 너희들이 지고 있는 그 죄에
대한 사함이 먼저 모든 것의 기본이
요, 근본이거늘,
13 너희들이 지고 있는 그 죄 자체의 사
함을 잊어버린 상태에서 무엇인가를
얻고자, 그리고 하늘에 오르고자 그와
같은 기도를 드리는 것은 잘못되어 있
음이니라.
14 그리고 진정한 종교 지도자는 가장 낮
은 자로서 행하는 것이니라.
15 저희 것만이 정답이요, 저희 것만이
하늘에 오르는 길이라 하여 남들과 타
협하지 아니하고 남들과 대화하지 아
니하는 그와 같은 생각을 가진 자들이
정녕 하늘에 오르는 길을 모르고 있는
잘못된 종교 지도자임을 너희들이 알
아야 할 것이니라.
16 진정한 종교 지도자는 저의 죄의 용서
를 빌며, 그리고 나 여호와가 원하는
길이 무엇인가 하여 내가 원하는 그
뜻에 따라 행하는 자이니라.
17 내가 원하고 내가 행하고자 하는 것을
모르면서 나에게 오른다 하는 것은 나
와는 너무나 거리가 멀고도 먼 그와
같은 형태임을 너희들이 알아야 할 것
이니라.
18 나의 피조물 만백성 너희들은 새로이
창조하는 나 여호와의 마음과 나 여호
와의 뜻이 무엇인가를 깨달아야 할 것
이며,
19 인간으로서 먼저 자신의 죄를 깨닫고
나 여호와의 백성으로 다시 태어나고
자 하며, 그리하여 하늘나라에 오를
수 있는 길을 알아야 할 것이며,
20 그리고 내가 변화시키고자 하는 것이
무엇이며 내가 원하는 것이 무엇인가
를 알아야 할 것이니라.
21 내가 내린 계명을 지키고 나의 법전에
따라 살아가는 자만이 나 여호와의 뜻
이 무엇이고 내가 새로운 창조를 하고
자 하는, 내가 추구하는 나의 뜻을 알
게 됨이니,
22 너희들은 내가 내린 나의 계명이요,
내가 나의 선지자를 통하여 나의 성령
을 태워 너희들을 하늘에 오르는 길로
인도하고자 하는 나의 법전을 깨우치
지 아니한다 하면 하늘에 오를 수 없
음을 알아야 할 것이니라.
23 나 여호와의 백성이란 어떠한 자세로
살아가는 것인가?
24 나로부터 선택된 백성이 살아가는 그
방법은 너희들과는 엄연히 다름이 있
느니라.
25 나 여호와로부터 진정 선택된 자는 자
신의 존재를 위대하다 하지 아니하고,
겸허하며, 자신만이 위대하고 자신만
이 나의 피조물 만백성을 구할 수 있
는 그와 같은 자라 생각지 아니하며
자기를 위대하다 생각지 아니하는 자
이니라.
26 그리고 자신의 존재를 가장 낮은 자라
생각하는 자들이 나의 뜻을 행하는 자
들이니라.
27 그리고 나를 향하여 하늘에 오르고자
하는 자는, 나 여호와의 뜻을 따르고

자 하는 자는 저희들만이 위대하고,
저희들만이 새로운 세상이요, 저희들
만이 살아가는 인생을 추구하는 것이
아니라,
28 나의 불쌍한 인간들의 세속에 들어가
그들의 어렵고 힘든 것을 같이 겪으며
또한 그들의 종으로서 자신의 존재 가
치를 가장 낮추는 자로서, 하늘에 오
르는 길인 나 여호와의 뜻을 전하는
것에만 연연해야 할 것이니라.
29 종교 지도자로서 저희들만이 가지고
있는 특유의 권위 의식을 가지고 저희
들의 존재 가치를 위대하게 평가하며,
30 저희 말을 듣지 아니하고 저희 설교를
듣지 아니하며 저희를 따르지 아니하
면 하늘에 오를 수 없다고 그리 말하
는 자들은 나와는 정녕 아무런 관계가
없는 자이니라.
31 나의 뜻에 따라 나의 피조물 만백성을
하늘에 오르도록 하는 자는, 내가 선
지자를 통하여 말하였듯이, 그는 나의
종이요, 나의 피조물 만백성의 종이라
하였음이니,
32 또한, 그는 종이면서 나의 법도에 따
라 나의 피조물 만백성을 인도하는 자
라 내가 말하였음이니라.
33 정녕 나의 피조물 만백성을 구하고자
하는 자들은 더 높고자, 더 위대하고
자, 그리고 더 좋은 환경과 더 좋은 위
치에서 더 위대한 저희들의 성전이라
는 곳을 지어 그곳에서 저희들의 권위
의식을 세우고 저희들의 당당한 모습
과 저희들의 위대함을 나의 피조물 만
백성에게 심어 주는 위장되고 위선된
자가 아니니라.
34 정녕 어렵고 힘든 나의 피조물 만백성
의 그 세속에 뛰어들어가 그들과 같이
하며 그들을 일깨워 주고 가난한 자를
보살피며 어려운 자와 더불어 살아가
는 그와 같은 용기 있는 자요,
35 가장 낮은 자요, 나의 종이라는 자세
로 살아가는 자만이 나의 피조물 만백
성을 하늘로 인도할 수 있는 자격이
있는 자이며, 그들만이 종교 지도자라
말할 수 있음이니라.
36 지금 시대에 나의 사랑하는 아들 예수
가 태어나 지금의 너희들과 같이 살아
간다면 그가 어찌 살아갈 것인가를 생
각해 봐야 할 것이니라.
37 나의 아들이 너희들과 같이 사는 지금
의 시대에서 그의 삶을 보일 수 없으
며, 그가 권력 있는 자, 능력 있는 자
와 접하지 아니하고 가난하고 불쌍한
너희들이 바라보지 않는 그 백성을 위
하여 모두를 바치는 그 아름다운 모습
을 너희들이 볼 수 없음이니,
38 지금 내가 제3의 시대를 열면서 나의
성령을 받아서 기록할 수 있는 나의
선지자요, 나의 종이요, 나의 아들을
선택하여 나의 성령으로 하여금 접해
살도록 하여, 그가 가장 낮은 자로서,
너희들의 종으로서 나의 법전을 전하
는 것에만 모두를 다하며 살아감이니,
39 그와 같은 나의 선지자의 살아가는 그
모습을 너희들이 봐야 할 것이니라.
40 인간의 육 속에서 살아가고 육에 의해
살아가나 명예와 권위와 너희 세속의
출세의 그 영광된 것을 바라보지 아니
하며,
41 세속 속에서 너희들과 똑같은 형체를

가지고 너희들과 똑같은 생활을 하고
너희들과 같이 살아가며, 너희들이 필
요로 하는 것이 필요하고 너희들이 얻
고자 하는 그 욕망이 그도 또한 인간
이기에 없을 수 없으나,
42 그것들을 다 버리며, 인간 세속 속에
서 살아가되 오로지 나 여호와의 법도
요, 나의 뜻만을 따라 살아가는 그가
있음이니, 그의 살아가는 모습을 너희
들이 보아야 할 것이니라.
43 그는 제 뜻대로 말하지 않고 나에 의
하여 내가 명하여 준 것을 듣는 그대
로만 가르치며 내가 전해 주는 것만을
대변하는 자로서 그가 세상에 존재하
고 있으며,
44 지금 너희들과 한 시대를 살아가며 나
의 뜻에 따라 창조하고 새로운 나라를
이루고 세상을 통일하고자 모두를 다
버리고 살아가는 그가 있음이니라.
45 너희들이 원하는 출세요, 부귀와 영화
요, 그 모두를 다 저버리고 세속 속에
너희들과 같이 살아가면서 나의 법도
속에만 살아가는 나의 선지자가 있으
며,
46 오늘보다 내일에 나의 법도를 더 지키
고 모레에는 또 나의 법도를 더 충실
히 지키며 나의 법 안에서 사는 선지
자 그가 바로 나에게 선택된 자이니,
47 나의 피조물, 사랑하는 백성 너희들은
나의 법전을 가슴에 안고 나의 선지자
의 그 변화되어 가는 모습과 그의 살
아가는 모습을 보며 하늘에 오르는 길
을 찾을 수 있는 용기를 갖도록 그리
하라.
48 정녕 내가 너희들을 위하여 내린 십계
명은 너희들을 억압하고 절제하며 너
희들을 묶고자 하는 것이 아니니라.
49 너희들이 가장 편안한 자세로, 서로
동등한 자격으로서, 그리고 평등한 자
세로써 평안한 삶을 살 수 있는 그 기
본을 너희들에게 내려 준 것이니,
50 너희들은 나의 십계명을 두렵다 생각
하지 말며 열어 보고, 너희들이 실천
하기도 전에 두려워 등을 돌리는 그러
한 행위를 이제는 중단하여야 할 것이
니라.
51 너희들이 똑같이 평등하고 평화로운
삶 속에서 나를 향하여 오를 수 있도
록 그 길을 인도하며 깨우쳐 주는 나
의 십계명이요, 나의 법전임을 다시
한 번 깨우치도록 그리하라.

1,958 번째 하나님 말씀

2002년 3월 3일 08시 10분

1 사랑하는 선지자야!
2 "네, 여호와 하나님! 말씀하옵소서."
3 선지자야,
4 나를 따르며 나로부터 선택된 자며 나
의 뜻에 따라 나의 피조물 만백성을
구하기 위하여 선택된 자는 세상 속
에, 너희 인류의 생활 속에 같이 살며,
그 속에 사는 것이 똑같은 그 생활 속
에서 너희들의 법도에 따라 살아가나,
5 그 법도의 세계 속에서 그가 생활하며
젖어드는 것이 아니라, 나의 법 안에
서, 나의 품 안에서 나의 뜻에 따라 살
아가는 그와 같은 차이점이 있느니라.
6 나의 법도 안에서 살아간다는 것은 나
의 뜻에 따라 매일 변해 가며 아름답

게 살아가는 모습으로 변하는 것이며,
7 또한, 모든 나의 피조물 만백성 속에
서 살아가나 가장 낮은 자요, 가장 낮
은 것을 추구하며 어렵고 힘든 길을
선택하여 가고자 하는 것이 나로부터
선택된 자의 기본이요, 자세이니라.
8 너의 제자들에게 이르라.
9 너희들이 세상 속 인간들의 삶 속에
서 살아가는 백성과 똑같다 하나, 너
희들은 나의 법의 테두리 안에 살아가
는 자들이 되어야 하는 것이며,
10 이는 곧, 나의 뜻과 나의 율법을 철저
히 지키고 그 속에서 순응하며 살아가
는 자세로 살아가는 것이 곧바로 나로
부터 선택된 자의 가는 길이며 행함이
니라.
11 지금 내가 너희들에게 말하였느니라.
12 사악한 무리가 세상을 모두 덮고 있
으며, 이제는 너희들이 더 이상 추악
하고 더럽고 더 사악한 방법으로 갈
수 없는 곳에까지 왔다 하였음이니라.
13 그리하여 이 모든 죄는 지금의 종교
지도자들이 다 지고 갈 문제며, 그들
의 잘못된 가르침에서 그와 같이 비롯
되었다고 너희들에게 말을 하였음이
니,
14 지금 세상에 나의 피조물 만백성 속에
서 정녕 지도자요, 나에게 오르는 만
백성을 인도하는 자, 너희들이 어찌
공부하고 어찌 배워 가는가?
15 너희들은 처음에 배워 가는 그 과정에
서, 그리고 너희들이 종교 지도자가
되기 위하여 공부하고 연구하는 과정
에서 그 모두는 나 여호와의 성령에
의한 방법이요, 나의 주관에 의하여
이루어지고 흘러간다는 그 믿음과 확
신을 갖지 아니함이니라.
16 너희들은 가르치고 배우는 과정에서
무엇을 생각하는가?
17 너희들이 종교 지도자로 세상에 나갔
을 때, 많은 사람이 나 여호와에게 오
르는 길이요, 나를 향하여, 그리고 정
녕 나 여호와의 뜻에 의하여 살아가도
록 만백성을 선도하고 인도하고,
18 그들 속에 들어가서 가난하고 어려운
자, 힘들고 병든 자, 그리고 남들이 바
라보지 않는 자, 남들이 쳐다보지 아
니하는 자들 속에서 너희들이 아름다
운 꽃을 피우고 너희들이 그들로부터
하늘에 오르는 길, 참된 진리를 깨우
쳐 주는 그와 같은 길을 배워야 하거
늘,
19 지금 너희들이 종교 지도자가 되기 위
하여 배우는 그 과정에서 무엇부터 배
우더냐?
20 성령이요, 나의 존재함을 믿는 것을
먼저 배우고 그 바탕 위에서 모두는
나의 뜻이라 하여 너희들이 순응하고
살아가면 되는 것을,
21 너희들은 나의 성령에 따라 순응하며
나의 법 안에 살아가는 아름다운 모습
으로 변하는 것이 아니라, 인위적인
너희들의 방법으로써 모든 교육을 마
쳐, 종교 지도자로서 섰을 때, 많은 나
의 피조물 만백성을 모으는 방법과 그
들을 끌어들이는 방법, 그리고 인기에
절충하여 살아가는 방법을 너희들은
먼저 배우며,
22 어찌하면 너희들이 크고도 큰 성전을
지을 수 있는 것이며 그리고 남들로부

터 추앙받는 것이며, 어찌하면 너희들
이 크나큰 성전을 지으며 거기에 많은
자가 모이고 많이 모을 수 있는지를
가르치며, 그들로 하여금 각종 헌금을
많이 거둬들이고 모으는 그 방법부터
배우고 나감이니,
23 그 속에서 배우고 나온 자들이 과연
어찌 나 여호와의 뜻이요, 나의 성령
의 가고자 하는 그 길을 알겠는가?
24 너희들은 거기에서 배우고 나와서 너
희들 스스로 성전이라는 것을 준비하
며, 나의 성전이라 하여 그를 짓고 거
기서 개척이라는 그것부터 시작하여
나의 피조물 만백성을 인도하는 작업
을 시작함이니라.
25 그러나 너희들은 처음부터 나에게 오
르는 나의 피조물 만백성을 인도하고
깨우치는 것을 배운 자들이 아니니라.
26 나의 피조물 만백성의 많은 인원을 끌
어들이며, 이웃에 존재하는 나의 백성
까지 너희들 것으로 끌어들이고,
27 너희들과 종파가 다른 자들을 짓밟고
그들을 멸시하고 그들과 대화하지 않
으며, 그 속에 있는 나의 피조물 만백
성을 끌어들여 성대하고 웅대하고 위
대한, 세상에 제일 큰 성전이라는 것
을 짓고자 하여 너희들이 그리 배워
왔으니,
28 너희들은 그때부터 그것을 실천함이
니라.
29 너희들은 나의 믿음이 아니라 어찌하
면 이 세상에서 가장 큰 성전을 너희
들이 지을 수 있을까 하여 나에게 기
도하느니라.
30 그리고 '여호와 하나님의 성령이 임하
여 이 세상에서 제가 가장 큰 성전을
갖도록 하여 주옵시며, 멀고도 먼 곳
에서 많은 사람을 실어 올 수 있는 그
와 같은 재력과 능력을 주옵소서.' 그
리 기도하며,
31 그들로부터 제 밑에 와서 많은 헌금을
바치고 제 밑에 와서 저의 설교를 들
으며, 제가 세상에서 가장 큰 성전이
요, 가장 많은 나의 피조물 만백성을
다스리고 이끌어 가며 그들에게 군림
하는 자라 하는 것을 과시하기 위해서
연연하고 거기에만 빠져 있음이니,
32 그것이 너희들이 지금 가고 있는 그
형태가 아니던가?
33 너희들은 나에게 나의 뜻을 바치며,
나의 뜻에 따라 피조물 만백성을 구하
는 성령이 임하는 기도요, 나의 뜻을
알고자 하여 피나는 노력과 기도로써
나의 뜻에 따라 생활하고자 하는 것이
아니라,
34 너희에게 가장 큰 성전을 내릴 수 있
도록 그리 갈구하며 그것이 나로부터
은혜를 받은 것이요, 축복을 받은 것
이요, 영광의 은혜를 받은 것이라 그
리 착각하며,
35 그리하여 제일 큰 성전, 제일 많은 백
성이 모여드는 그 기적을 이뤄 달라고
간곡히 기도하고 또 애걸함이니,
36 이것이 바로 너희들이 지도자가 되기
위하여 배우는 과정에서 배운 것을 그
대로 적용하며, 그보다 너희들이 또
더 사악한 방법으로 연구에 연구를 거
듭하여 나의 피조물 만백성을 우롱하
고 그들을 광란의 세계로 이끌고 가며
그들이 제정신을 차릴 수 없도록 그들

을 매몰차게 짐승보다 더 가혹한 방법
으로 끌어가고 있으니,
37 먹이를 주는 짐승은 하루에 두 번이나
세 번 그때를 맞춰 그들을 불러모으면
되나,
38 너희들은 나의 피조물 만백성에게 그
와 같은 횟수를 헤아릴 수도 없이 각
종 명분을 붙여 재물을 긁어모으며,
각종 이유와 명분을 붙여 그들을 모아
그들의 노동력과 그들의 생활과 그들
의 편안함과 그들의 생활의 균형까지
파괴하고 있느니라.
39 이는 당연하니라.
40 너희들이 배워 온 길이 그것뿐이며,
그리 배워 온 자가 사회에 와서 그리
적용하니,
41 그러고도 나의 은혜로 너희들이 이뤄
지며 나의 영광과 은혜 속에 무엇인가
가 이뤄진다 하고 있음이니, 이것이
바로 무엇이냐?
42 너희들은 무엇인가를 차려 놓고 기도
하며 무엇인가 원하여 너희들이 흔히
이야기하는 이단이요, 사탄이요, 미신
이라 하여 믿고 가는 자들보다 더한,
가장 대표적인 기복 신앙을 가진 자들
로서 그리 행하고 감을 알아야 할 것
이니라.
43 너희들은 큰 성전을 짓고 많은 나의
피조물 백성을 모아 많은 재물을 바치
도록 하며,
44 나의 뜻에 따라 나의 성령의 뜻을 그
들에게 전하는 것이 아니요, 나의 성
령을 가슴에 받아 나의 성령을 그 피
조물 만백성에게 고하여 그들을 깨우
치는 것이 아니니,
45 단상에 서며 나의 성령을 갖고 나의
성서를 가지고 공부하고 연구하는 너
희들이 무엇을 먼저 생각하는가?
46 너희가 오늘 단상에 서서 많은 이들을
어찌하면 울릴 것이며 그들이 너희 설
교에 감복하여 '아멘, 아멘!' 하며 광
란의 춤을 추도록 만들 것인가를 생각
하며,
47 그리고 너희 설교인 너희 뜻이 가장
세상에서 위대한 것이라 말하며, 그리
고 너희 신도들이 너희에 대해 '말을
잘하는 자며, 우리를 성령으로써 충만
하게 이끌어 가는 자다.' 하여 그들이
지도자 너희를 보며 광란하고 광분하
도록 하며 인간의 머릿수로 모여드는
그 숫자만을 계산하는 것이니,
48 오늘의 너희들이 단상에 서서 나의 피
조물 만백성을 인도하는 것이 나의 성
령을 가르치는 것이 아니라,
49 너희들의 인기주의요, 너희들의 이름
을 내고 너희들이 세상에서 가장 큰
성전을 짓고자 하듯이,
50 너희들이 세상에서 가장 유능한 설교
자요, 부흥회나 집회라는 것에서 만백
성을 앞에 놓고 너희들이 가장 인기
좋은 말재주를 부리는 그와 같은 것을
위주로 하며,
51 너희들의 말재주와 말장난에 의해 손
뼉 치고 광란하며 그곳에 구름 떼처럼
몰려드는 그 숫자의 그와 같은 영광을
위하여 너희들은 환상 속에서 살아가
며 그를 위하여 기도하고 연구함이니,
52 너희들이 기복 신앙을 가진 무당보다
도 더 잔인하고 더 가혹한 자들이며,
기복 신앙의 대표적인 예가 지금의 믿

음을 이끌고 가는 너희들의 행위며 너
희들의 자세이니라.
53 선지자야!
54 "네, 여호와 하나님! 말씀하옵소서."
55 이와 같은 뜻을 너의 제자들과 너를
따르며 나의 법전을 깨우치고자 하는
나의 피조물 만백성에게 일깨워 줘야
할 것이니라.
56 그들은 배우는 과정서부터 잘못 가고
있음이니라.
57 저희들의 인기주의요, 저희들이 나가
서 성전을 크게 지으며 많은 백성을
모아 더 많은 재물을 모으는 그것으로
부터 시작하여, 그 배우는 과정에서도
그들의 꿈속에는 오로지 제가 나가 가
장 큰 성전을 지으며 가장 말을 잘하
고 저의 제스처요, 저의 모습이요, 저
의 모든 행위와 언동을 보고 많은 이
가 환호하며 저를 따르는 그와 같은
영광된 것만을 생각하고 공부하고 자
라왔으니,
58 그들이 나와서 그를 실현하기 위하여
죽기 아니면 살기로 매달림이니,
59 그리고 그것이 가장 큰 은혜요, 영광
이라 생각하는 그 사악한 무리이니,
나의 아들 선지자야, 이를 어찌해야
하겠는가?
60 이와 같은 형국이 세상을 덮고 있음이
니, 여기에 네가 나의 뜻을 받아 새로
운 창조요, 새로운 역사요, 새 나라를
세우고자 하는 그 어렵고 힘든 길을
가는 네 모습을 너의 제자들에게 바로
보도록 하라 이르라.
61 새로운 역사에 새로운 땅 위에 새로운
하늘이요, 새로운 공기요, 새로운 삶
이며 모두 새로 태어나는 것을 만들고
자 하는 것이 나의 뜻을 받아 시행하
는 너이니라.
62 그리고 모든 나의 피조물 만백성을 하
나로 만들어 모두가 나에게 기도하고
깨우치는 방법이 하나가 되도록 그리
노력하는 것이 네가 가는 길이니,
63 너의 그 어렵고 힘든 길을 바라보며
그와 같이 가는 너의 제자들이 얼마나
위대한 자들인가, 그리고 선택된 자들
인가?
64 그리하여 너의 제자들은 구원의 길에
들어선 자들이기 때문에 그들의 이름
을 나의 낙원의 에덴동산에 기록하였
다 하였음이니,
65 이 영광된 것을 그들이 깊이 깨우쳐
행하도록 그리하며, 나의 선지자의 가
는 그 뜻을, 인간 세상 속에 살아가면
서 너희 인간들의 법도에 따르지 아니
하고 나의 법도에 따라가는 그의 모습
의 아름다움을 볼 수 있는 눈을 뜨라
그리 이르라.
66 그리고 너를 따라 모두를 다 바쳐 나
의 법전대로 실행하고 살아가며, 그대
로 지켜 가고, 나에게 기도하는 방법
을 그대로 지켜 가며, 선지자와 더불
어 한 시대의 역사를 이루는 그 일에
동참함이 그보다 더한 영광과 은혜가
없음을 그들에게 깨우쳐 주라, 선지자
야!

1,959 번째 하나님 말씀

2002년 3월 3일 09시 30분

1 사랑하는 선지자야!

2 "네, 여호와 하나님! 말씀하옵소서."
3 지금 나의 피조물 만백성이, 그리고
그들을 이끌어 간다 하는 종교 지도자
들, 또 그 속에서 믿음을 향하여 그들
의 뜻에 따라 그들의 설교요, 그들의
가르침만이 저희가 정녕 하늘에 오르
는 길이라 하여 맹종하고 맹신하며 좌
우 분별을 하지 못하고 그저 그들에게
치우쳐 따라가는 나의 피조물 만백성
그들의 믿음이요, 그들이 지금 생활하
고 살아가는 형태가 어떠한 것이던가?
4 그들이 나 여호와의 뜻에 따라 하늘에
오르는 길을 오르고자 하며 나에게 구
원을 받고자 하는 그 자체는 저희들의
갈망이요, 욕심이며,
5 실질적으로 그들이 나를 향하여 오는
그 마음의 자세는 나를 향하여 하늘에
오르는 것이 아니요, 나의 뜻을 깨닫
고자 하는 것이 아니라, 나와는 정녕
먼 거리로 달려가고 있음이니,
6 지금 저희들의 성전에서 공부하고 가
르치며 그들이 하고 있는 뜻은 나 여
호와의 성령을 이해하고 깨달음이 아
니요,
7 저희들의 가장 큰 관심사라 말하는 것
은 저희들의 성전이 크게 부흥하며 크
게 이루어지는 것이며, 그것에만 그들
이 관심을 갖고 있는 이와 같은 형국
에 있음이니라.
8 그리하여 어찌하면 많은 저희 신도요,
저희를 따르는 제자들이 모여들 것인
가 하는 그것에만 관심을 갖고 있는
것이며, 정녕 나에게 오르는 뜻을 향
하여 오르고자 하는 것에는 그들이 관
심이 없으니,
9 이와 같은 그들의 뜻이 지금의 너희들
이 상상할 수도 없는 사악한 현시대에
와 있으며, 그리고 마지막 종말의 시
대까지 그들이 이끌어 왔음이니라.
10 그저 그들은 어찌하면 저희들의 그 성
전에 많은 자가 모여들 것인가 생각
하며, 그들의 설교는 그 세 치 혓바닥
으로 그저 '아멘, 아멘!' 하며 손뼉 치
고 눈물짓고 소리 지르는 그와 같은
저희들의 신도요, 저희 제자들이요,
그리고 나의 백성을 끌어들여 모으는
그것에만 연연하고 있음이니,
11 그들이 정녕 나의 뜻을 가르치며 나의
뜻을 향하여 하늘에 오르는 진정한 길
을 모르고 있으며 그 길을 가지 아니
하고 있음이니라.
12 이러한 상태에서 어찌 하늘에 오르는
길을 보며 그 빛을 볼 수 있겠는가?
13 이와 같은 형국에 내가 지금 너희들을
통하여 하늘에 오르는 길이 무엇이고,
나의 뜻이 무엇이며, 내가 원하는 것
이 무엇인가를 나의 선지자를 통하여
성령으로 나의 법전에 모두 기록하여
그들에게 전하고 있으나,
14 그들이 이를 보지도 아니하고 듣지도
아니하며 그저 그들은 집어던지고 불
태워 짓밟는 것만이 저희들이 살아나
는 길이라 생각하고 저희들이 존속하
는 길이라 생각하니,
15 누구와도 타협하지 아니하려 하고 누
구와도 대화하지 아니하려 하며, 그저
그들은 저희들 것만이 구원을 받는 길
이라 하며 그저 저희들만이 뭉쳐 살고
자 하는 그와 같은 지금의 세태가 이
루어졌음이니라.

16 그들이 모여서 저희들만이 살고자 하
는 것도 정녕 나의 뜻을 깨우치고 연
구한다면 내가 그들을 탓하지 아니하
련만,
17 그들은 그 속에서도 저희 육신의 영화
와 저희들의 편안함을 먼저 생각하며
그저 저희들의 성전이라는 곳이 부흥
하는 데만 모두를 다 바치는 그와 같
은 기복 신앙의 대표자들이 되고 있으
며,
18 미신이요, 추악한 믿음이요, 무당이요
하는 모든 잘못 가는 그들보다도 더
잘못 가고 있는 것이 그들이 지금 이
뤄지고 있는 형태이니라.
19 그리하여 그들은 나 여호와의 뜻을 따
름이 아니요, 그저 저희들이 모이는
곳에 웅대한 성전이요, 세상에서 제일
웅대하고 큰 성전을 짓고자 하는 것이
그들의 욕망이며 그들의 마음 자세이
니,
20 그것 외에 그들이 무엇을 더 바라는
것이 있으며 더 원하는 것이 있는가?
21 그리고 그저 저희들에게 가장 많은 신
도요, 제자들이 모여들기만을 바라고
그리하여 수없는 재물을 거둬들일 수
있는 그 축복과 영광을 바라며,
22 그와 같은 것이 나 여호와로부터 받은
은혜요, 은사요, 축복이라 그들은 그
리 부르짖고 그리 원하고 있음이니,
23 이 통탄할 현실을 어찌해야 하겠는가?
24 그들이 영혼의 깨달음을 위하여, 하늘
에 오르는 길을 위해서 오는 것이 아
니라,
25 그저 저희 눈에 보이는 그 성전에 많
은 나의 피조물 만백성을 모아 제가
남들로부터 존경을 받으며, 그리고 가
장 큰 성전을 지은 자요, 가장 많은 신
도를 이끌고 있는 자가 가장 존경받
는 자로서, 가장 위대한 자로서 추앙
받는 이와 같은 믿음의 세계를 가고
있음이니,
26 이게 얼마나 통탄할 잘못된 길인가를
너의 제자들이 알아야 할 것이니라.
27 나에게 오르는 길은 그와 같은 길이
아니니라.
28 사랑을 베풀고 나누며 가난하고 어렵
고 힘든 자와 더불어 찬송하고 노래
부르며 그들과 즐거움을 같이하고 그
들과 기도하고 나의 뜻을 전하며 나의
음성을 전하는 그것만이 하늘에 오를
수 있는 길이며 그들이 행할 수 있는
길이거늘,
29 이와 같은 나의 뜻을 역행하는 이 현
실을 너의 제자들이라도 바로 봐야 할
것이니라.
30 그리고 나의 법전을 읽고 깨우치는 만
백성은 이와 같은 현실을 너희 이웃에
게 전하며 깨우쳐, 그들이 잠에서 깨
어나도록 그리 너희들이 일깨워야 할
것이니라.
31 그들은 지금 저희들의 정신이 아니니
라. 저희들의 삶이 아니니라. 저희들
의 생각이 아니니라.
32 그저 지금은 광신도요, 광신자의 광란
의 그와 같은 형태에서 그들이 부르짖
고 가고 있음이니,
33 그들을 그곳에서 깨우치며 바른길로
인도하는 것은 지금 나의 성전에 와서
기도하며 내가 내리는 나의 성령을 나
의 선지자를 통하여 듣는 너희들만이

할 수 있느니라.
34 내가 너희들에게 말하였느니라.
35 그들을 구할 수 있는 자가 나의 뜻 안
에 사는 자들이며, 매일매일 변해 하
늘에 오르는 마음의 자세가 아름답고
곱게 변해 가는 자,
36 그리고 새로운 시대를 열며 그 변화되
는 속에서 새로운 창조를 이루며, 무
한정 변화되는 나의 뜻과 내가 창조하
고자 하는 그 역사의 뒷받침을 하며
그를 받쳐 시행하고 있는 너희들만이
그들을 구원할 수 있는 자이며 그들을
인도할 수 있는 자이니라.
37 이와 같은 너희들의 중요함을 깨달으
며, 너희들의 위치가 얼마나 소중한가
를 알며 너희들이 행하여야 할 역사가
얼마나 위대한 것인가를 알아야 할 것
이니라.

1,960 번째 하나님 말씀

2002년 3월 3일 12시 30분

(강론을 마치며)

1 사랑하는 선지자야!
2 "네, 여호와 하나님! 말씀하옵소서."
3 모든 너희 인간들이 지금 살아가면서
내가 만들어 내린 이 아름다운 지상의
낙원에서 나의 피조물 만백성을 하늘
로 인도하며 지도하고 이끄는 자들이
어찌한다 하였더냐?
4 그들은 기초를 다지며 공부하는 과정
에서 나의 성서의 뜻이요, 내가 원하
는 그 깊이를 연구하고 내가 추구하는
것이 무엇인가 알고자 피나는 기도를
나에게 드릴 때, 내가 그들에게 응답
을 내리며 그들에게 길을 열어 줄 것
이거늘,
5 그들은 저희들이 깨우쳐 가는 과정에
서 어찌하면 이 세상에서 저희들이 가
장 큰 교회라는 것을, 또 성전이라는
것을, 법당이라는 것을 지을까 하는
것만을 연구하며,
6 많은 나의 피조물 만백성이 저희 앞에
와서 고개 숙이고 저희를 경배하며 저
희들의 세 치 혓바닥으로써 설교하는
그 음성이 그들의 마음을 울릴 수 있
는 그와 같은 능력과 은혜와 은사를
달라고 기도하며, 그리 배우고 그리
지금 가르치고 있느니라.
7 그곳에서 배워 세상에 나온 자들이 또
어찌하는가?
8 그들은 그와 같은 것을 실현하기 위하
여 모든 방법을 다 동원하며 저희들의
모든 역량을 다 쏟고자 하는 것이 그
들의 자세이니,
9 어찌하여 그것이 하늘에 오르는 길이
고 나에게 오르는 길이며, 하늘에 오
르는 빛을 볼 수 있으며, 그러한 자들
이 나의 피조물 만백성을 인도할 수
있다 생각하는가?
10 나의 성전에 와서 나의 법전을 읽으며
나의 뜻을, 나의 성령을 직접 듣는 제
자 너희들은 그와 같은 교육 과정을
거치지 아니함이니라. 그리고 그와 같
은 교육을 받지 아니함이니라.
11 너희들은 나의 십계명을 지키고 나의
뜻에 살며 그리고 새로운 시대를 열기
위하여 얼마만큼 노력하며 깨우쳐 가
는 자들이던가?
12 이것으로써 교육 과정을 밟은 그들과

너희들이 비교할 점이 있으며, 또한
제자 너희들이 사회에 나가서 살아가
는 그 뜻이 얼마나 아름답고 아름답게
노력하고 살아가고자 하고 있는가?
13 사랑하는 선지자야!
14 "네, 여호와 하나님! 말씀하옵소서."
15 너희들이 아름답게 살아가고자 하는
그 마음이요, 인간의 육신을 가지고
있는 너희들이 육신 속에 살아가면서
남들과 같이 출세하고 부귀영화를 누
리며 편안하게 살아가고자 하는 그 마
음을 다 접어 두고,
16 나 여호와를 향하여 너희들이 만백성
을 구하는 지도자로서 바로 서기 위하
여 얼마만큼 어려운 길을 가고자 하는
가를 내가 알고 있으며,
17 너희들이 깨우치고자 하며 바로 지키
고자 해도 너희들이 때로는 무너지고
너희 스스로 지키지 못함이 가슴 아파
얼마나 애태우는가를 나 여호와가 아
느니라.
18 사랑하는 선지자야! 너의 제자들에게
이르라.
19 너의 제자들에게 눈물을 실컷 흘리라
그리 전하라. 그리고 마음껏 울라 그
리 말하라.
20 너희들이 지금 나의 성전에 와서 실컷
울고 눈물을 흘림으로 인해서 너희 마
음에 누더기와 같은 그 죄를 털어 버
릴 수 있고 너희들 마음이 가벼워질
수 있으며 너희들이 새로운 사람으로
서 태어날 수 있다면 실컷 울라.
21 너희들이 나에게 기도하는 마음을 아
느니라.
22 '전지전능하신 여호와 하나님께서는
어찌하여 이와 같은 인생으로 저를 살
도록 하셨으며, 저를 그리 인도하셨으
며, 오늘과 같이 험난한 죄를 짓고 살
아와 여호와 하나님 앞에 고개를 들
수 없는 죄인이 이 성전에 고개를 숙
이고 있는 마음이 부끄럽고 저의 가슴
이 찢어지는 듯 아프오니, 어찌하여
저를 이리로 인도하셨나이까?' 하며
너희들이 통곡하고 울고 싶거든 마음
껏 울라, 그리고 실컷 울라.
23 그리고 눈물로써 다 사할 수만 있다
면, 너희들이 눈물로 씻어 내고 새로
태어난 인생으로 살아갈 수 있다면 실
컷 눈물을 흘리라.
24 그리고 너희들이 오늘 흘린 그 눈물은
너희들이 지금까지 살아오면서 지었
던 모든 죄를 씻어 내는 눈물이 될 것
이며,
25 너희들이 나에게 용서받지 못할 그 많
은 아픔의 죄들을, 가슴에 안고 있는
그 모두를 다 털어 내며 내가 너희들
에게 용서를 내리는 그 영광을 줌이
니, 실컷 울라, 그리고 실컷 흘리라.
26 너희들은 정녕 다시 태어난 나의 백성
이니라. 너희들은 다시 태어난 백성인
것이니라.
27 그리고 너희들은 성령을 위하여 나의
뜻을 만백성에게 전하는 전사요, 나의
사랑하는 선지자와 더불어 갈 자들이
니, 너희들이 그와 같은 중요함을 잊
지 말라.
28 이 세상 나의 피조물 만백성을 구할
자는 너희들뿐이니라.
29 이 세상 나의 피조물 만백성을 구하고
자 나의 성령을 들으며 나의 성령의

뜻에 따라 내가 원하는 것이 무엇인가
를 알고 깨닫고 실천하는 것은 이 지
상에 너희들뿐이니라.
30 새로운 시대를 열고자 함이니라. 새로
운 창조를 열어 가고자 함이니라.
31 새로운 땅에서 새싹이 나며 새로운 하
늘을 열며 새로운 공기를 세상에 내보
내고자 하는 것이 나의 뜻이며,
32 그리고 모든 나의 피조물 만백성을 하
나로 묶어 하나로써 언어를 통일하고
생활을 통일하며,
33 나 여호와에게 기도하는 자가 피부색
이나 외형에 관계없이 모두 너희들이
지금 나에게 기도드리는 것과 같이 하
나의 기도하는 방법으로써, '저의 죄
를 용서하여 주옵소서, 하나님!' 그리
기도하는 것으로써 통일하는 역사를
이루고자 함이니라.
34 너희들은 오늘 고개 숙여 실컷 눈물을
흘리라. 그리고 마음껏 울라.
35 그리고 너희들의 가슴 아픔을 다 쓸어
내어 새로운 인생으로서 너희들이 나
의 법도 안에 사는 사람으로서 올라서
며, 나의 법도 안에서, 나의 품 안에서
살아가는 너희들로 그리 변하여야 할
것이니,
36 오늘부터 너희들은 나의 법도요, 나의
질서요, 나의 규범 안에 살아가는 너
희들이 되는 것이니 그리 알라.
37 사랑하는 나의 선지자의 제자요, 나의
법전을 읽고 깨우치는 만백성들아!
38 그리 시행하고 그리 깨우치고 오늘의
너희들의 영광을 길이 남기도록 그리
하라.

1,961 번째 하나님 말씀

2002년 3월 4일 0시 50분

1 사랑하는 선지자야!
2 "네, 여호와 하나님! 말씀하옵소서."
3 내가 너를 통하여 나의 성령을 태워
세상에 내려보내 나의 법전이라 하여
나의 피조물 만백성을 구하고 있음이
니,
4 나의 법전에 기록된 그 방법과 그 내
용대로 살아가지 아니하는 자는, 그리
고 그대로 실천하지 아니하는 종교 지
도자는 정녕 나로부터 선택된 자가 아
니며, 그들은 하늘에 오를 수 있는 나
의 피조물 만백성을 정녕 인도할 수
없음이니라.
5 여기서 너의 제자들은 확실히 깨우쳐
가야 할 것이니라.
6 지금 나 여호와가 나의 성령을 태워
나의 선지자를 통하여 나의 법전에 기
록하는 그 내용이 한두 가지가 아니
며, 너희들이 이야기하는 한두 권의
책으로써 그를 매듭짓는 것이 아니니
라.
7 10부로써 160권이 넘는 그와 같은 나
의 성령의 뜻을 기록하여 세상에 내보
내니,
8 이 속에 있는 그 내용이 너희들의 삶
의 기본이요, 그것을 벗어나서 너희들
이 사는 기본의 기초와 근본이 없을
것이니라.
9 모두가 다 이 안에 기록되어 있음이
며, 너희들이 하늘에 오르는 길이 여
기에 있음이니라.
10 그리고 종교 지도자요, 또는 구원을

받고자 하는 나의 피조물 만백성이 나
의 법전대로 가르치지 아니하며 나의
법전대로 배우지 아니하면 그는 정녕
하늘에 오르는 빛을 볼 수도 없으며
나와는 아무런 관계가 없음을 너희들
이 오늘 여기서 알아야 할 것이니라.
11 이 뜻에 대해 누구도 왈가왈부해서는
아니 될 것이며 갑론을박하지 말라.
12 정녕 나 여호와가 아니면 이와 같은
역사를 이룰 수도 없으며,
13 너희들처럼 똑똑히 배운 자도 아니고
너희들처럼 성서를 읽은 자도 아니며
너희들처럼 책장을 많이 넘기면서 무
엇인가를 연구한 자도 아닌 나의 선지
자를 통하여, 그가 밤과 낮을 가리지
않고 시간과 때를 가리지 아니하며 나
에게 기도를 드리니,
14 내가 그에게 나의 성령을 심어 그 가
슴을 통하여 너희들을 구원하는 길의
내용을 가르쳐, 한두 권의 책도 아니
요, 한두 권의 내용으로써 그치는 것
도 아니요, 중단되는 것이 없음이니,
15 이리하여 선지자가 160권이라는, 너
희들이 생각할 수도 없는 대장정의 역
사의 책으로써 너희들을 구원하고자
지금 전하고 있음이니,
16 이가 정녕 나 여호와의 뜻이며 나의
성령이 아니라 하면, 나의 법전을 읽
고 깨닫고 시행하는 자만이 하늘에 오
를 수 있는 길이라는 것을 감히 누구
도 말할 수 없느니라.
17 이는 정녕 내가 선지자를 통하여 내리
는 나의 성령의 뜻이기에 앞으로는 선
지자 밑에 와서 배우고 공부한 그의
제자들이 나의 피조물 만백성을 가르
치는 지도자로서 세상에 나가 나의 법
전을 선지자에게 배운 그대로 전할 것
이니,
18 이제는 그들이 나의 피조물 만백성을
하늘에 인도하는 지도자로서 뿌리를
내려 갈 것이니라.
19 그리고 이를 가지고 공부하지 아니하
며 이를 가지고 깨우치지 아니하는 자
는 정녕 하늘에 오를 수 없음이니라.
20 그리고 하늘의 인도자로서도 자격이
없으며, 너희들이 어떠한 방법이든,
어떠한 길이든, 어떠한 방법으로 기도
하든, 지금까지 너희들이 믿어 왔던
그 형태로 끌어가던 그 모두는 다 허
상인 줄 알라.
21 나와는 아무런 관계가 없는 그와 같은
세상의 믿음으로써 너희들이 가고 있
는 것을 알아야 할 것이니라.
22 이를 돌이켜 너희들이 지금 내가 선지
자를 통하여 내리는 이 뜻을 깊이 가
슴에 새겨야 할 것이니라.
23 나 여호와가 무엇으로써 너희들의 구
원의 길로 삼았으며, 너희들의 육신이
아닌 영의 그 삶의 영양 공급처가 무
엇이라고 했으며, 그 영이 존속할 수
있는 것이 무엇이라고 말하였더냐?
24 구약과 신약을 총 집약하여 그 모두를
통틀어서 말하는 것이 나의 십계명이
며,
25 이는 내가 불로 써서 너희들이 하늘에
오르는 길을 간단히 요약하여 내린 것
이니라.
26 구약과 신약이 길고도 길어 너희들이
그를 이해하고 제대로 가르칠 수 없으
며, 또한 그 속에는, 내가 말했듯이,

사악한 인간들이 중간에 저희들의 떡
이 되고 금화를 거둬들일 수 있으며
저희들에게 편안한 것들을 저희들의
간교한 머리로써 집어넣은 부분들이
있다 하였음이니,
27 너희들이 그를 가지고 정녕 깨우쳐 하
늘에 오를 수 있는 그와 같은 것이 못
되며, 그를 이해하고 깨우치기가 너무
나도 어렵고 힘든 부분이 있느니라.
28 그리고 그를 공부하고 본다면 너희들
이 중심을 잡을 수가 없는 내용이 있
음이니라.
29 이는 구약 시대는 지나고 신약 시대가
열린다 하면서 저희들이 필요로 하는
것은 구약의 것을 강조하고 그를 가르
치며 그를 행하도록 강조하는 이와 같
은 환경에서 나의 피조물 만백성이 이
를 보고 깨우칠 수 없느니라.
30 그리하여 내가 구약과 신약이 어떤 형
태로 어떠한 방법으로 흘러가든, 너희
들이 그저 지키고 지켜서 하늘에 올
수 있는 열 가지 계명으로써 너희들에
게 요약해서 내렸음이니,
31 그게 구약과 신약 모두의 가장 중요한
핵심인 것이니라.
32 그러나 너희들은 이를 지킬 수 없다고
팽개쳐 버렸음이니라.
33 지금 선지자가 너희들에게 부르짖는
것은 무엇이더냐?
34 나 여호와가 불로 써 내린 그 십계명
은 지켜야 하며, 그는 나 여호와 하나
님의 뜻이요, 나의 명령이기 때문에
순종하고 너희들이 지켜야 하는 길이
라 함이니라.
35 그리고 나 여호와를 믿고 하늘에 오르
는 길에 영혼이 영원히 지탱할 수 있
는 영양의 공급처라 말하였느니라.
36 그리하여 나의 법전에서 무엇을 강조
하던가?
37 나의 법전에서 바로 내가 불로 직접
써 내린 그 십계명을 풀어, 그를 지키
고 그를 순종하며 그를 지키고자 하는
자만이 하늘에 오를 수 있는 그 이치
를 설명하였으며,
38 그리고 진정한 믿음의 길이 무엇이며
너희들이 행하는 것이 무엇인가를 알
기 쉽게 하나하나 풀어서 내가 선지자
를 통하여 너희들에게 내려보내는 것
이니, 이게 바로 어떠한 뜻이더냐?
39 너희들이 그것만을 지키고 그를 시행
하면 하늘에 오를 수 있는 길이라 하
여, 내가 너희들이 암기하고 기억할
수 있는 단 열 가지를 내렸음이니라.
40 백 가지, 천 가지의 너희들이 암송하
고 지키기도 어렵고 힘든 것이 아니라,
41 너희들이 몇 번만을 읽으면 지키고 머
릿속에 기억할 수 있도록 간단히 열
가지로써 요약하여 너희들에게 지키
고 오라 하였으니, 이를 지키지 아니
한 너희들이니라.
42 그리하여 내가 이를 가지고 선지자를
통하여 지키도록 하고 이를 깨우치는
것만이 하늘에 오르는 길이라 그에게
강조하여 나의 피조물 만백성 너희들
을 일깨워 주며,
43 그 십계명을 암송하도록 하며 그 십계
명에 들어 있는 그 뜻들을 내가 풀어
너희들에게 나의 법전으로써 세상에
내려보냄이니,
44 이것보다 더 소중한 것이 없으며 이것

말고 정통의 길이 없는 것을 너희들이 깨달아야 할 것이니, 이 대목을 너희들이 확실히 짚고 넘어가야 할 것이니라.
45 그리하여 나의 법전이 소중함이라 하였느니라.
46 그리하여 나의 법전이 정녕 나의 성령을 태워 나의 선지자를 통하여 내려보내는, 너희들을 구원하는 길이며 너희들이 하늘에 올 수 있는 길이기 때문에, 이것밖에는 없음이라 내가 강력히 너희들에게 심어 주는 뜻이 여기에 있음이니라.
47 이제는 너희들이 어떠한 방법이든, 어떠한 형태로든 나에게 오른다 하여 기도하고 재물을 거둬들이며 나의 피조물 만백성을 저희들의 소유물인 양 끌고 가는 그러한 형태는 서서히 문을 내리고 닫을 때가 되었음이니라.
48 그와 같은 형태로써 너희들이 이제는 구원받을 수 없음이니라.
49 너희들은 말하지 아니하는가, 하늘의 하루는 너희 지상의 천 년이라고.
50 이제 너희들의 6천 년의 역사가 흐른 것은 나 여호와에게는 6일밖에 되지 아니함이니,
51 너희들의 그 6일 후에 7일째 되는 날에 내가 천 년에 걸쳐서 너희들을 구원하기 시작하고자 함이니,
52 그리하여 사악한 무리가 뿌리를 내리지 못하며, 이제는 내가 낙원의 에덴동산을 이루는 천 년의 세월 동안에 나의 선한 백성만 이 세상에 존재하도록 하고자 함이니,
53 너희들의 길고도 긴 그 6천 년의 삶의 세월은 내가 하늘에서 6일 동안 준비한 그와 같은 세월의 과정임을 알아야 할 것이니라.
54 그리하여 지금부터 천 년에 걸쳐서 내가 사악한 자는 뿌리를 내리지 못하게 하며, 선한 자만이 나의 에덴동산, 이 지상에 존재하도록 할 것이며,
55 그리고 세상의 모든 백성이 지금 너희들이 쓰는 글과 너희들이 쓰는 언어로 써 다 통일되어 이것이 세상의 공통어가 될 것이니, 이게 내가 이루고자 하는 뜻이니라.
56 그리하여 지금의 내가 너희들의 사악한 무리를 제거하며 선한 자들만이 세상에 존재하여 낙원을 이루는 천 년이 시작하는 이 시점에서 나의 십계명을 다시 너희들에게 강조하며 그를 풀어 너희들이 지키고 사는 그 길을 내가 너희들에게 내림이니,
57 이와 같은 이치에 앞뒤의 정황을 너희들이 생각하고 따져 보면, 이 시대의 선지자가 어떠한 자이며 그가 정녕 제 임의대로 말하는 것인가 아닌가를 너희들은 알 것이니라.
58 이제 내가 말하였느니라.
59 요한복음에 기록되어 있듯이, 자의로 말하지 않으며 듣는 것만을 기록하는 자가 되어 밤과 낮을 가리지 아니하고 나의 성령을 받아 너희들에게 책으로 내 이를 전하는 것은,
60 그가 나의 진정한 성령의 뜻을 한 사람이라도 더 많이 읽고 더 일찍 깨우치도록 하여 많은 피조물 만백성의 그 형제를 구하고자 하는 그의 애틋한 마음이 거기에 있으며 그 고통스러운 마

음이 거기에 있음이니라.
61 나의 선지자가 밤낮을 가리지 아니하
고 나에게 기도하여 내가 그에게 성령
의 뜻을 내려 이를 그가 책으로 만들
어 내니,
62 그리하여 빨리 법전이 이 세상에 나와
나의 피조물 만백성이요, 또 선지자의
형제인 너희들이 한 사람이라도 더 많
이 접하고 많이 깨우치도록 하여 지옥
불로 가는 너희들을 구하고자 하는 그
의 피나는 노력의 대가를 너희들은 지
금 어찌 보고 있는가?
63 너희들을 구원하고자 하여 그가 밤잠
을 자지 아니하고 밤과 새벽을 가리지
아니하며 온갖 정성을 다하여 나 여호
와에게 기도하며 나의 성령을 받아
160권이라는 나의 법전이 100년에 걸
쳐 나갈 수도 있고 1000년에 걸쳐 나
갈 수도 있으며, 10년에 걸쳐 나갈 수
도 있고 30년에 걸쳐 나갈 수 있으니,
64 그와 같은 나의 성령을 받아쓰는 그가
빠른 시간 내에 160권의 법전을 만들
어 너희들이 한 권이라도 더 읽고, 한
사람이라도 더 읽도록 하여 너희들을
구원하고자 하는 그 피나는 노력의 대
가를 너희들은 보지 못하는가?
65 너희들을 구원하기 위하여 그가 밤과
낮을 가리지 아니하고 나에게 기도하
며 받아쓰는 나의 법전을 너희들은 이
단이요, 사탄이요, 마지막 종말에 오
는 거짓 선지자라 하며 그를 해하고자
하고, 그에게 돌을 던지려 하며,
66 그를 세상에 뿌리를 내리지 못하도록
하고자 하는 그러한 사악한 자들이 지
금 이 지상을 덮고 있으며 그와 같은
마음이 꿈틀거리고 있으니,
67 이는 너희들이 어찌하는 것인가?
68 은혜를 원수로 갚는 그와 같은 형국이
니라.
69 정녕 나의 선지자를 통하여 세상에 내
려보내는 그 뜻의 나의 법전을 시간을
단축하고 초를 단축하여 너희들에게
전하고자 하는 것이 너희들을 구하고
자 하는 나의 선지자의 그 애절한 마
음이거늘,
70 너희들은 이것을 은혜로 갚는 것이 아
니라 원수로 갚아 그에게 핍박을 주고
그를 공격하고자 함이니,
71 그 죄가 얼마나 무섭고 간교하며 간악
한가를 너희들은 알 것이니라.
72 나의 선지자를 핍박하고 나의 선지자
를 공격하기 전에 너희 스스로 자신을
깨우치며, 나의 법전을 읽고 나서 이
법전이 정녕 잘못되었을 때 그를 핍박
할 수 있으나,
73 너희들은 나의 선지자를 핍박하기 전
에 나에게 기도하여 물어보라.
74 그리고 나에게 너희 모두를 다 던져
정녕 물어본다면 내가 너희들에게 깨
우침을 줄 것이니라.

1,962 번째 하나님 말씀

2002년 3월 4일 01시 10분

1 사랑하는 선지자야!
2 "네, 여호와 하나님! 말씀하옵소서."
3 너의 제자들에게 이르라.
4 네가 변해 가고 있는 그 모습을 네가
너의 제자들에게 일러 말하였느니라.
5 너희들이 사는 육신은 지금 인간 세속

에서 살아가되 너희들의 영적인 그 삶
은 나의 법의 테두리 안에서 살아가야
한다고 하였음이니,
6 지금 선지자 네가 그와 같은 삶을 살
아가는 것을 너의 제자들이 알겠는가?
7 이는 무엇인지 너희들이 알겠는가?
8 육신 속에 뒤얽혀 살아가나 그가 생각
하고 행하는 것은 나의 십계명에 충실
하며 그를 엄격히 지키고 그 선을 넘
지 않으려는 그의 고통과 노력의 그
살아가는 것을 너희들이 알아야 할
것이니라.
9 그리 살아가는 자가 정녕 나 여호와의
법도 안에 살아가는 그와 같은 깨달음
을 얻게 되며 나의 생활 속에 들어오
게 됨이니라.
10 이와 같은 깨달음이 있을 때, 너희들
이 인간사 세속에 살아가나 영적인 자
세요, 영적인 깨달음이요, 영적인 생
각이요, 그 모두를 지배하는 것은 나
의 법을 위배하지 아니하는 아름다운
삶을 살아가게 됨이니라.
11 이를 너희들이 따라 와야 할 것이니
라.
12 그리고 너희들이 이 뜻을 알아 행할
때, 나의 성전이 아름다운 빛으로써
세상을 밝힐 것이니라.
13 선지자는 지금 모든 인내와 고통의 세
월 속에서 영적인 나의 법의 테두리
안에서 살아가고 있음이니,
14 이를 너희들이 앞질러 가야 할 것이
라 내가 말하였거늘, 너희들이 뒤져서
선지자의 가는 길에 무거운 추를 다는
그러한 제자가 되어서는 아니 되느니
라.
15 그렇다면 너희들은 잘못 가르치고 잘
못 인도하는 종교 지도자들과 무엇이
다르더냐?
16 세속의 부귀와 영화와 출세욕에 의하
여 그 길만을 추구하고 가는 지금의
종교 지도자 그들과 너희들이 다른 점
이 무엇이 있겠는가?
17 지금 많은 나의 피조물들을 이끌어 간
다는 그 종교 지도자들은 육신의 삶은
세속에 사나 그들의 정신적인 영혼의
믿음은 나 여호와의 법의 테두리 안에
와서 살아야 하는 것을,
18 그들은 그곳에 와서 살기는커녕 그와
같은 현실과 그와 같은 세상이 있는지
조차도 깨우치지 못하고 있는 자들이
수없이 많이 있으니,
19 그저 그들이 오로지 원하는 것은 세속
에서 그 믿음의 지도자로서 성공하는
그것만이 축복이요, 은혜요, 영광이라
그리 생각하고 있음이니라.
20 영혼이 깨우치면서 그 영혼이 나 여호
와의 법 안에서 살고 나의 품 안에서
살며 나의 나라에서 살아가는 그와 같
은 깨달음의 영광을 위하여 살아가고
자 기도하고 경배하는 것이 아니라,
21 그들은 세속의 출세요, 부귀요, 영화
의 그 길만을 추구하고 있음이니, 그
속에서 그들이 벗어나지 못하고 있음
이니라.
22 지금 나의 피조물 만백성을 이끈다는
종교 지도자, 그들이 가는 길이 그와
같은 형국이니 그를 어찌하여야 하겠
는가?
23 사랑하는 선지자야!
24 **"네, 여호와 하나님! 말씀하옵소서."**

25 모든 것을 다 가지고 있는 그들이 모
든 것을 다 어렵고 힘든 나의 백성에
게 나눠 주며 그들에게 희망과 용기를
주는 것이 하늘에 오르는 길이라 하였
으며,
26 그리고 가장 값진 것을 저희들이 소유
함이 아니라, 그 모두를 다 나의 피조
물 만백성에게 나눠 주는 그와 같은
사랑을 실천하는 것이 나의 피조물 만
백성을 이끄는 종교 지도자가 가야 하
는 길이며, 그것이 근본이라고 나의
성서에 그리 기록되어 있을 것이니라.
27 그들은 저희들이 공부하는 구약과 신
약의 그 성서에 기록된 것은 한 자도
틀려도 안 되고 한 자의 오류도 있어
서는 안 되며 그대로 실천하고 그대로
지키며 살아가야만 된다는 것을 강조
하고 부르짖고 있음이니라.
28 그리하여 나의 피조물 만백성 너희들
에게 십일조라는 것을 강요하며, 그리
하여 너희들은 저희를 단죄할 수 없다
고 그리 강요하며 그와 같은 형국으로
그들이 이끌어 가고 있음이니라.
29 그러나 그들 중에 정녕 나의 아들 예
수의 삶과 같이 실천하며 살아가고 있
는 자가 얼마나 있는가?
30 나의 아들 예수가 가고자 했던 길과
그가 행했던 그 길이 하늘에 오르는
종교 지도자의 근본이요, 기본이니,
31 가난한 자, 어려운 자를 돌아보며 그
들과 더불어 살아가고, 그들과 더불어
삶을 실천하는 것이 하늘에 오르는 길
이라는 것을 그들은 수없이 성서에서
봐서 알며 예수의 그 행적에서 아느니
라.
32 그러나 그들이 과연 그를 실천하고 지
키고 살아가는가?
33 그들은 그리 살아가지 아니함이니라.
34 내가 선지자 너에게 명하였느니라. 선
물을 받으면서 그것을 돌려주고 대가
를 치를 수 없으며 답례할 수 없는 것
은 받지 말라 하였으며,
35 사랑을 실천하는 것은 내가 너에게 무
엇이라 말하였더냐?
36 하나를 받으면 둘을 주는 것이며, 둘
을 받으면 넷으로 베푸는 것이 사랑의
근본이라 내가 너에게 일렀음이니라.
37 지금 너는 나의 그와 같은 뜻을 받아
기록하여 나감이니라.
38 너의 제자들이 물 한 그릇을 갖다 놓
든, 종이 한 장을 갖다 놓든 너는 그를
지금 하나하나 꼬박꼬박 적어 가고 있
음이니라.
39 이는 네가 그들에게 두 배로 갚고자
함이며, 네가 그들에게 받은 만큼 두
배로 되돌려주고자 하여 그를 다 기록
하여 정리 정돈하고 있음이니라.
40 나의 법전을 읽는 나의 피조물 만백성
과 그리고 종교 지도자라 하여 가르치
는 자, 너희들은 나의 선지자가 과연
하나를 받은 것을 둘로 갚고자 하여
떡 한 조각 받은 것까지도 기록하고
있는가, 그리고 그를 갚으려고 기록하
고 있는가를 너희들이 와서 눈으로 직
접 확인해 보라.
41 그러나 지금 종교 지도자들은 몇천 년
의 역사가 흘러오는 기간 동안에 과연
저희들이 받아먹은 그 숫자와 그 내용
을 다 기록하여 놓은 것이 있는가? 너
희들은 거기에 영수증이라는 것을 발

부해 주었는가?
42 나의 선지자는 그의 제자들이 책을 한 권 구매하여 전하고자 하는 것까지도 다 기록해 놓고 있음이니라.
43 홍보용이요, 만백성을 구하기 위하여 그들이 구입해 가는 그 책은 그들의 재물로 사나, 그들은 나 여호와의 뜻을 행하고자 하기 때문에 그들에게 되돌려주고자 하여 그들에게 영수증을 발행하며 그것을 기록해 놓고 있는 것을 너희들이 와서 눈으로 직접 한번 확인해 보라.
44 그러나 너희들은 어찌하느냐?
45 너희들이 수십 년 동안 십일조요, 또는 감사 헌금이요, 각종 헌금을 받으면서 그를 두 배로 갚기 위해 기록해 놓은 것이 있는가?
46 나의 사랑하는 선지자는 나의 명에 따라, 나의 뜻에 따라 떡 한 쪽을 받은 것도 두 배로 갚고자 하여 그를 다 기록하고 있음이니라.
47 너희들은 수십 년 동안 받아들인 그 재물의 목록을 과연 가지고 있는가?
48 사랑이란 무엇이냐?
49 받은 것을 두 배로 주는 것이 사랑이라 내가 하였음이니,
50 너희들은 원금이라도 돌려주고자 하여 기록해 놓은 것이 있으며 근거가 있는가?
51 너희들이 수없이 받아들인 수많은 나의 피조물 만백성의 그 살점과 같은 재물을 기록해 놓은 장부가 있는가?
52 그리고 각종 헌금에 이름을 붙여 너희들이 받아들인 그 모든 금액을 적어 놓았으며, 그를 돌려주고자 하는 기본의 양심이라도 있고 일말의 깨달음이라도 있어서 기록해 놓은 것이 있는가?
53 너희들은 어찌하여 남의 것을 받아들이고 거둬들이면서 돌려주려는 생각은 하지 않는가?
54 너희들이 무상으로 거둬들인 것을, 그것을 바친 자가 힘들고 어려울 때 그에게 돌려주겠다는 기본적인 상도덕의 양심도 없는 사악한 무리이니라. 그리고 너희들같이 간악한 무리가 없느니라.
55 남의 물건을 받아 두며 증표 하나를 남기지 아니하고 갚고자 하는 양심도 없이 받아들인 너희들의 재물의 그 목록은 다 어디에 가 있는가?
56 여기에서 너희들은 깨우쳐야 하며 나의 피조물 만백성은 깨달아야 할 것이니라.
57 그리고 선지자를 따르는 제자 너희들은 알아야 할 것이니라.
58 나의 선지자는 그들로부터 받은 그 모두를 배로 갚고자 하여 하나도 빼놓은 것이 없이 나열하여 기록하고 있음이니라.
59 그러나 수십 년 동안, 지금 수천 년 역사 동안에 흘러오는 종교 지도자라는 너희들은 지금 어떠한 명분으로 받아들이고 거둬들인 그것을 기록해 놓은 것이 있는가?
60 남이 피나게 노력하여 모은 그가 가지고 있는 그 재물을 그저 증서 하나 없이, 냉수 한 그릇 마시듯이 꿀꺽 삼켜 버리는 그와 같은 형국의 인간들이니, 뱀이 개구리를 잡아먹는 것보다도 더 흉악한 방법으로 잡아 삼키느니라.

61 그 사악한 뱀이 개구리를 잡아먹어 삼
키는, 목이 터져라 개구리를 밀어 넣
는 그와 같은 흉악한 미물의 행동보다
도 너희들이 더한 짓을 하고 있음이니,
62 어찌하여 남의 것을 받으면서 돌려주
려는 생각을 하지 아니하고, 그들이
어렵고 힘들 때 그들에게 힘이 되어
주고자 하지 아니하며, 그와 같은 재
물을 거둬들여 나하고는 아무런 관계
도 없는 성전이라는 것을 그리 짓고
있는가?
63 그것도 세상에서 제일 큰 것을 갖고
자, 위대한 것을 갖고자 함이니, 그저
세속에 복을 비는 무당이요, 미신을
믿는 자가 행하는 짓보다도 더 사악한
짓을 하고 있음이니라.
64 무당이요, 미신을 믿는 자들이 추악한
짓을 하며 그들이 기복 신앙을 위하여
나의 피조물 만백성을 우롱한다고 하
자.
65 그러나 그들은 나 여호와의 성령을 팔
아먹지는 아니하느니라.
66 감히 그들은 두려워서 나 여호와를 찾
지도 아니하고, 나 하나님을 부르지도
아니하며, 나 여호와의 이름을 빙자하
여 나를 감히 팔아먹지 않느니라.
67 그들은 양심이 있고 두려움이 있음이
니라.
68 저희들은 나와는 관계없는 자라 하여
나를 찾지 못하며, 그들이 그들 나름
대로 행하는 길이 있느니라.
69 그러나 나 여호와를 너희 아버지라 하
며 너희들의 창조주라 하는 너희들은
나를 빙자하고 나를 이용하여 그 악한
방법으로 재물을 거둬들이며, 돌려주
고자 하는 근거도 하나 없이 수천 년
동안 거둬들인 그 재물의 액수가 얼마
나 많고 그 방법이 얼마나 간악한가?
70 지금 너희들이 어찌 거둬들이는가?
71 너희들은 나의 불쌍한 피조물 만백성
에게 말하느니라.
72 나 여호와의 아들이 피 흘려 죽은, 그
보기도 흉악한 십자가라는 것을 너희
들이 지어 놓은 그 흉물스런 건물에
세운다 하여, 그걸 하나 세워 달라 하
여 그 사람으로부터 기증을 받아 수백
만 원씩을 거둬들이며 금화와 은화를
끝없이 거둬들이느니라.
73 너희들은 주춧돌 하나 놓는 것도, 너
희들이 만든 성전 앞에 하나의 기념비
를 세우는 데에도 그 속에다 그의 이
름을 영원히 보관하여 그 기념비 속에
꽉꽉 숨 막히듯 눌러 놓을 것이니,
74 자신의 이름들을 기록해 놓는 그 영광
을 위하여 있는 대로 갖다 바치라 하
여 그 사악한 방법으로 거둬들이는 것
이 너희들의 지금의 그와 같은 형태이
니라.
75 너희들은 거둬들여 올 수 없어 거둬들
이지 못함이니라.
76 너희들이 비가 오는 날은 비가 오니
하나님의 은혜라 하여 거둬들이지 않
는 것만 해도 천만다행인 것이니라.
77 눈 오는 날은 눈이 오는 것이 나 여호
와의 은혜요, 은총이니 거기에 보답을
해야 한다 하며 또 너희들이 거둬들이
지 아니하는 것이 천만다행이니라.
78 앞으로는 너희들이 그러할 때도 거둬
들일 것이니라.
79 그리고 사람이 죽어 간 곳에 가서도

너희는 거둬들일 것이니라.
80 그의 명복을 위해서 하는 것이 아니
라, 그는 하나님께서 높이 쓰고 귀히
쓰기 위하여 일찍 데려갔으니 그는 축
복받은 자라 하여 너희는 그들로부터,
또 그의 형제로부터 금화를 거둬들이
는 그와 같은 사악한 방법으로 가고
있을 것이니라.
81 너희들의 믿음이라는 그 성전은 점점
침체되어 가며, 나의 백성은 너희들의
더럽고 추한 그 작태를 눈으로써 보고
깨닫고 있기 때문에 점점 그곳을 가지
않을 것이니,
82 너희들이 거미줄을 치게 되는 그 형국
에서는 너희들이 더 이상 갖다 붙일
것이 없어서 거둬들이지 못하는 그와
같은 형국이 될 것이니라.
83 너희들이 얼마나 간악하고 교묘한 방
법으로 거둬들이는가?
84 성전이라는 것을 지으면서 그 앞에 묻
어 놓는 주춧돌이라 하여 그 안에 이
름을 써 줄 테니 돈을 바치라 하는 그
와 같은 웃지 못할 형국하에 거둬들이
는 것이 너희들이니라.
85 그러나 지금 나의 선지자는 어찌 가고
있느냐?
86 떡 한 조각을 가져오는 자에게 두 개
로 갚기 위하여 그를 다 기록해 놓으
며 그를 정리 정돈하고 있음이니라.
87 그리하여 나의 법전이 세상을 덮어 그
들이 나의 성전을 이룰 때, 가난하고
불쌍한 사람들을 먹이고 재워 주는 그
성전을 만들 때, 그들에게 그와 같은
몇 배의 은혜와 은총의 그 보답을 하
고자 하는 것이 선지자가 지금 가고
있는 그 길이니,
88 이것 하나만 너희들이 깨닫고 본다 하
여도 어떤 것이 나 여호와의 진정한
성령이요, 나의 뜻이요, 내가 인도하
는 자인가를 너희들이 구분해야 할
것이니라.
89 지금 수천, 수억의 종교 지도자들이
하는 형태와, 나약한 한 인간이 나로
부터 선지자로 선택되어 부르짖으며
가고 있는 지금의 그 형태를 견주어
보라.
90 정녕 그와 같이 가는 자가 없다 하면
그는 나로부터 선택된 단 한 사람이니
라.
91 그는 나의 십계명에 의해 살아가고자
하며, 그 십계명을 지키며, 나의 피조
물 만백성에게 그 십계명을 실천하고
깨우치는 것을 세분하여 가르치고 지
도하니,
92 그가 나의 대명을 받아 나의 성령으로
하여금 나의 피조물 만백성에게 전하
는 대업을 이루고자 하는 자인가 아닌
가를 너희들이 구분해야 할 것이니라.
93 내가 지금 너희들과 같은 육신의 형태
로 세상에 내려가 '내가 너희들이 이
야기하는 전지전능한 여호와라' 말할
때, 너희들은 나를 믿지 아니할 것이
며, 더욱 가혹한 방법으로써 나를 죽
일 것이니라. 그리고 찢어 없앨 것이
니라.
94 그리하여 나의 선지자를 선택하여 나
의 모두를 태워 그로 하여금 나의 성
령을 글로써 기록하여 너희들이 읽고
깨우칠 수 있고 영원히 보존될 수 있
도록 책으로 만들어 전하니,

95 너희들이 불태워도 또 나오고 찢어 버
려도 또 나오며 너희들이 이를 회수하
여 바닷속에 던지려야 던질 수 없는
너희들의 답답하고 괴로운 그 형태를
머지않아 겪어 알게 될 것이니라.
96 그리하여 너희들이 거두어서 버릴 수
도 없고, 찢어서 버릴 수도 없고, 태워
버릴 수도 없으며, '그 법전을 가진 자
는 사악한 자들이니 그를 묻어 버리
라.' 그와 같이 부르짖을 수도 없는 그
형태가 머지않아 이루어질 것이니,
97 그것만이 내가 너희들을 구원할 수 있
는 길이며, 나의 피조물 만백성을 구
하는 길이기 때문이니라.
98 내가 아무리 너희들에게 기적을 이루
고 내가 무엇이라 하며, 내가 너희들
의 전지전능한 아버지라 하여 너희들
이 깨달을 수 있는 나의 법전에 기록
되어 있는 그 모든 성령의 뜻을 너희
들에게 가르쳐도, 너희들은 그를 보지
아니할 것이며 나를 짓밟아 뭉개 없앨
것이니라.
99 그러나 나의 성령을 나의 선지자를 통
하여 너희들이 읽고 깨우치는 책에 누
구나 다 보고 알 수 있는 쉽고 간단한
내용으로써 기록하여 옳고 그름을 판
단할 수 있는 능력을 심어 주며, 어떠
한 것이 하늘에 오르는 길에 잘못된
것인가를 깨우쳐 하나하나 조목조목
기록하여 이 책이 세상을 다 덮을 때,
너희들은 이를 해할 수가 없음이니라.
100 이제는 너희들이 나의 선지자를 어떠
한 방법으로든 나의 아들 예수의 죽어
가는 그 처참한 형국으로 하고자 해
도, 또는 내가 직접 하늘에서 내려가
여호와라 할 때 너희들이 나를 핍박하
고 나를 갈기갈기 찢어 죽이는 그와
같은 형국을 하고자 해도, 이미 너희
는 때가 늦음이니라.
101 나의 법전은 세상에 봄바람이 흐르듯
이 흘러가기 때문이니, 그를 너희들이
해하려 한다 해도 나의 법전은 그치지
아니하고 영원히 지상을 덮어 나갈 것
이니라.
102 그리하여 내가 아무것도 모르는 무지
몽매한 나의 선지자를 통하여 나 여호
와의 뜻을 그의 가슴에 심어 줘 그대
로 기록하라 하였음이니,
103 그는 한 자도 제 마음대로 뜯어고친
것이 없으며, 그리고 제가 연구하여
썼다 지웠다 하며 기록한 책이 아니니
라.
104 너희들이 알다시피 그저 내가 나의 성
령을 그의 가슴에 전하여 그가 입으로
제 임의로 말하지 아니하고 나에게 듣
는 그 뜻만을 그대로 전하여 너희들이
기계라 하는 녹음기에 그를 옮겨 책
으로 만들어 냄이니, 이게 인간으로서
할 수 있는 사업이라고 생각하는가?
105 어떠한 인간이 이와 같은 역사를 이룰
수 있다 생각하는가?
106 이는 나 여호와의 성령이며 나만이 할
수 있는 길인 것을, 어찌하여 너희들
이 나의 법전의 뚜껑을 열고 그 내용
을 읽으며 하늘에 오르고자 하는 그
영광의 길을 놓치게 하는가?
107 너희들은 내 법전에 기록되어 있는 그
내용을 보기 전에, 한 자의 오자요, 탈
자요, 그림이 잘됐다 못됐다 하는 이
러한 것으로써 시시비비하는 그와 같

은 수준밖에는 아니 됨이니라.
108 그리고 이를 만든 자를 어떠한 방법으로든 해하고자 하는 생각, 그의 숨통을 끊어 놓고자 하는 생각, 그리고 그가 세상에 존재하지 못하도록 하고자 하는 그러한 생각을 너희들은 할 것이니라.
109 그러나 이건 한 사람이 만든 것이 아니니라.
110 나의 성령의 나의 뜻에 의하여 이미 나의 법전은 세상에 물 흐르듯이 흘러가고 있음이니,
111 너희들이 나의 선지자를 해하는 그 순간에 나의 법전은 세상에 온통 다 덮일 것이며, 너희들이 이루어 놓았다는 그 성전에 거미줄을 치며 문을 닫는 시간을 너희들이 단축하게 될 것이니, 나의 선지자는 준비하고 있음이니라.
112 그가 나의 법전을 가슴에 안고 죽어갈 때, 그 붉은 피가 정녕 나의 법전을 물들일 때, 나의 법전이 세상에 더 빨리, 더 속히 퍼지며, 너희들의 뿌리를, 사악한 무리를 세상에 존재하지 못하도록 선(善)이 먼저 힘차게 밀고 나간다는 것을 너희들은 알아야 할 것이니라.

1,963 번째 하나님 말씀

2002년 3월 4일 02시

1 사랑하는 선지자야!
2 "네, 여호와 하나님! 말씀하옵소서."
3 너희들의 육신은 죽어 한 줌의 흙으로 돌아간다 하였으며 너희들은 영혼의 삶을 위하여 살아야 한다고 하였음이니라.
4 그러나 지금의 종교 지도자들이, 잘못 지도하고 잘못 이끄는 그들이 저희들의 영혼을 죽이는 행위를 하는 것은 물론이요, 아름답고 순박한 나의 피조물 만백성의 영혼들까지도 무참히 죽여 가는 그와 같은 행위를 함이니,
5 그것이 곧 살인하는 것보다도 더 무서운 행위를 하고 있는 것임을 알아야 할 것이니라.
6 내가 너희들에게 말하였듯이 육신의 삶을 위하는 것이 아니라 영의 삶을 위하여 살라 말하였으니,
7 내가 너희들에게 육신의 간음하는 그 행위보다도 그를 지배하는 정신적으로 하는 간음이 더 무섭다고 말하였느니라.
8 그러니 하물며 너희들이 지금 영혼을 죽이는 그와 같은 행위를 하고 있는 것은 육신을 죽이는 것보다도 더 무섭고 더 큰 죄이며, 너희들 자신의 그 영혼이 죽어 감이 얼마나 무서운가를 너희들이 알아야 할 것이니라.
9 지금 내가 선지자를 통하여 너희들에게 말하였느니라.
10 너희들이 성전이라는 것을 지으며 그 주춧돌 밑에 너희 이름을 기록하여 놓는다 하여 너희들의 재물을 거둬들이는 그와 같은 행위를 하는 종교 지도자가 있다 하면 그는 무엇이더냐?
11 바로 그들이 기복 신앙을 추구하며 미신을 믿고 덩더꿍 춤추는 무당이 어떠한 물건이 잘못된 것이며 그 집에 재앙을 불렀다 하여 갖다 내버리고 태우는 그와 같은 행위와 다른 것이 무엇

이 있는가?
12 불쌍한 귀신을 구한다고 음식을 갖다
묻는 것이나, 덩더꿍 춤추다 그저 오
래된 기물을 갖다 묻어 버리는 것이
나, 귀신이 덮어씌웠다 하여 버리는
것이나, 귀신이 지금 멀리 여행을 가
고자 하니 너희들의 있는 재물을 바쳐
야 그가 편히 간다 하여 그를 거둬들
이는 그들의 형국이나, 나의 피조물
만백성의 주머니에서 금화와 은화를
거둬들이는 사기극을 벌이는 것은 똑
같은 행위가 아니던가?
13 그러나 그들은 저희들의 신을 위하여,
신과 같이 더불어 그 신의 영험함을
위하여 백성에게 은혜와 덕을 베풀며
그의 앞길을 덜어 준다 하여 거둬들이
기는 하지만, 나의 이름을 팔아먹지는
아니한다 하였음이니라.
14 미신이라 하여 인간의 도리를 못 하며
사탄이요, 마귀라 하며 너희들이 저주
하고 손가락질하며, 기복 신앙을 추구
하는 그들이 하는 행위를 보고 너희들
은 무엇이라 하느냐?
15 추악한 자들이, 이단이요, 사악한 자
들이 백성의 마음을 현혹한다 하느니
라.
16 그리하여 너희들은 정녕 나 여호와 하
나님에게 성령으로써 공부하고 나의
뜻에 따라 정통으로 공부하며 너희들
의 성전에 와 공부하는 자는 구원을
받을 수 있다 하며,
17 이는 미신이요, 춤추는 무당들이 하는
짓도 아니고 기복 신앙을 숭배하는 자
가 성황당에 가서 절하며 돌 더미를
얹어 놓는 그와 같은 그들의 사악한
행동과는 하늘과 땅의 차이라 하며 그
들을 사람으로 취급하지도 아니하는
것이 지금의 종교 지도자들이요, 그를
숭배하는 너희들의 하는 행위이니라.
18 그러나 너희들이 성전을 짓는 데 그
주춧돌 밑의 종이에 너희들의 이름을
기록하여 남기는 것이 축복이요, 은혜
요, 영광이라 하여 그 이름을 기록하
고자 하는 자, 재물과 금화와 은화를
바치라 하는 자가 있으며 그러한 종교
지도자가 지금 있다 하면,
19 거기다 돈을 바쳐 그 이름을 기록하여
축복과 영광과 은혜를 받고자 하는 자
들이 있다 하면 그들은 똑같은 자들로
서, 기복 신앙으로 돈을 바치며 잘못
되었다 하여 물건을 묻어 버리는 그들
의 행위와 무엇이 다르던가?
20 거기서 너희들은 나 여호와의 이름까
지 팔아먹으며 그와 같은 행위를 하고
있음이니라.
21 나의 이름을 빙자하여 그와 같은 행위
를 하고 있음이니, 너희들이 몇 배 더
사악한 자들이니라.
22 어찌하여 그런 방법으로써 나의 피조
물 만백성에게 재물을 받을 수 있는가?
23 땅속에 묻히는 그 주춧돌 속에 이름을
기록하여 그를 덮어 둔다 하면 그 이
름 석 자가 얼마나 갑갑하고 답답할꼬?
24 그곳에 묻어 둠으로 해서 하늘의 축복
을 받으며 나로부터 은혜가 있고 영광
이 있다고 생각하는 너희들이 육신의
안일과 영달을 위해서 하는 짓이 아니
고 무엇인가?
25 그리 바칠 수 있는 그것이면 너희들이
편히 먹고살며 편안하게 이웃과 더불

어 나누며 살 수 있는 것을, 더 얻고
자, 더 받고자, 더 이루고자, 더 축복
과 은혜를 받고자 너희들이 그와 같이
재물을 갖다 바치며 너희들의 이름 석
자를 써서 땅속에 묻어 둔다 하면 이
는 기복 신앙의 대표자들이니라.
26 그러하니 그와 같은 행위를 하는 자가
하늘에 오르는, 나에게 와 심판을 받
는 영을 살리는 그와 같은 믿음의 안
내자요, 지도자라 말할 수 있는가?
27 그와 같은 자들이 너희들의 영혼을 죽
이는 행위를 하고 있음이니라.
28 영혼을 살려야 하늘에 오르는 길로 오
를 수 있도록 영양 공급을 하는 것이
아니더냐?
29 십계명을 지키고 나 여호와 하나님의
말을 따르며 나의 법전을 읽고 깨우쳐
영에 영양 공급을 하여 그가 하늘에
오를 수 있는 길을 갈 수 있도록 하는
것이 아니라, 그나마 갈 수 있는 그 영
혼을 너희들이 죽이는 그와 같은 행위
를 하고 있음이니,
30 이는 육신의 살인보다도 더 무서운 살
인임을 너희들이 알아야 할 것이니라.
31 사랑하는 선지자 너를 따르는 너의 제
자들과 나의 법전을 읽고 깨우쳐 눈을
뜨는 나의 피조물 만백성은 이와 같은
것을 알아야 할 것이니라.
32 그리고 나의 사랑하는 피조물 만백성
너희들은 지금 내가 선지자를 통하여
너희들에게 이루어지는 그 실상을 전
함이니,
33 이를 듣고 이와 같은 형태가 이루어진
다면, 너희들이 부끄럽고 추하고 더러
운 너희들의 형태를 좀 보라.
34 너희들이 얼마나 추한 모습으로써 육
신을 위하여 그리하는가?
35 내가 너희들에게 일렀느니라.
36 모든 것에 마음에서 첫 번째 우러나오
는 그 아름다운 마음만이 나에게 구원
을 받을 수 있는 길이고 나의 뜻이며,
37 그리고 무엇을 주되 천만금을 갖다 주
더라도 너희들이 그로부터 인사 한마
디를 반드시 받아야겠다는 생각을 하
고 베푼다면 그것은 사랑이 아니고 열
배의 죄라 하였느니라.
38 거저 주는 것만이, 거저 끝없이 너희
들이 전하며 전하는 것으로써 끝나는
그와 같은 베풂이 나의 뜻이며 나에게
기억되고 영광을 받는 길이라 하였으
니,
39 너희들이 그 재물을 바치고 무엇인가
를 받고자 하여 너희들의 그 소중한
이름 석 자를 땅속에 묻어 버리는, 돌
뒤에 묻어 버리는 그와 같은 행위를
하면서 축복을 받고자 하는 것은 너희
영혼이 이미 죽어 있는 것이니라.
40 너희들의 그 소중한 이름 석 자를 땅
에 묻어 버리는 그 순간에 너희 육신
은 살아 있을지 모르나 너희 영혼은
죽어 있는 것이며, 나에게 오를 수 있
는 그 영혼을 너희들이 죽여 묻는 그
와 같은 것이니, 너희들은 이 이치를
깨달으라.
41 정녕 지금이라도 사악한 무리가 거둬
들여 짓는 그 성전의 주춧돌 뒤에 그
이름을 묻어 놓고, 더욱이나 금화와
은화를 바치는 그런 어리석은 행위를
해 가면서 너희 영혼을 죽여 묻어 버
리는 그와 같은 행위를 한 자는, 그 속

에 있는 너희들의 이름을 다시 파내지
아니하는 한, 그 이름을 너희들이 거
둬 내지 아니하는 한, 정녕 영원히 구
원을 받을 수 없으며, 그 순간에 영혼
이 죽은 자이니,
42 너희들이 구원을 받고자 하거든 그 이
름을 파내야 할 것이며 그 이름을 광
명 천지에 꺼내야만 될 줄 알라.
43 너희들 스스로 묻히고자, 너희들이 죽
고자 하여 묻어 놓은 그 영혼은 그 자
리에서 죽는 것이니 너희들의 육신만
살아 있으며, 너희 육신이 죽을 때 그
영혼은 나에게 와 심판을 받을 수 없
음이니,
44 너희들은 그 소중한 너희들의 영혼을
죽이는 행위를 하지 말라.
45 그 얼마나 무서운 죄를 너희들이 짓고
있는가?
46 너희들이 스스로 구원할 수 있도록 그
영혼을 살려야 하고 영양을 공급하여
하늘에 달려오도록 해야 하거늘,
47 성전에 십자가를 건립하여 너희 이름
을 그 뒤에 기록해 놓으며 거기에 너
희들이 또한 투자를 하고 재물을 바치
니, 그것은 기복 신앙의 견본이며, 그
모두는 너희 영혼을 죽이는 행위이니
라.
48 나 여호와가 쳐다보기에도 가슴이 찢
어지도록 아픈 그 십자가를 재물을 바
쳐 하늘을 향하여 건립하는 자는 나를
거역함이요, 나를 욕되게 하고 나의
가슴을 아프게 하며, 나의 아들, 죽은
예수의 참혹하고 슬펐던 그 형상을 나
에게 기억하도록 하고자 함이니,
49 이게 얼마나 너희들이 나에게 저지르
는 가혹한 행위인가를 알아야 할 것이
며,
50 정녕 너희들이 그와 같은 십자가를 짓
기 위하여 재물을 바쳤다 하면, 그 재
물을 바친 자, 그를 헐어 날려 보내지
아니하는 이상 그는 영원히 구원을 받
을 수 없으며 그 영혼은 죽음을 알라.
51 감히 나의 가슴이 아픈, 나의 아들이
죽어 간 그 십자가를 위하여 헌금을
바치고 재물을 바쳐 그리 세우는 자,
그 영혼이 어찌 되었는가는 너희들이
죽어 내 앞에 왔을 때 알게 됨이니,
52 나의 사랑하는 피조물 만백성 너희들
은 너희 스스로 영혼을 죽이는 그와
같은 행위를 하지 말라.
53 그와 같음을 깨달아 너희들이 앞으로
두 번 다시 그와 같은 죄를 범하지 말
고, 두 번 너희들의 영혼을 죽이는 행
위를 하지 말라.

1,964 번째 하나님 말씀

2002년 3월 4일 09시 10분

1 사랑하는 선지자야!
2 "네, 여호와 하나님! 말씀하옵소서."
3 내가 너에게 일렀느니라. 말 한마디를
네가 세상에 내어놓을 때 열 번 백 번
생각해서 하라 하였으며, 모든 행동을
함에 있어서 열 번 백 번 생각하고 또
생각해서 결정하고 행동하라 하였음
이니라.
4 네가 나의 법전을 세상에 전하며 나의
피조물 만백성을 구원하는 것도 서서
히 다져 가야 함이거늘,
5 너는 어찌 아직도 그저 불과 같은 성

격으로써 모두를 다스리며, 너 자신을
스스로 억제하고 통제하는 마음의 다
스림을 그리도 못 하는가?
6 모든 것은 나의 뜻에, 나의 주관하에
서서히 이루어져 감이니라.
7 유유히 흐르는 강물처럼 서서히 이루
어짐이니 그리 조바심하며 불안해하
지 말라.
8 내가 너에게 이르기를, 나의 법전이
세상을 다 덮으며 모든 승자는 너희들
이라 하였음이니,
9 이는 정녕 나 여호와의 성령이요, 나
의 뜻이며 내가 주관하기 때문이라 그
리 말하였거늘,
10 서서히 시행하라. 달린다고 하여 어디
까지 달리겠는가?
11 서서히 걸으라. 서서히 걸으면서 생각
하며 걸으면서 전진하라.
12 천 년의 역사를 두고 나의 피조물 만
백성의 이 낙원의 에덴동산을 만들고
자 하거늘, 서서히 준비하며 서서히
다져 나가도록 그리하라.
13 모두는 다 준비되어 있으며 계획되어
있음이니, 그리 가게 되어 있는 것을,
14 내가 너에게 열 번, 백 번 생각해서 말
을 한 마디 하라 함은 너 자신의 처신
을 그와 같이 하라 함이며, 모든 것을
그와 같이 서서히 다져 가고 굳혀 가
면서 이루라 하였음이라.
15 네가 지금 나의 법전을 세상에 전하
며, 오늘 너의 제자들이 너와 같이 너
를 따라 나의 법전을 공부하며 나의
성령의 음성을 직접 들으며 만백성을
구하고자 하여 가니, 네가 처음 시작
할 때 한 사람과 더불어 이와 같은 역
사를 이루었거늘,
16 어찌하여 너는 그와 같은 노력을 하
며 기다리는 그 시간을 그리도 못 갖
는가?
17 너는 그저 나의 법전을 기록하여 세상
에 내는 것에만 열과 성의를 다하면,
나머지는 내가 주관하여 다 이루어 가
고 있으며 너의 제자들을 통하여 내가
이루어 가고 있으니, 너는 너 자신의
불안한 마음을 지우라.
18 네가 이와 같이 이룬 역사 또한 아무
나 이룰 수 없는 현장의 터를 닦고 있
음이니, 그 다져지는 터 속에서 모든
역사는 다져지며 이루어질 것이거늘,
19 어찌하여 너는 그저 한 계단에서 수십
계단을 뛰어오르려는 그와 같은 생각
을 하는가?
20 다져 놓고 가지 않으면 쓰러지느니라.
기초를 단단히 하지 아니하고 가면 쓰
러지는 것을, 선지자야, 기초를 다지
는 과정이 중요하니라.
21 기초를 다지지 아니하고 네가 가는 것
이 빠른 듯하나 그렇지 아니하니라.
22 인간이요, 사람의 마음은 수시로 변할
수 있으며, 그들이 또한 머리로써 사
고하고 판단하여 수시로 떠나고 돌아
올 수도 있는 것이거늘,
23 다만, 네가 기초를 다져 감이 서서히
다져 가는 그 뿌리 속에 결속이 있으
며 그 결속된 힘이 모두를 이룰 수 있
음이니라.
24 네가 너의 제자들과 같이 공부하며 나
의 음성을 전해 주고 나의 깨우침을
전해 주는 그 속에서 너의 제자들의
마음이 하얗게 변해 가며, 그 하얀 마

음이 서로를 연결하고 서로 통하고 대
화할 때 그와 같은 결속이 필요한 것
이니라.
25 어느 한 곳에 네가 한 점을 만들어 그
곳에 뿌리를 내릴 때, 네가 처음에 시
작하여 나의 법전 열여섯 권을 내는
그 역사를 이루었듯이 그와 같이 기다
리며 가라.
26 너는 2부, 3부 나의 법전을 만들어 세
상에 전하는 데만 전념을 다하면, 2부
가 완성될 때 역사가 이루어지며, 3부
가 이루어질 때 또 한 계단의 역사가
이루어진다 하였거늘,
27 이와 같은 나의 가르침을 항상 네 가
슴속에 기억하여 그와 같은 너의 깨우
침 속에서 생활하며 네가 계획하고 전
진하면 거기에 이루어지는 역사가 있
을 것이니라.
28 네가 1부의 법전을 만들어 지금의 성
전을 이루었으며, 2부의 법전이 세상
에 나올 때 2단계의 역사가 이루어질
것이니,
29 3부의 법전이 나올 때 또한 3부에 대
한 그 역사가 이루어지는 것이거늘,
어찌하여 그리도 네 마음이 불안한가?
30 조용히 네 마음을 다스리고 오늘을 네
가 슬기롭게 넘어가며, 조용히 너 자
신을 기다리며, 그리고 네가 나에게
기도하여 법전을 세상에 만들어 내는
일에만 전념하도록 하라, 선지자야!

1,965 번째 하나님 말씀

2002년 3월 4일 15시

1 사랑하는 선지자야!
2 **"네, 여호와 하나님! 말씀하옵소서."**
3 어찌하여 네가 그리 눈물을 흘리는가?
4 눈물을 거두라.
5 나의 법전을 세상에 내려보내 너를 통
하여 나의 성령을 책으로 만들어 기록
하여 전하니,
6 그를 보고 따르는 너의 제자들이 천군
만마의 용사보다도 더 소중하며 힘 있
고 용기 있는 자들이거늘, 너는 어찌
하여 그들을 두고 눈물을 흘리는가?
7 수천 년의 역사가 흘러오면서 오로지
예수의 보혈로써 죄 사함을 받았다며
저희들의 지도자라는 그 종교 지도자
들 앞에 가서 십일조요, 각종 헌금을
바치고 성서를 공부하며, 또는 불경을
공부하고, 저희들의 종교 지도자 앞에
가서 그것이 구원을 받고 하늘에 오르
는 길이라 하여 평생을 바치며,
8 그 조상이 그리하였고 또 그가 그리하
며 또 그 후손이 그와 같은 길을 가는,
넘으려야 넘을 수 없는 그와 같은 장
벽의 그 고비에서 나의 법전을 읽고
너의 제자들이 그 모두를 접어 두고
그를 다 뿌리치는 그 용기 있는 자들
로서 너를 따르고 있음이니,
9 때로는 10년이요, 20년이요, 평생을
그곳에 바치고 또 그 길을 가고자 굳
은 결의와 맹세를 하였던 그들이, 인
간관계와 그 속에서 누구도 감히 그
조직을 뿌리치고 떠날 수 없고 돌아설
수 없도록 그와 같이 종교 지도자들이
너희 인간의 삶을 엮어 놓고 한 우리
로 묶어 놓은 그 속에서,
10 나의 성령을 내려보내 기록한 나의 법
전을 읽고 그 모두를 뿌리치고 등 돌

리고 너를 따르는 그 제자들이 얼마나
용감하고 위대한 자들인가, 그리고 그
들이 나 여호와에게 얼마나 소중한 백
성인가를 너는 어찌 보지 못하는가?
11 그들이 비록 가진 것 없고 힘없는 자
들이라 하나, 그들의 용기는 천군만마
를 격파할 수 있는 용기와 자신과 결
단력이 있는, 특별히 나로부터 선택된
자들이며, 내가 터치하여 길러 놓은
나의 백성이니라.
12 그들이 너를 받치고 너를 따르고 있는
한 나의 법전은 세상에 뿌리를 내려,
나의 피조물 만백성이 이를 보고 깨우
쳐 악의 뿌리를 제거하는 천 년의 역
사를 이루는 그 기틀을 잡아 감에 그
들이 하나도 손색이 없음이니라.
13 내가 너에게 일러 말하였느니라. 나의
아들 예수를 따르던 그 제자들은 그
앞에 목숨을 던지지 못하였으나, 너를
따르는 너의 제자들은 나 여호와의 명
에 의하여 너와 더불어 목숨을 던지라
하면 던질 자가 있다 하였음이니라.
14 그것은 무엇 때문에 그리 그들이 할
수 있는 용기와 힘이 있다 말하며 그
들이 따를 수 있다 하는가?
15 그들은 지난날 저희들이 몸담아 왔던
그들의 작태와 그들이 잘못 가는 것을
뼈저리게 느끼며, 잘못 가고 잘못되는
것을 알면서도 누구도 그곳을 뿌리치
지 못하며 돌아서지 못하고 떠나지 못
하는 그들을 대변하는 그와 같은 용기
있는 자들이며, 그와 같이 그들만이
그곳을 박차고 나올 수 있는 자들이며,
16 그리고 미래를 볼 수 있고 진정한 믿
음이 무엇인가를 알며, 진정한 하늘이
무엇이며 나 여호와에게 오르는 길이
진정 어떠한 방법으로써 어찌하여야
만 오를 수 있는가를 알고 있고 과감
히 그것을 뿌리친 자들이니라.
17 그들은 거기에서 뛰쳐나올 때 저희들
의 생명을 다 버렸으며, 그리고 영혼
의 구원이요, 모두를 다 버리고 새로
태어나고자 나왔음이니, 그들은 한 번
의 목숨을 바쳐 죽은 자들이니라.
18 그들은 죽은 영혼을 던졌으며, 그리하
여 그들이 죽은 영혼에서 산 자의 영
혼의 길을 밟아 온 자들이니, 그들의
용기가 얼마나 가상하며 그 힘이 얼마
나 위대한가?
19 그들은 한 번 자신을 다 죽였음이니
라. 그리고 자신을 다 버렸음이니라.
그리고 모두를 다 불태워 흙에 묻었으
며 땅에 묻었음이니라.
20 너의 앞에 와 나의 법전을 갖고 '이게
여호와 하나님의 진정한 말씀이라' 그
들이 이야기할 때, 그들은 자기 자신
을 죽이고 다시 태어난 자들이니라.
21 그보다 더 용기 있고 그보다 더 힘차
며 그보다 더 위대한 지도자들이 어디
있는가?
22 이제 그들은 다시 너를 따라 또 한 번
의 목숨을 버릴 수 있는 그와 같은 자
들이니라.
23 한 번의 목숨을 버려 따르기도 어려운
길을 그들은 스스로 모두를 죽여 버리
고 흙에 묻어 버리고 너를 따랐음이니,
24 너를 따르는 새로 태어난 그들이 또
한 번 너를 위하여 죽을 수 있는 각오
와 용기를 가지고 있다 하면, 한 번을
죽어 충정으로 나 여호와를 따르는 길

을 선택하기도 어렵고 힘든 길이거늘,
25 그들은 두 번씩 저희들이 죽어, 저희
목숨을 바쳐 너를 따르고자 하는 자들
이니, 그들이 얼마나 위대한 백성들인
가?
26 그리하여 그들을 내가 사랑하며 그들
이 나에게 선택되어 있음이니라.
27 그들은 영혼을 다 구원받았음이니라,
선지자야! 그들이 구원받았음이니라.
28 왜 내가 그들을 기억하여 에덴동산의
낙원에 그 이름을 기록했는지 아는가?
29 저희들의 목숨을 태워 죽여 버리고 너
를 따르며 나의 법전의 나의 율법을
따라온 그들이기 때문에, 그 죽은 자
의 영혼을 내가 구원하여 나의 에덴동
산에 걸어 놓았으니,
30 그들이 한 번 죽은 자이기 때문에 그
와 같은 영광과 은혜와 은총을 받을
수 있음을 그 제자들에게 깨우쳐 주라.
31 이제는 네가 이 뜻을 알 것이며, 너의
제자들 또한 그 뜻을 알 것이니라.
32 그들이 목숨을 죽여 나에게 바쳤고,
그들이 목숨을 죽여 너를 따랐으며,
그들이 목숨을 죽여 바쳐 나의 법전을
전하는 전사로서 있음이니,
33 그들을 미워하고 탓하며 그들을 돌아
볼 수 있는 마음이 있어서도 아니 되
며, 그들이 서로 미워하는 마음으로
돌아다보며 원망하는 마음도 있어서
는 아니 되느니라.
34 저희들끼리 서로 미워하고 시기하며
질투하는 그와 같은 자들이 되어서는
아니 되느니라.
35 그들은 목숨을 죽여 바쳐 나에게 온
자들이니, 그가 미워하고 시기하고 질
투하는 그 마음이 있거든 그를 사랑하
고 소중한 저희 자신들이라 그리 깨우
쳐 그와 같이 사랑하라 이르라.
36 다 똑같이 나를 위하여 목숨을 바친
형제들이니, 그가 어렵고 힘들게 가는
그 길을 저희 고통이라 생각하고 대신
겪어 그를 도울 수 있는 그와 같은 하
나의 마음이 되라 이르라.
37 얼마나 나에게 소중한 백성인가? 그
들의 영혼을 구원하여 주었음이니라.
38 선지자야, 네가 그들의 육의 생활을
위하여 몸부림치며 울고 있음을 내가
아나니, 너는 그 눈물을 거두라.
39 그들은 그와 같은 물질의 욕망이요,
인간 세속에 매달리는 자들이 되어서
는 아니 되느니라.
40 그들이 그 소중한 목숨을 바쳐 나에게
왔으니, 그들이 목숨을 바친 그 영광
이, 그들의 그 마음이 재물이요, 세속
의 출세요, 부귀와 영화에 흐트러져서
는 아니 됨이니,
41 어떠한 역경과 시련이라도 그들은 견
뎌 나와야 할 것이며, 다시 한 번 태어
난 그 생명으로써 그들의 그 영혼이
나에게 올라와 영원히 나에게 올 수
있도록 하기 위해 그들에게 물질이요,
세속적인 부귀와 영화를 내려 주지 못
함이니, 너는 울지 말라.
42 그게 지금 그들이 가야 할 길이 아니
니라.
43 그들은 소중한 목숨을 바쳐 저희들의
그 집단에서 뛰쳐나온 자들이니라.
44 내가 말하지 아니하였더냐? 산 밑에
불을 질러 그 산을 태우면 훨훨 타는
그 불 속에 있는 짐승은 고개로, 고지

로 올라가며 그저 꼭대기에 가서 그 불길에 타 죽는다 하였느니라.
45 그 속에서 그 불꽃을 뛰쳐나오는 짐승만이 살 수 있다 하였으니, 지금 너를 따르는 그 제자들이 그 불 속에서 뛰쳐나온 짐승이거늘, 너는 어찌 그 짐승들을 그리도 못 보고 모르느냐?
46 그리고 그 불 속에서 뛰쳐나왔으며 뛰쳐나온 그 역사의 위대함 속에 모여 있는 자들이 어찌하여 그 작은 일에 연연할 수 있는가?
47 그리하여 그들의 이름을 에덴동산에 내가 걸어 놓았으며 그들의 이름을 구원하였다 하는 그 영광이 거기에 있음이니라.
48 남들은 그들을 구원하여 나의 에덴동산에 그들의 이름을 걸어 놓았다 하면 미친놈 헛소리한다고 할 것이니라.
49 그리고 정신 빠진, 마귀에 빠진 자라 할 것이며 정신 분열자라 하며, 그를 보고 돌아서서 비죽거리며 비웃을 것이며 그를 미친 자라 말할 것이니라.
50 그리고 그는 가짜 선지자요, 종교 지도자도 아닌 자에게 미쳐서 그 인생을 바치며 헛되이 살아가는 불쌍한 사람이라 말할 것이니라.
51 그러나 너희들은 지금 잘못 가고 있는 그 종교의 믿음 속에서 과연 모두를 떨치고 계산하지 않고 버리고 나올 수 있는가?
52 너희들은 못 나오느니라. 너희들이 정녕 어리석고 불쌍한 나의 백성이니라.
53 불 속에서 그저 훨훨 타는 그 불길을 피하여 그저 고지로, 산 고개로 고개로, 높은 데로만 치닫는 그 짐승들이 바로 너희들이니, 결국 너희는 타 죽을 것이니라.
54 타 죽은 짐승이 무엇을 알겠는가?
55 너희들이 지금 그 불길을 따라 사악한 무리로 달려가고 달려가 나하고는 멀고 영원히 돌아올 수 없는 그 길을 가고 있음이니라.
56 그러나 그들은 그 불 속에서 뛰쳐나온 자들이니라.
57 그리고 그 불 속에서 과감히 뛰쳐나와 나의 법전 앞에 무릎 꿇고 '여호와 하나님! 저를 구원하여 주옵소서, 그리고 저의 죄를 용서하여 주옵소서.' 그리하고 나의 법전을 안고 세상에 전하는 것으로써 나에게 책무를 다하고자 하는 자들이니, 그 애끓고 고통스러운 마음을 아느니라.
58 내가 그들을 좀 더 두고 봄이니라.
59 그들이 도둑질하고 거짓 하면서 먹고 살며 저희에게 보탬이 되었으며, 남을 속이고 먹고산 자, 남을 등쳐먹고 산 자, 남에게 실수하고 산 자, 남에게 잘못되게 살아온 자, 남을 속이고 살아온 자, 그 불 속에서 뛰쳐나온 그 짐승의 가지가지가 그와 같이 있음이니, 그 죄를 그들이 사하는 기간을 내가 주고 있음이니라.
60 그 불 속을 뛰쳐나온 나의 백성이요, 너의 제자들이 거짓 하고 살며 남에게 욕되게 살아온 그 삶을 용서받을 수 있는 그 기간을 내가 잔재해 주고 있음이니라.
61 불 속에서 뛰쳐나온 그 짐승이요, 불 속에서 뛰쳐나온 그들이 살아온 그 과거를 다 잊게 함이며 그 죄를 사하고

자 하여 내가 그들에게 지금 시간을
주고 있음이니,
62 그리하여 그들에게 물질적인 욕망이
요, 인간들이 원하고 바라는 그 세속
에 대한 얻어짐과 그 속에서 바라는
부귀와 영화를 내가 너를 통하여 내려
주지 아니하고 잠시 묶어 두고 있다
하는 것을 알라.
63 어찌하여 너는 나의 이 깊은 뜻을 모
르고 그들의 힘들고 어려운 그것을 위
해 눈물을 흘리는가?
64 그들이 정녕 타는 불 속에서 뛰쳐나와
나의 법전을 들고 나 여호와를 찾으니,
65 그들이 그 불 속에서 뛰쳐나오기 전까
지 지은 그 죄를 그들 스스로 사하도
록 하기 위하여 사할 수 있는 기간을
내가 줌이니,
66 그들이 바로 그것을 벗어나서 천사가
되어 갈 것이니라.
67 선지자야!
68 "네, 여호와 하나님! 말씀하옵소서."
69 모두는 나의 주관하에 이루어짐이니
라.
70 그들이 정녕 그 불 속에서 밑으로 뛰
쳐나오기 전에 도둑질하여 먹고살아
온 자라 말하자.
71 그가 지금 나의 법전을 읽고 깨우쳐
하늘에 오르는 길을 알고, 나의 법전
이 무엇인가를 알고, 나의 성령이 무
엇인가를 알고, 나로부터 선택된 자가
무엇인가를 알고 누군가를 알며, 저희
들이 어찌 살아가야 하는가 지금 그
빛을 보고 있음이니라.
72 그들이 그 마음속에서 싸움을 하고
있음이니, 그 싸움을 스스로 이겨야
하지 않겠는가?
73 그가 불 속에서 뛰쳐나와 나의 법전을
들고 있음이니라.
74 그 법전이 무섭고 두려워 제가 지난날
도둑질하며 살았던 그 도둑질을 하지
아니하려고 몸부림치는 너의 제자들
의 그 모습을 그들은 서로 바라봐야
할 것이니라.
75 사랑하는 선지자야!
76 "네, 여호와 하나님! 말씀하옵소서."
77 너의 제자들에게 일러 알려 주라.
78 그들에게 너희들 세속의 부귀영화를,
금화와 은화를 이루어 주지 아니함이
니,
79 그 불 속에서 뛰쳐나오기 전에 도둑질
하며 산 자, 사기하며 산 자, 거짓 하
며 산 자, 간음하며 산 자, 그들이 불
속에서 뛰쳐나와 나의 법전을 들었으
나, 지금도 그들이 그 고비를 넘지 못
하고 버리지 못한다면 어찌하겠는가?
80 너의 제자들은 지금 나의 법전을 읽
고, 저희들이 불 속에서 뛰쳐나오기
전까지의 삶의 그 고리를 끊고자 싸움
을 하고 있느니라.
81 그리고 그 위대한 역사를 이루기 위하
여 그들이 지금 투쟁하고 있음이니라.
그들은 반드시 이겨 너에게 돌아올 것
이니라.
82 그들이 그 모두를 이기고 접어 두고
돌아왔을 때, 그들이 천사가 됨이니라.
83 그렇지 아니하면 그들은 확고한 천사
가 되지 못하고, 확고한 나의 백성, 너
의 제자가 되지 못하며, 진실한 나 여
호와 하나님이 존재하며, 내가 존재함
이 얼마나 무서운가를, 그리고 이 성

령이 나의 뜻이라는 것을 머릿속에 심
지 못함이니, 그들이 쓰러지고 넘어짐
이니라.
84 그들에게 전하라.
85 그가 나의 법전을 전하기 전에, 불 속
에서 뛰쳐나오기 전에 도둑질하며 산
자이면 그가 나의 법전에 도둑질하지
말라는 그 대목을 읽고 지금 싸우고
있음이니,
86 그가 정녕 배가 고프고 어떠한 어렵고
힘든 속에서도 그 자신이 도둑질하지
않는 마음으로 우뚝 서라 말하라.
87 그리 섰을 때, 그들은 무엇인가를 보
게 될 것이니라.
88 그리고 그 속에서 정녕 저희들을 발견
하고 저희들의 값짐을 발견하고 저희
들의 소중함을 발견할 것이며, 나 여
호와로부터 선택된 것을 발견할 것이
니,
89 사랑하는 선지자야!
90 "네, 여호와 하나님! 말씀하옵소서."
91 너의 제자들에게 전하노라.
92 너희들은 서로 용기를 주라. 거짓 하
며 산 자, 도둑질하며 산 자, 사기 치
며 산 자, 그걸 버리려 노력하는 그들
에게 용기와 희망을 부어 주는, 바로
돕고 돕는 한 형제의 모습으로 다시
태어나라.
93 너희들은 불 속에서 뛰쳐나오기 전까
지의 그들의 생활을 바라보지 말고,
불 속에서 뛰쳐나와 나의 법전을 든
그 모습만을 보며, 그가 지난날의 어
두운 세계에서 벗어나는 그 모습에 그
에게 힘이 되고 생명수가 되고 용기
있는 형제가 되라.
94 그것이 너희들이 지금 해야 할 가장
급한 일이니라. 내가 너희들에게 직접
전하노니, 그리 알라.

1,966 번째 하나님 말씀

2002년 3월 4일 17시 10분

1 사랑하는 선지자야!
2 "네, 여호와 하나님! 말씀하옵소서."
3 네가 나의 법전을 세상에 내보내는 것
을 시작할 때와 지금의 네가 서 있는
이 자리를 돌이켜 보라.
4 내가 너에게 일러 말하기를, 너의 제
자들은 불 속에서 그 모두를 뚫고 삶
을 향하여 뛰쳐나온 용감한 자들이라
말하였느니라.
5 그리고 그들은 사선을 한 번 넘어서
저희 모두를 다 던져 나의 법전을 가
슴에 안고, 나의 법전이 정녕 여호와
하나님, 나의 뜻이며 저희를 구원하는
길이라는 것을 가슴에 새겨 그것 하나
가지고 너를 따르며,
6 남들은 믿음이라는 길을 가면 그 속에
서 무엇을 줄 것이라, 무엇을 얻을 것
이라, 그리고 축복이 있을 것이라는
그 달콤하고 향긋한 말에 따라 들어가
그를 버리지 못하고 거기에서 돌아서
지 못하나,
7 그들 속에서 그를 다 뿌리치고 나의
법전을 따라, 너를 따라 지금 같이 가
고자 하는 자들이니,
8 그들에게 내가 무엇을 주고자 하는 것
이 있으며, 나 여호와가 그들에게 무
엇을 베풀어 준다 하며, 무슨 은혜와
영광을 내가 그들에게 약속했던가?

9 다만, 그들이 죽은 자 가운데서 산 자
들이기 때문에 한 번 목숨을 나에게
바친 자들이라, 그리하여 낙원에 그들
의 구원의 명패를 걸어 주었다 하였음
이니라. 그리고 걸려 있음이니라.
10 그러면서 그들은 그 하나로 나로부터
크나큰 영광을 얻었음이니, 그러나 그
들이 그 길을 오기 위하여 얼마나 힘
들고 어려운 길을 가도록 그리하는가?
11 그래도 그들은 등 돌리지 아니하고 그
를 지키며 묵묵히 따라가고자 함이니,
그보다 더 소중한 보배들이 세상에 없
음을, 선지자야, 너는 알아야 할 것이
며,
12 또한, 너의 제자들이 서로 보기를 소
중한 보배와 같은 저희 형제요, 그보
다 더 진하고 아름다운 인간으로 바라
볼 수 있는 마음을 갖는 것이 너희들
에게 소중함이니라.
13 무엇을 줄 것이요, 무엇을 얻을 것이
요, 그리고 축복이 있을 것이라, 그리
고 구원이 있을 것이라 하는 그 믿음
속에서 그들은 과감히 나 여호와를 따
라 불 속을 뛰쳐나온 자들이며,
14 그리고 그들은 지금까지 나 여호와를
향하는 나의 길을 오기 위하여 저희들
이 살아왔던 그 습성이요, 쾌락이요,
즐거운 그 모두를 접어 두고 인간으로
서 제거할 수 없는 하나의 그 낙을 고
통스럽게 지워 가면서 지금 살아가고
있느니라.
15 그들의 지난날의 삶을 지금 회개하고
반성하며, 최소한도 나의 법전에 기록
된 그 내용을 지키고, 너를 통하여 내
가 전하는 나의 메시지를 지키고 살아
가고자 그들은 노력하고 발버둥치고
있음이니라.
16 그리고 그들은 가능한 한 계명에 따라
지키려고 하며 나의 십계명에 따라 지
키려고 하느니라.
17 누구도 지킬 수 없다며 바라보지 않는
그 어렵고 힘든 가시나무 채를 그들은
맞아 가면서 지금 묵묵히 참고 있느니
라.
18 옆으로 간다면 그들에게 육신의 즐거
움이 있음이니라.
19 무엇을 줄 것이라는 희망이 있고 무엇
을 얻을 것이라는 그와 같은 즐거움이
요, 인간의 낙을 즐기며, 오늘의 잘 살
아감과 잘못 살아감을 분별할 것 없이
육신의 즐거움과 세속의 향락에 젖어
살아간다 해도 그들은 그저 살아갈 수
있는 것이니라.
20 그러나 그들은 다 버렸음이니라.
21 그리고 그들은 나의 십계명이라는 그
가시나무 채를 묵묵히 맞고 피 흘리면
서 그를 달게 받고 있으며,
22 나 여호와가 왜 그와 같이 십계명의
그 무서운 채를 휘두르는가 생각하고,
나의 성령이라 하여 너에게 내려보낸
나의 법전의 그 무서운 회초리를 그들
은 그저 알몸으로 맞으면서 피 흘림을
아파하지 아니하며,
23 다만, 나 여호와가 그들에게 때리는
그 가죽채와 나의 성령으로써 그들에
게 내려치는 그 회초리에 '정녕 여호
와 아버님의 깊은 뜻이 있을 것이다.'
라는 그 희망 하나를 갖고,
24 그리고 나를 믿는 그 믿음으로 인하여
저희들이 살아가는 것을 하나하나 고

쳐 가면서 피 흘리며 그 매와 가죽채
를 맞아 가며 살아가는 자들이니, 그
들이 얼마나 갸륵하고 소중하던가?
25 너희들이 하나하나 나의 법전을 읽고
깨우쳐 가는 그 아름다움을 안다 하
면, 너희처럼 선지자 앞에 와 공부하
는 선지자의 그 제자들이 다 너희들과
같으니,
26 얼마나 그가 소중하고 아름다운 사람
인가를 너희들이 볼 줄 알아야 하며,
그리하면 그가 지금 남들과 똑같이 남
앞에 내어놓을 수 없는 어렵고 힘들고
부끄러운 삶을 살아온 그것을 하나하
나 청산하고자 하고 그 물에서 벗어나
고자 하며 그 쾌락을 얻고 살았던 육
신의 생활을 지워 가고자 발버둥치고
있음이니,
27 그곳에서 벗어나려 하는 자를 너희들
은 서로 이끌어 주고 격려하고 그에게
용기를 주며 희망을 주는 그와 같은
아름다운 마음으로 살아가야 할 것이
니라.
28 너희들은 육으로써가 아니라 너희들
이 한 번 목숨을 죽여 바쳐 나에게 온
자들이니라.
29 그리고 너희들은 또 한 번 나에게 과
감히 목숨을 바치고자 하며, 나를 향
하는 너희들의 마음이 그러하거늘, 서
로의 그 소중함을 알라. 그리고 귀함
을 알라.
30 그리고 너희 육신의 고통과 너희 육신
의 힘듦을 말하지 말고, 앞에 너희들
과 같이 가며 어렵고 힘든 과거를 청
산하고 밝고 깨끗한 미래를 위해 살아
가고자 노력하는 너희 형제들의 그 어
렵고 힘듦을 먼저 돌보아 주는 그와
같은 마음의 형태로써 너희들이 살아
가야 함이니,
31 그것이 너희들이 지난날 지은 그 죄의
고통 속에서 벗어나는 길임을 너희들
은 알아야 할 것이니라.
32 사랑하는 선지자야!
33 "네, 여호와 하나님! 말씀하옵소서."
34 나의 피조물 만백성 중에서 너희들은
인간의 향락을 즐기며 그냥 살아가는
그와 같은 삶을 버리고, 평범한 삶을
사는 것도 아니요, 나로부터 육의 어
떤 선물을 경제적으로 또 너희들의 향
락을 위해서 받은 게 없으며 은혜를
받은 게 없는 그러한 상태에서,
35 오로지 가죽채요, 그리고 나의 성령으
로써 선지자가 내리치는 그 회초리를
마다하지 아니하고 받고 인내하고 있
음이니, 그런 너희들의 마음속에 무엇
이 있겠느냐?
36 정녕 이는 나 여호와 하나님의 뜻이
며, 너희들이 어버이라 부르는 내가
하늘에 있으며, 나 여호와가 천 년에
걸쳐 사악한 무리를 이 지상에서 뿌
리 뽑을 것이며,
37 새로운 창조를 위하여, 미래를 위하
여, 미래로 통하기 위하여 너희들과
같이 선하게 열심히 살아가는 자들의
그 꿈이 정녕 옳은 것이며 나 여호와
하나님의 뜻이라는 그 믿음 하나로 너
희들이 나의 선지자가 내리는 그 회초
리를 마다치 않고 맞고 살아감이니,
38 그리하여 그 고통과 시련 속에 그를
인내하는 너희들에 의해서만이 나의
법전이 세상에 빛을 볼 수 있으며, 천

년에 걸쳐 사악한 무리를 뽑아내고
선한 자의 뿌리를 내리는 그 근거를
너희들이 이루어 가고자 함이니,
39 이 얼마나 너희들이 나 여호와에게 소
중한 아들이며 딸이던가?
40 그리하여 너희들을 구원하여 너희들
의 명패를 내가 에덴동산에 걸어 놓은
그 뜻과 의미를 이제는 알겠는가?
41 너희들은 여기서 가슴에 손을 얹고 조
용히 생각해 보라.
42 너희 앞에 있는 형제가 과거에 얼마나
어렵고 힘들게 살아왔으며, 그리고 과
거에 그 재미있고 즐겁고 행복했던 육
신의 낙을 그가 저버리려고 지금 얼마
나 노력하고 있는가?
43 그가 노력하는 그 애타는 모습을 너희
들 각자가 바라다보아야 할 것이니라.
44 도둑질하며 살고, 남을 속이며 살고,
사기 치며 살고, 저만을 위하여 좌우
를 돌아보지 않고 검은 마음으로 살았
던 그 과거와 잘못 살아온 저희들의
관행을, 육신의 향락을 위해서 남들에
게 부끄러워 말할 수 없는 수많은 죄
를 짓고 그 즐거움 속에서 그것이 인
생의 낙이라 생각하고 살아왔던 그들
이
45 나의 법전을 들고 나의 법전의 뚜껑을
열어 나의 성령을 저희 가슴에 심으면
서 그 모두를 지워 버리고자 얼마나
발버둥치며 노력하는가?
46 그 모두를 지워 버리고 새로 태어나고
자 하는 나의 백성이요, 나의 사랑하
는 아들딸들의 그 모습을, 너희 자신
이 변하고자 하는 그 무서운 마음과
같이 그가 변해 가고자 발버둥치고 노
력하고 있음을, 너희들은 앞에 있는
너희 형제의 마음을 보라.
47 어찌 그를 핍박할 수 있고, 그를 욕할
수 있고, 그가 실수한다 해서 그를 나
무랄 수 있으며 그가 잘못 간다고 해
서 그의 흉허물을 너희들이 말할 수
있겠는가?
48 정녕 깨우치고자 하며 또 나의 선지자
가 내리는 그 가시나무 채를 마다하지
않고 맞고 견디고 가는 너희 형제를
한 형제라 생각하며, 너희 몸보다도,
너희 육신보다도, 너희들의 영혼을 구
원받는 그 자체보다도 더 소중히 영광
되게 그리 생각하는 그와 같은 애절한
마음으로써 바라보는 그 마음이 나의
성전에 그득히 싹이 터야 할 것이며,
49 변하고자 하는 그 애절한 마음의 그
고통과 시련을, 그들의 마음속을 너희
들이 읽어 줘야 할 것이니라.
50 10년, 20년, 30년의 믿음의 세계에서
그를 모두 저버리고 과감히 뛰쳐나온
너희들의 형제를 바라보라.
51 그들이 불 속에서 뛰쳐나온 자들과 같
으니라.
52 죽음의 불 속에서 새로운 광명을 위해
뛰쳐나와 저희들이 과거사에 잘못 살
았던 부분을 지금 깨우치고 회개하고
반성하며 그를 바로잡고자 하여 발버
둥치는 그들에게 너희들은 돌팔매를
던지지 말라.
53 그들에게 용기와 희망을 주며, 그를
너희 가슴으로 감싸 안는 그러한 사
랑으로써 너희 형제요, 너희와 같은
선지자의 제자들을 바라보는 그와 같
은 충만된 사랑의 마음으로써 너희들

이 오늘과 내일을 살아가도록 하는 데
최선을 다해야 할 것이며,
54 너희들이 죽은 자 속에서 불 속에서
뛰쳐나와 그 용기를 갖고 나의 성전에
남녀노소 할 것 없이 너희들을 따라오
는 많은 백성이 웃음꽃을 피울 수 있
는 그와 같은 나의 성전을 만드는 데
너희들이 다시 한 번 죽어 태어나는
그와 같은 역사의 기적을 이루라.
55 그리고 선지자야, 들으라.
56 모든 역사는 너의 제자들로부터 시작
되며, 너의 제자들이 다 이루어 낼 것
이며, 너의 제자들이 이끌어 나갈 것
이니라.
57 그러니 너는 걱정하지 말고 두려워하
지 말며 근심하지 말라.
58 그들의 육신의 고통과 어려움을 지금
당장 들어주지 못한다 하여 너는 눈물
짓지 말라.
59 그리하여 네가 지금 눈물을 지을 때가
아니니라.
60 그들은 저희들의 내면의 싸움을 하고
있으며, 그들의 내면의 고통과 지금
남들이 알 수 없는 시련의 고통의 싸
움을 하고 있으니,
61 그들이 스스로 쟁취하는 그 영광을 얻
을 수 있도록 그들에게 기회를 주라.
62 아직은 그들에게 기회를 주라. 도둑질
하던 자가 도둑질하지 아니하고, 거짓
하던 자가 거짓 하지 아니하며, 남의
것을 그저 제 것으로 만들고자 하는
그 마음을 버리고,
63 이웃의 것을 넘겨다보고 이웃의 것을
탐내던 그 마음을, 그리고 남들이 봐
서는 안 되는 추하고 더러운 행위 속
에서 쾌락을 얻었던 그 모두를 털어
버리고 지워 버렸을 때,
64 그들에게 성취감이 있으며, 그들이 나
여호와의 앞에 와 서 있음을 알 것이
며,
65 저희 스스로 당당함을 느꼈을 때, 내
가 그들에게 내려 줄 상이 기다리고
있음을 알라.
66 그 고비를 넘어 그들이 쟁취하도록 그
리하라, 선지자야!

1,967 번째 하나님 말씀

2002년 3월 4일 18시 30분

1 선지자야!
2 **"네, 여호와 하나님! 말씀하옵소서."**
3 너는 지금 수천 년 동안 내려온 지금
의 종교 지도자들이 이루고자 했던 그
뜻과 그들이 이루어 왔던 그 발자취와
그들이 행했던 그와 같은 모든 것을
답습하지 말며, 그들의 지금까지 왔던
그 발자취를 돌이켜 보지도 말고 들여
다보지도 말며 바라다보지도 말라.
4 너는 그들과 같이 저희 신도들이라 하
여 그들의 집을 탐방하여 그들의 시간
을 빼앗고, 그들의 생활을 빼앗으며,
5 그리고 가당치도 않은, 나에게는 들리
지도 않는 말 몇 마디로써 그들을 현
혹하고 그들을 그리 불편하게 얽매이
게 하며, 그들의 생활에 지장을 주고,
그들의 자유로운 시간을 뺏는 그와 같
은 행위를 일절 하지 말라.
6 그리고 어떤 형태로든 그들이 모임을
가지고 집단의 행동을 하게 하며 그리
하여 어떤 조직으로써 그들을 엮어 가

는 그러한 행위를 하지 말라.
7 정녕 그것은 내가 원하는 것이 아니니
라.
8 내가 원하는 것은 어린아이부터 나이
먹은 자까지 똑같이 성서의 공부를 하
고 그 뜻을 같이 시행하며, 어린 자나
나이 먹은 자나 관계없이 행하는 것이
똑같으며,
9 그 어린아이가 또 지금의 나이 먹은
자처럼 자랐을 때 똑같은 방법으로써
그 아이들을 깨우쳐 가고 공부하는 그
와 같은 것이니라.
10 지금의 종교 지도자들은 별의별 조직
을 다 붙이고 별의별 단체를 다 만들
고 그리하여 저희 신도들로 하여금 소
단위를 이루게 하여 저희들을 따라오
게 하며,
11 그리고 그들을 얽어매고 그들을 구속
하며, 그리고 그들의 생활과 넓고도
아름다운 나의 세상을 바라보지 못하
도록 그리 그들을 구속하고 살아감이
니, 이는 철창이 없는 감옥과 같지 아
니하던가?
12 너는 철창이 없는 그러한 감옥에 너를
따르는 제자들을 그리 가두지 말라.
13 나의 자연이 얼마나 아름답고 위대하
며 내가 역사해 놓은 자연의 흐름이
얼마나 위대하더냐?
14 그들이 하나라도 더 깨우쳐 하나라도
더 볼 수 있는 그와 같은 삶을 영위하
며 그 속에서 그들이 유하고 부드러운
마음의 새싹을 틔울 수 있건만,
15 지금의 종교 지도자들은 어찌하여 그
들을 그리 철창 없는 감옥으로 잡아넣
고 몰아넣는가?
16 이것도 아니 되고, 저것도 아니 되며,
이 시간은 성전에 와야 하고, 이 모임
은 나가야 하고, 저 모임도 나가야 하
고, 저 단체에 나가야 하고, 저 행사에
나가야 하며,
17 또 저 아이들을 가르쳐야 하고, 저 사
람들을 보살펴야 하며, 이리하여 각종
명분을 붙여 그들이 자유로이 살아갈
수 있는 시간을 다 빼앗으며 좌우를
돌아볼 수 있는 인생의 삶을 바라보지
못하게 함이니,
18 이는 살아 있는 철창이 없는 감옥과
같이, 한번 걸려들면 그리 이끌어 가
는 것이 지금의 종교 지도자들이니라.
19 지금 종교 지도자들은 바로 허상으로
가기 때문에 그리하느니라.
20 진정 나 여호와의 뜻이요, 내가 원하
는 길로 간다면 그들을 그렇게 묶어
두고자 하며 철창 없는 감옥 속에 가
두고자 하는 그러한 사악한 방법으로
써 행하지 아니할 것이니라.
21 너는 절대로 그와 같은 방법으로 나의
피조물 만백성을 이끌어 가서는 아니
됨이니라.
22 그들은 나의 법전을 시간과 때와 장소
에 관계없이 스스로 읽고 깨우치면
되는 것이며,
23 네가 육성하고자 하는 그 제자들이요,
또 지도자들은 네가 정해진 시간에 그
들을 가르치고 그들과 더불어 공부하
며, 내가 너에게 내려 준 그 모두를 자
세히 그들에게 깨우쳐 주어 그들이 너
를 대신할 수 있도록, 그리고 나의 성
령을 전하는 데 차질이 없도록 그리
가르쳐 내보내면 될 것이니라.

24 그리하여 그들을 불필요하게 속박하
지 말고 그 시간을 빼앗지 말며 구속
하지 말라.
25 지금의 믿음의 길을 가고 있는 그 종
교 지도자들이 하고 있는 것을 너는
하나도 답습해서는 아니 되고, 그를
본받아서도 아니 되며, 그를 받아서
깨우쳐도 아니 되고, 그와 같은 형국
으로 가서도 아니 되느니라. 그는 다
잘못되었음이니라.
26 열 시간을 허송세월로써 공부하는 것
보다 10분을 공부하더라도 나의 성령
의 나의 뜻을 그대로 바로 심어 주고
똑바로 가르치면 되는 것이니,
27 그와 같이 너희들이 자유로운 세상이
요, 내가 만든 아름다운 세상 속을 구
경하며 그렇게 살다 오며, 그 속에서
위대함을 느끼고, 신비함을 느끼며,
그리하여 너희들의 존재 가치를 느끼
고, 너희들이 미약하며 힘없는 한 인
간으로서 세상에 태어났음을 알게 되
며,
28 그리고 자연의 그 오묘함에 스스로 고
개를 숙이는 겸손을 배우게 되고 깨달
음을 얻게 되며, 그리하여 너희들이
착하고 유한 나의 백성으로서 성장하
건만, 지금의 종교 지도자들은 그러한
것을 다 차단하고 잘라 놓았음이니라.
29 그저 저희들에게 시간을 바치는 자,
저에게 와서 충성하는 자, 저에게 재
물을 바치는 자를 세 치 혓바닥으로
칭송하니,
30 그 가짜 지도자가 칭송하는 그 소리에
현혹되어 저희들의 삶을 다 포기하고
살아가는 나의 불쌍한 피조물 만백성
을 너희들은 구원하여야 할 것이니라.
31 형제가 없고 이웃이 없으며 부모와 자
식 사이가 없는 이와 같은 사회를 만
든 그 죄를 다 어찌하여야 할 것인가?
32 너희들은 너희 형제와 부모 사이의 인
간관계를 어떠한 사람들이 더 지키며
더 미덕으로써 아름답게 유지해 나간
다고 하는가?
33 그것을 너희들이 한번 분석해 보고 스
스로 판단해 봐야 할 것이니라.
34 그리하여 지금 그 지도자들이 이유를
붙여 나의 피조물 만백성의 그 가정을
방문하며 그 가정에 가서 그들의 시간
을 빼앗고 생활을 빼앗으며 경제적인
부담을 주며 개인의 생활까지 억압하
니, 그와 같은 행위를 너는 하지 말지
니라.
35 그들을 인도한다는 것으로써, 깨우쳐
준다는 것으로써, 그리고 또 그들에게
믿음을 단단히 심어 준다는 그 명분
아래 저희들이 그와 같이 시간을 빼앗
아 감이니, 정녕 그들이 하늘에 오르
는 길을 인도하고자 하는 자인가?
36 그들이 거둬들이고 있는 금화의 가치
로써 인간의 머리의 그 숫자를 따지고
있으니, 그 머리가 떨어져 나가면 저
희들의 재산이요, 금화가 줄어듦이니
그를 방지하고 예방하기 위하여 그들
이 과연 그와 같은 행위를 하지 아니
하는가?
37 그리하여 그가 즐길 수 있는 시간을
빼앗고 그가 생활할 수 있는 시간을
빼앗으며, 책을 읽을 수 있는 시간을
빼앗고, 사색할 수 있는 시간을 빼앗
고, 이웃과 더불어 담소하며 인간관계

를 친밀하고 더욱 돈독하게 하는 그
생활마저도 그들은 빼앗아 감이니라.
38 그리고 제가 제일 상좌에 앉고, 제가
제일 대장이요, 저의 말만이 세상사에
살아가는 데 모든 근본이요, 기본이라
하며 그것만이 위대하다 그들에게 강
조하고 강요함이니,
39 이와 같은 어리석고 추한 행위를 너는
절대로 해서는 아니 되는 것이니라.
40 모든 너의 제자들이 너에게 와서 공부
하는 그 시간 외에는 자유로운 시간과
편히 살아가는 시간과 편히 생활할 수
있는 그 시간을 충분히 갖도록 할 것
이며, 또한 너는 깨달아야 할 것이니
라.
41 그들이 너에게 와서 성전에서 공부를
하며 나의 성령의 뜻을 듣고 그들이
나가서 나의 법전을 가르치고 전달할
때 그들은 너의 제자며 너와 관계해
있으나,
42 그들이 삶의 생활에 뛰어들어 저희들
의 생활을 영위할 때, 그때까지도 네
가 그들과 인간관계를 맺으려 하고,
그들을 구속하고 속박하려는, 그들과
관계있는 그와 같은 생활의 인간관계
를 가져서는 절대로 아니 되느니라.
43 이를 엄격히 네가 다스려야 할 것이
니라.
44 나의 아들 예수가 만백성을 가르치고
깨우쳤을 때, 그들에게 그리 가르쳤던
가?
45 거기에 와서 강론을 듣는 자, 거기에
와서 예수의 가르침을 듣는 자들을 예
수가 저의 제자들이요, 저의 백성이라
하여 옭아매고 그들의 자유를 구속하
고 속박하였던가?
46 그는 왔다 가는 자들의 신상 파악을
하지 않았고 그들의 이름조차 기억하
지 아니하였으며, 그저 왔다가 그들이
나 여호와의 뜻을 받들어 예수를 통하
여 살라 하는 그 깨달음을 받아 나가
서 생활에 적용하도록 그리 가르치고
그리 깨우쳤음이니라.
47 그러나 지금은 너희들이 조직화되어
있고 끈으로 연결되어 있으며 인간 생
활의 삶까지도 속박해 가고 아름답게
살아가는 그 행복의 시간과 삶까지도
다 박탈해 가는 사악한 자들이 되었느
니라.
48 종교 지도자라 하여 그들의 밖의 생활
까지도 저희들이 관장하며 그들을 저
희들에게 속해 있는 사람인 양 그리
생각하는 것은 종교 지도자가 갈 길이
아니니라.
49 그들이 나의 뜻을 듣고 깨우쳐 나가서
인간 세속 속에서 그와 같이 아름답게
살아갈 수 있도록 교육시켜 내보내며
그들이 행하도록 그리 머리에 심어 주
면 되는 것이니라.
50 그걸 빌미로 하여 그들이 생활하는 그
속에까지 침투하여 그들의 사생활까
지도 좌지우지하며 그들의 가정생활
까지도 마음대로 뒤바꾸어 놓으며,
51 그리고 부모를 공경하고 형제와 우애
를 나누며 이웃과 아름다운 삶을 살아
가는 것까지도 못 하도록 흔들어 놓음
이니,
52 지금의 종교 지도자 그들이 가장 욕심
쟁이요, 가장 시기와 질투가 충만해져
있는 자들이니라.

53 저희들만 따르고 저만을 바라보고 살
라 하는 것이 얼마나 가증한 것이며
얼마나 잘못된 자인가? 그리고 얼마
나 욕심이 목에까지 차 있는 자인가?
54 또한, 사악한 생각이 저희들 몸을 다
감싸고 있는 사악하고도 사악한 무리
의 존재들이니, 이 종말의 시대에 없
어질 자가 그들인 것이니라.
55 너는 그와 같은 방법으로 너의 제자들
을 생각하지 말고 다루지 말며 그와
같은 인간관계를 맺지 말라.
56 나의 뜻을 가르치는 너의 앞에 와서
공부하는 것은, 나의 뜻에 의하여 네
가 나로부터 가르침을 받아 그들에게
가르치고 그들이 행할 때 그는 너의
제자들이며 너와 관계가 있으나,
57 나가서 생활할 때에 그들은 너와 관계
가 없음을, 네가 엄연히 공과 사를 구
분하는 그와 같은 선지자가 되어야 할
것이니라.
58 이는 곧 그들의 자유로운 시간을 속박
하지 말라 함이니라.
59 형제들과 우애 좋게 나누며 살아가는
그 시간을 빼앗지 말라 함이니라.
60 그들이 그들대로 살아갈 수 있는 그
삶의 공간을 네가 침투해서도 아니 되
고, 침입해서도 아니 되며,
61 네가 그들과 끈을 갖고자 하는 것은
네가 우상이 되고자 하며 네가 높고자
하며 네가 대우를 받고자 하는 자가
됨이니, 그러한 관계를 너는 반드시
정립해야 할 것이니라.
62 지금과 같은 종교 지도자들이 가는 그
형태를 너는 밟아서도 아니 되고, 생
각해서도 아니 되며,
63 그들과 모두를 차별화한 정녕 나의 성
령을 받아 나의 피조물 만백성을 인도
하고 깨우치는 그러한 자로서 네가 반
드시 서야 할 것이니라.
64 믿음의 시간에 그들이 믿음을 지키고
항상 나 여호와에게 감사하며 그리고
제 생활 속에서 충실히 삶을 살아갈
수 있도록 일깨워 주는 것이 너희들의
직분인 것이니라.
65 그들이 사회생활을 하는 것이요, 그들
의 사생활이요, 가정생활이요, 집단의
생활까지도 너희들은 거기다 연계하
여 너희들이 대장 노릇을 하고 존경받
는 자가 되고 높은 자리에 앉는 자가
되며 그리고 군림하는 자가 되고자 하
는 그와 같은 사악한 마음을 갖지 말
라.
66 그들이 너에게 와서 믿음을 배우고 나
의 뜻을 배우고 나의 성령을 공부하고
나의 메시지를 받아 책으로 쓴 나의
법전을 가지고 공부할 때, 너는 거기
서 그 가르침 하나로써 그 직분은 다
끝나며,
67 성전을 나간 그들은 그때부터 그들의
생활에 매진할 수 있도록 너는 도와주
어야 할 것이며, 그들의 끈을 잡아서
는 아니 되느니라.
68 그러면서 그들이 나가 생활하는 것을
나 여호와의 뜻에 따라 참신하고 아름
답게 살아갈 수 있도록 그들의 머리에
심어서 내보내며, 그것이 네가 할 일
이니, 나가서 그들의 소중한 그 시간
을 빼앗지 말라.
69 어찌하여 한번 너희들의 제자가 되었
으며 너희들의 성전에 와 기도하는 자

라 하여 그들이 가지고 있는 24시간
그 모두를 다 너희들 것으로 속박해서
너희들 것으로 빼앗아 가고자 하는가?
70 그들의 시간은 나의 시간이니라.
71 그리하여 그들이 나 여호와에게 항상
감사하며 '하나님! 감사합니다.' 하는
기도를 드리고 그리 생각하고 살아갈
수 있도록 하면 되는 것이지,
72 너희 육신을 위하여 그들의 24시간을
다 너희들 것인 양 속박하고 구속하고
착취하는 그러한 행위를 해서는 아니
될 것이니 그리 알라.
73 너는 그와 같이 너의 제자들을 깨우쳐
일깨워 줄 것이며 그리 가르치고 그리
지도해 나가도록 하라.

1,968 번째 하나님 말씀

2002년 3월 4일 19시 50분

1 사랑하는 선지자야!
2 "네, 여호와 하나님! 말씀하옵소서."
3 오늘 내가 너를 통하여 나의 성령의
나의 뜻을 내려보냄이니, 나의 피조물
만백성에게 이를 전하여 그들이 깨우
치도록 너희들이 몸과 뜻을 다하여야
할 것이며,
4 그리고 나의 선지자를 따르는 제자들
과 나의 피조물 만백성 너희들은 창조
주인 나 여호와가 내리는 오늘의 이
뜻을 깊이 깨우쳐야 할 것이니라.
5 지금 나의 선지자라 하여 선택된 한
사람이 너희들의 살아가는 그 모습을
밝고 아름답게 살아가라 하는 나의 성
령을 받아 기록하여 법전이라 하여 세
상에 내보내나니,
6 그는 지금 어렵고 힘들고 지친 그 길
을 가고 있느니라.
7 어떠한 종파에 속해 있는 것도 아니
요, 종파의 힘을 얻고 가는 것도 아니
며, 그렇다 하여 그를 재정적으로 도
와주고 이끌어 주는 자도 없느니라.
8 그는 단순히 단 하나, '나는 여호와이
니, 너는 나의 뜻을 받아 기록하라.'
하는 나의 음성을 듣고 그것을 시작하
였으며 나 여호와를 찾기 시작하였음
이니라.
9 그리하여 그는 혈혈단신으로 나의 법
전을 받아 기록하기 시작하였으며, 그
리고 그는 고행의 길과 보통 사람으로
서 견딜 수 없는 어렵고 힘든 그 길을
가고 있음이니라.
10 지금도 그는 정녕 어렵고 힘든 길을
가고 있으며, 너희들이 말하는 그 신
도가 50명이요, 100명만 되는 종교 지
도자도 그보다는 열 배 나은 생활을
할 것이니라.
11 그는 신도가 10명도 안 되는 속에서
살아가는 종교 지도자나 그보다도 못
한 자와 같은 어렵고 힘든 그 역경에
처했어도, 그래도 그는 굳건히 가고
있음이니라.
12 그러나 그의 제자 너희들이 무어라 말
하느냐?
13 그가 어렵고 힘든 것을 너희들이 금화
와 은화를 바쳐 재물로써 돕고자 하나
그는 그를 거부하였느니라.
14 그 제자라는 너희들이 그에게 지금 육
신의 어렵고 힘듦을 위하여 재물을 바
쳐 그가 일반 종교 지도자들이 하는
것과 같은 형국으로써 재물을 거둬들

이며 또 십일조요, 모든 어떠한 명분
으로써 재물을 거둬들인다 하면,
15 그는 나의 제자가 아니요, 나의 선지
자가 아니요, 지금의 종교 지도자들과
똑같다 말하며, 그는 정녕 그를 받아
들일 수 없으며 거둬들일 수 없음이라
말하였느니라.
16 그리고 너희들이 그와 같이 금화와 은
화를 거두며 재물을 거두어 그의 어렵
고 힘든 것을 도와준다 하면 그는 하
나님을 욕되게 하는 것이며, 하나님을
거역하는 자가 되며, 그리고 그 선지
자 자체가 나 여호와로부터 설 자리
가 없도록 만드니, 너희들이 사악한
자들이라 그리 말하였느니라.
17 만에 하나, 선지자 그가 살아가는 어
려움을 해결하도록 너희들이 무상으
로 금화와 은화를 주며, 그가 자리 잡
고 있는 성전의 어려움을 위하여 너희
들이 금화와 은화요, 지폐라는 것을
거두어서 그를 처리해 준다 하면, 그
는 말하였느니라, 너희들은 사악한 무
리라.
18 너희들은 사악한 무리로서, 나 여호와
의 뜻에 따라 행하는 선지자를 죽이려
하며 나에게 거역하는 사악한 자들이
니,
19 너희들은 어떤 명분이든 금화와 은화
를 이유 없이 거둬들이는 일을 해서는
절대로 안 된다 그리 명하고 엄히 다
스림이니, 그와 같이 그가 바르고 곧
게 가고 있음이니라.
20 그건 무엇이더냐? 나의 아들 예수가
만백성을 치료해 주고 구원해 주며 그
들에게 깨우침을 전하면서, 그들에게
은혜를 내리면서도 아무것도 받지 아
니하였음을 지금 그는 시행하는 것이
니라.
21 그러나 지금 종교 지도자 너희들은 어
찌하느냐?
22 많은 정통의 계통을 거쳐 너희들은 정
녕 종교 지도자로서 선택된 자들이라
하면서, 너희들이 어찌 가는가?
23 너희들은 너희 성전을 짓기 위하여,
또 너희들이 편안하고자 잠자리가 없
는 자가, 또는 갈 곳이 없는 자가, 남
의 집 처마 밑에서 잠자는 자가, 남의
집 문간방에 방을 얻어 사는 자가, 생
활하기도 어려운 자가, 그리고 제대로
먹지도 못하는 자가 너희들에게 바치
는 금화와 은화를 너희들은 한 번이라
도 거절한 적이 있는가?
24 그리고 그들이 어렵고 힘드니 그의 생
활이요, 그의 안정부터 찾고 먼저 기
반을 닦으라 하며 너희들은 거절한 적
이 있는가?
25 그리고 너희들은 그들이 감사하다 하
여 헌금이요, 각종 금화를 바치는 것
을 정녕 거절해 보며, 그들에게 돌려
준 일이 있으며, 그들에게 내지 못하
도록 그와 같은 일을 한 적이 있으며,
그와 같이 행한 적이 있는가?
26 나의 종, 선지자는 나의 피조물 만백
성을 위하여 기도해 주느니라.
27 그리고 그들의 장래를 알려 주기 위해
그는 수없이 많은 나의 피조물 만백성
에게 기도해 주었느니라.
28 그러나 나의 선지자는 기도해 주고 그
들의 앞날과 미래를 알려 주면서 그들
로부터 단돈 한 닢도 받은 사실이 없

음이니,
29 그와 같이 나의 선지자에게 미래에 대
한 깨달음과 운명의 기도를 받고 특별
히 개인적으로 선지자로부터 기도를
받은 자가 선지자에게 금화와 은화의
한 닢이라도 갖다 바친 사실이 있으며
그에게 갖다 준 자가 있거든 너희들
앞에 와서 고백을 하라, 부르짖어 보
라 이르라. 한 사람도 없느니라.
30 나의 선지자는 사람의 미래를 알려 주
고 그들의 운명을 알려 주면서 그들이
감사히 지불하는 그 금화와 은화도 받
지 않느니라.
31 너희들은 나하고는 아무런 관계도 없
으며 너희들이 연구하여 지껼여 만든
그 소리를 기도라 하여 나의 피조물
만백성에게 기도해 준다 하며 무엇을
받았는가?
32 너희들도 정녕 나의 선지자처럼 너희
들이 수고롭다 하여 너희들에게 내미
는 그 금화와 은화를 안 받은 적이 있
는가?
33 너희들은 양이 적어서 섭섭하며 많으
면 많을수록 좋다 했을 것이며, 너희
들은 엄연히 그와 같은 대가를 지불하
지 아니하는가 그리 기대하고 그리 유
도하지는 않았는가?
34 그리고 너희들은 기도라 하여 너희들
이 마음대로 만들어 지껼인 그 음성으
로써 나의 이름을 팔아먹으면서 금화
와 은화를 두둑이 받아들인 역사는 없
는가?
35 그러한 행위를 한 자는 진정한 나의
뜻이 아니요, 나의 종이 아니라, 사기
꾼이요, 강도며 도둑과 똑같으니라.
36 만에 하나, 너희들이 나로부터 받아
기도해 주고 대가를 받았다 하더라도,
내가 너희들에게 무상으로 내려 준 대
로 그리 기도하고 너희들은 어찌하여
그 대가를 받아 챙기는 사악한 짓을
하는가?
37 지금 너희들이 남에게, 나의 피조물
만백성에게, 또 너희 제자요, 너희 신
도라는 자들에게 기도해 주면서 과연
그걸 받아들이지 않았는가?
38 그리고 그걸 받아들인 너희들의 처지
와 지금 나의 선지자의 처지가 하늘과
땅과 같은 그러한 관계가 아니던가?
39 너희들은 수억, 수십억, 수백억의 재
산이라는 것을 가지고 있고 많은 백성
을 거느리고 있으며,
40 너희들의 세 치 혓바닥으로 거짓말만
잘하면 수없이 재물이 들어오는 그와
같이 부족함이 없는 그런 형국이 아니
던가?
41 아무런 부족함도 없는 그 상태에서 너
희들은 나의 백성이요, 너희 제자들이
요, 너희 신도라는 자들에게 기도해
주면서 그 대가를 수없이 요구하며 거
두어들이고 챙기는 그와 같은 사악한
짓은 하지 않았는가?
42 그러한 짓을 했다면 정녕 너희가 지금
의 말세에 오는 이단이요, 사악한 거
짓 인도자이니라.
43 그러나 너희들보다도 백배 천배 낮고
어려운 그가 나의 피조물 만백성의 미
래와 장래를 위하여 기도해 주고 그를
알려 주며 그 대가를 받지 아니하였다
면, 굶주리면서도 그 대가를 받지 아
니하였다면, 그가 너희들과 같은 부를

가졌을 때 그는 어찌하겠는가?
44 그가 기도하고 그들로부터 헌금이요, 모든 명분으로써 감사 헌금으로써 받아들이지 않듯이,
45 그는 너희들과 같은 부를 가졌을 때, 어렵고 힘든 그의 제자들의 앞길을 열어 주며 그들이 편안한 마음으로 살아갈 수 있도록 그 모든 재산을 그들에게 돌려주는 그와 같은 행위를 하고도 남을 것이니라. 그리고 그는 할 것이니라.
46 그러면 여기서 정녕 누가 진정한 선지자며, 정녕 나로부터 선택된 자며, 나의 종으로서 자기의 직분을 다한다 생각하는가?
47 지금 나의 피조물 만백성을 이끌어 가는 자들은 어찌하는가?
48 너희들은 나의 피조물 만백성이 정녕 하늘에 오르는 길이 무엇인지 가르치고, 내가 내린 십계명을 지켜야만 영혼의 양식이요, 영혼의 구원을 받고, 그를 지키고 사는 자만이 하늘에 오를 수 있다는 것을 그리 가르쳐야 하거늘,
49 너희들은 그리 가르치지 아니하고 있으니, 왜 너희들이 그리 가르치지 아니하고 있는가?
50 너희들은 나의 피조물 만백성이 지옥으로 가든, 불구덩이로 가든 그건 너희들과 관계없으며, 너희들이 배부르고 떵떵거리며 편안하게 잘살고 호의호식하고 살면 그것으로써 만족하다는 생각을 하고 있는, 짐승만도 못한 파렴치한 인간들이기 때문에 그러하니라.
51 너희들이 짐승만큼이라도 생각하고 파렴치한 인간이 아니라 하면, 너희들은 지금과 같이 남에게 기도해 주고 격려의 말 한마디 해 주고 축하의 말 한마디라고 하고 뒷구멍으로 봉투를 받는 그런 종교 지도자가 되어서는 아니 될 것이니라.
52 어떠한 은혜를 내렸든, 어떠한 은총을 내렸든, 어떠한 역사를 내렸든, 어떠한 은혜와 덕을 베풀었든 그 대가를 받아서는 아니 되는 것이니라.
53 그리고 너희들은 첩첩이 쌓아 놓은 그 재물에서 또 거둬들이고자, 그리고 또 너희 신도요, 너희들을 따르는 제자들이 많으면 많을수록 너희들의 주가를 올리고 또 올려, 너희 제자들의 머리에 손 한 번 얹어 기도해 주는 것으로써 수많은 봉투와 금화를 거두어들여야만 움직여 주는 그런 짐승만도 못한 사악한 행위를 하지는 않았는가?
54 그러한 행위를 한 자가 있다면 금화와 은화를 바친 나의 피조물 만백성이 그의 허상에서 그 모두를 돌려받아야 할 것이니라.
55 나의 피조물 만백성 너희들 앞에서 기도해 준다 하여, 격려해 준다 하여 너희들로부터 금화와 은화를 받아들인 자가 있다 하면 그로부터 너희들은 갖다 바친 그 재물을 다 받아야 할 것이니라.
56 너희들은 나의 재물을 잘못 쓴 죄요, 사탄이요, 사악한 자가 힘을 얻도록 너희들이 그에게 밥을 주고 사탄에게 음식을 주며 물을 제공하여, 그가 그와 같은 사악한 짓을 더 할 수 있도록

힘을 실어 준 원동력이 되기 때문에
너희들은 더 용서받지 못할 것이니라.
57 이제 나의 선지자를 따르는 제자들과
나의 피조물 만백성 너희들은 깨달아
야 할 것이니라, 정녕 어떤 자가 나의
뜻에 따라, 나의 성령의 뜻에 따라 나
에게 선택된 자인가를.
58 배고프고 어려운 그 시점에서 너희들
로부터 어떤 명분이든 금화와 은화를
거두어들이지 아니하고 그 고통을 인
내하며 나 여호와로부터 은혜와 은총
을 내리기만을 바라고 살아가는 그가
정녕 나로부터 선택된 자며, 이 시대
에 천사요, 너희들을 이끌어 가는 지
도자로서, 예수 다음에 그가 선택된
자라고 너희들이 말할 수 있지 않겠는
가?
59 그러나 그와 같은 반대 현상으로써,
능력 있고 가진 자가 그저 저희 신도
요, 저희 백성 앞에, 제가 많은 신도
요, 많은 제자를 거느린 만큼 제 주가
를 올리고 또 올려, 그 거만을 떨고 오
만을 떨며 그들 앞에 기도해 준답시고
저희들 생각나는 대로 지껄이며 제 기
분 나는 대로 지껄이고 씨부렁대고 그
걸 기도라 하며 나에게 축복받고 나에
게 오르는 길로 인도하였다 하여 너희
들에게 봉투를 거둬들이는 그러한 사
악한 자는 짐승이 아니라 개돼지만도
못한 지도자이니라.
60 어찌하여 나의 것을 나의 이름을 팔아
서 그리 거둬들이는가?
61 이제는 그들을 단죄할 때가 왔느니라.
62 그리하여 그들이 말하기를, 나의 성령
으로써 내려보낸 나의 법전이요, 지금
이 시대에 바로 서고자 하는, 세상을
통일하고 미래를 열어 주며 창조적인
내일을 위하여 지금 나의 성령을 받아
온 백성에게 전하는 선지자를 거짓 선
지자라 하며 그를 죽이고 단죄해야 한
다고 그들은 들고일어날 것이니라.
63 이를 보호하라, 나의 피조물 만백성들
아! 이를 너희들이 지켜야 할 것이며
이를 보호해야 할 것이니라. 그렇지
않으면 너희들이 영원히 구원을 받을
수 있는 기회를 놓침이니라.
64 이제 너희들이 단정히 조용히 앉아 돌
이켜 보라.
65 어렵고 배고프고 힘든 그 상황에서 너
희들에게 금화와 은화를 이유 없이 거
둬들이지 아니하고 받지 아니하며, 기
도하여 너희들의 미래를 알려 주고 온
정성을 다 들였어도 아무런 대가를 받
지 않는 그와, 첩첩이 쌓아 놓고 너희
들보다도 수천수만 배를 가지고 쌓아
놓은 자가 어렵고 배고프고 힘든 자
앞에서 머리에 손을 얹고 거만과 오만
을 떨면서 그들의 재산을 긁어모으는
자,
66 그리고 저희들이 아름다운 성전을 짓
기 위하여 남의 집에 곁방살이하는 자
에게 그 집세요, 보증금이라 하는 것
을 빼 오라 하는 자, 그리고 그를 갖다
줘도 격려하고 수고했다 하며 그저 뱀
이 개구리 잡아먹듯이 냉큼 받아 삼키
는 그런 도둑놈과 같은 종교 지도자,
그들이 어찌 가는가?
67 그리고 있는 것 없는 것 그저 다 팔고
정리해서 바치라 하는 자, 심지어는
그들에게 너희들이 누구도 할 수 없

는, 독재자도 그리할 수 없는, 통장이
라는 것을 하나씩 만들어 줘 그곳에
돈을 예금시키도록 강요하는 그와 같
은 사기꾼이요, 도둑놈이요, 개돼지만
도 못하며,
68 사악한 방법으로써 나의 피조물 만백
성을 이끌고 고통의 도가니 속으로 몰
아넣고 지옥으로 인도하는 그자들을
어찌 단죄할 것인가 너희들은 두고 보
라.
69 그들을 단죄할 때가 머지않았음이니
라.
70 너희들은 그와 같이 그들에게 현혹되
어 너희들이 통장이라는 것을 만들어
서 거기에 납입한 그 돈의 액수를 돌
려받아야 할 것이며, 그를 돌려받지
않는 자, 나에게 와 영원히 구원의 길
이 없음을 알라.
71 직급을 받고 돈을 지불한 자, 모든 직
급을 받으면서 지불한 그 대가의 돈을
돌려받지 아니하는 자는 영원히 나의
법전을 읽고 눈을 뜰 수가 없을 것이
며, 너희들은 구원의 길을 받을 수 없
다는 이 엄연한 사실을,
72 나의 피조물 만백성은 오늘 내가 선지
자에게 내리는 나의 성령의 이 뜻을
듣고 깨우쳐, 그리 행하는 자만이 나
에게 구원의 길에 오를 수 있음을 알
라.

1,969 번째 하나님 말씀

2002년 3월 4일 23시 40분

1 사랑하는 선지자야!
2 "네, 여호와 하나님! 말씀하옵소서."
3 너희들이 인간으로 태어나 육이라는
그 형체를 가지고 존재하는 너희 삶
속에서 육신의 욕구요, 세속의 인간들
의 살아가는 그 욕망과 욕심이라는 것
을 지우고 버린다는 것이, 그리고 비
운다는 것이 그리 쉽고 아무나 할 수
있는 길이 아님을 너희들은 알고 있을
것이니라.
4 그리고 아무나 그와 같은 길을 갈 수
가 없음이니라.
5 지금 너를 따르는 너의 제자들이 나의
성령으로써 내려보내는 나의 법전을
읽고 그를 보고 깨우쳐 너와 더불어
그들의 육신의 삶을 저버리며 지금까
지 살아왔던 잘못된 관습이요, 관행이
요, 그 생활 방법을 바꾸고 고치며 살
아가고자 하는 그 모습이 아무나 그리
이룰 수가 없음이니라.
6 그러나 그들은 너희들이 생각할 수 없
는 그 길을 가고자 노력하고 있음이니
라.
7 선지자의 제자 너희들이 각자 생각하
기를, 이 세상 피조물 만백성이 너희
들이 생각하고 너희들이 체험하는 것
같이 그리 살아갈 것이라 생각하나,
8 너희들은 너희 인간들 속의 그 깊은
마음이요, 그 사악한 마음을 가지고
있는 그 뿌리들을 아직 모르고 있음이
니라.
9 선한 자와 선하지 아니한 자, 그리고
잘못 가고 잘못 깨달아 인생을 살아가
는 자와 바르고 곱게 살아가고자 하는
자의 그 차이는 너무나도 엄청난 간격
이 벌어져 있는 너희들 육신의 삶을
살고 있느니라.

10 지금 너를 따르는 너의 제자들과 나의
법전을 읽고 깨우쳐 너를 따라와 나
여호와에게 경배드리는 그 백성은, 내
가 너에게 일렀듯이, 하나의 죽음의
계곡에서 나온 자들이며, 그곳을 벗어
난 자들이며, 또한 육신으로 말하면
한 번의 죽음의 체험을 하고 새로 태
어나고자 나선 자들이라 하였음이니
라.
11 그리하여 그와 같은 각오를 가지고 너
를 따르며 나의 법전을 정독하는 그
나의 백성만이 지금 너희들이 가고 있
는 그 길을 가고 있음이니라.
12 많은 세월 속에 나의 피조물 모든 백
성이 하늘에 오르며, 구원을 받으며,
영원히 하늘나라의 나에게 오르는 것
이 소원이니, 그를 너희들처럼 어렵고
힘든 길을 가야 하며 그리 깨우쳐 가
라 할 때,
13 나의 피조물 만백성은 그 길을 가지
아니할 것이며, 갈 수도 없으며, 그 길
을 선택하지 아니할 것이니라.
14 그리하여 내가 만 명 중에 한 사람을
선택하되, 그 법전을 전한 자의 마음
이 천사와 같았을 때 그를 받은 자가
그 뚜껑을 열었을 때 그가 깨우친다
하였음이니,
15 지금 내가 너희들에게 가죽채를 휘두
르며 너희들을 바로잡고자 내가 십계
명이라는 그 계명을 너희들이 지키며
살고 시행하며 살아가도록 너희들을
다스리며, 나의 법전을 받아 기록한
나의 선지자가 너희들에게 회초리를
가지고 사정없이 내리치는 그 아픔 속
에서 나의 피조물 만백성은 누구도 그
길을 가려 하지 아니할 것이니라.
16 인간이기 때문에 내가 원하는 완벽한
삶을 살 수 없으며, 내가 지키라는 그
계명을 지키고 살 수 없으며,
17 그를 지키지 아니하고 살다가 너희들
이 말하는 너희들의 손으로 웅대하고
거대하게 만든 그 성전에 가서 기도하
며 재물을 바치면 구원을 받는다는 그
편하고 쉬운 길을 택할 것이며 나의
피조물 만백성은 다 그 길을 가고자
할 것이니라.
18 그리하여 그들이 설사 잘못 가는 길이
며 잘못된 길이라 하여도 저희들을 가
르치는 종교 지도자가 있으며 그 길을
인도하는 자가 있으니 그리하여 그들
보다야 저희들이 죄를 덜 받겠지, 그
리고 나로부터 더 심한 벌을 받지는
않겠지, 그리고 나로부터 더 무서운
심판을 받지는 않겠지 하는 그와 같은
잘못된 생각과 안일한 마음에서 그 길
을 그저 따라가는 자가 있는가 하면,
19 정녕 저희들은 죄를 짓고 사나 저희들
을 인도하는 지도자들은 나 여호와 하
나님으로부터 선택된 자로서, 그를 따
라가며 그가 하는 말을 듣고 따라가면
구원을 받을 수 있다고 생각을 하며,
20 그의 말대로 너희들이 믿음이라는 저
희들이 지은 성전에 들어가 이름을 걸
치는 그 순간에 나의 아들 예수의 보
혈로써 구원을 받았다 하며, 그리고
죄를 짓고 잘못된 것을 빌고 빌면 다
구원을 받는다 하며, 그리고 재물을
바치는 자, 더 쉽게 구원을 받는다 그
리 깨우치고 지도하니, 그 길을 택하
지 아니할 백성이 어디 있겠는가?

21 열 명 중에 아홉 명은 그 편안하고 쉬
운 길을 가고자 할 것이니라.
22 그리고 저희들에게 복을 빌어 주며,
저희들에게 은총과 재물을 내려 주며,
바치는 만큼 열배 백배 내려 준다는
그 편안한 장사보다도 더 쉬운 것이
없고, 하나를 바치면 창고에 그득히
열배 백배를 준다는 그 장사를 해 가
면서 너희들이 구원을 받을 수 있다
하니, 그보다 더 편안하고 더 안락하
며 더 즐거운 행복이 어디에 있는가?
23 죄를 짓고도 용서를 빌면 되고, 그를
재물로 갚으면 되며, 또한 그 재물도
너희들이 나에게 하나를 바치면 열 개
를 주며, 백 개를 주면 천 개, 만 개를
준다 하니,
24 그리고 너희들이 번 것의 10분의 1만
나에게 바치면 너희들 곳간에 그득히
쌓아 준다 하니, 이보다 더 현명한 장
사가 어디 있으며 이보다 더 편안한
거래가 어디 있는가? 너희 속된 말대
로 밑지지 않는 장사가 아니던가?
25 밑지는 장사가 아니라 그저 너희 말대
로 호박이 넝쿨째로 굴러 들어오듯이
그러한 장사를 하며 구원을 얻는다는
그 길을 가는 것이니, 그 얼마나 그들
이 그 길을 선호하며 편안하게 생각하
겠는가?
26 그리하여 그와 같은 길을 가는 그들에
게 그 길이 정녕 잘못된 길이며 그들
이 가고 있는 길이 지옥 불로 떨어지
는 길이라 하니, 그들이 분통 터지지
아니하겠는가?
27 하나를 바치면 열배 백배를 내리며 창
고에 그득히 재물이 쌓이는 그와 같은
장사가 어디에 있는가?
28 그리고 편안하게 너희들의 인생을 즐
기며 살다 그저 잘못되었을 때 그를
말로 빌며 기도하고 용서를 빌면 구원
을 받는다 하는 그 길이 잘못되었다
하니,
29 그리 말하는 자를 너희들이 이단이요,
사탄이라 말할 것이며 그를 해하고자
하는 것이 지금의 너희들이 위치해 있
는, 믿음을 가고자 하는 자들의 현주
소이니라.
30 너희들은 그와 같이 수천 년의 역사
동안 믿어 왔으며 그 길로 왔음이니라.
31 그러나 너희들은 그를 알아야 할 것이
니라.
32 내가 그와 같은 믿음의 길로 너희들의
조상 대대로부터 하늘에 구원을 받은
자 없다 하였으며, 너희들 또한 없을
것이며, 너희 대대손손이 그리 구원받
는 자 없을 것이니라.
33 여기서 너희들이 나의 선지자가 가는
길과 그가 부르짖는 것과 그가 너희들
에게 설교하는 것과 너희들을 가르치
는 내용을 다시 한 번 새겨 봐야 할 것
이니라.
34 하늘에 오르는 길은 내가 내린 그 율
법을 지키는 것이요, 그리고 죄를 짓
고 용서를 비는 것은 말로써 천 날, 만
날 빌어도 그를 용서받을 수 없다 말
하였느니라.
35 너희들이 도둑질하고 나서 용서를 빈
다면, 그 재물을 도둑맞은 자는 어디
서 보상받으며 그의 아픈 마음을 누가
보상해 줄 수 있는가?
36 그리하여 상대성이 있으니, 너희들은

잘못하고 용서를 비는 것은 용서를 받
을 수도 없으며, 그 기도는 나 여호와
가 들어주지 아니한다 하며, 하나의
과일을 훔쳤을 때 열 배로 갖다 주어
야만 그 죄가 사해진다 하니,
37 그리고 모든 것을 절제하고 나에게 달
라는 기복 신앙의 그 기도를 하지 못
하게 하며, 또 나에게 천 날, 만 날 기
도해도 너희들에게 재물의 은총이요,
육신의 향락인 금화를 내려 주는 그러
한 은혜와 은총은 없을 것이라, 받을
수도 없다 하여 가르치는 것이 선지자
가 너희들을 이끌고 가는 그 길이니,
38 정녕 어떠한 길이 안일하고 편안한 길
이며 어떠한 길이 나 여호와에게 오르
는 어렵고 힘든 길인가를 너희들 스스
로 생각해 보고 분석해 봐야 할 때가
지금이니라.
39 내가 오늘 나의 선지자를 통하여 너희
들에게 말하여 주었노라.
40 제물을 차려 놓고 절하고 춤추며 소원
을 비는 미신을 믿는 자들의 그 기복
신앙보다도 지금의 종교 지도자 너희
들이 더 사악한 자들이며, 더 사악한
방법으로써 기복 신앙이요, 미신을 추
구하며, 무당이라는 그들보다 너희들
이 더 한 수 앞에 간다 말하였음이니,
41 너희들이 나의 피조물 만백성의 재물
을 거둬들여 성전이라는 것을 짓는 그
곳에 주춧돌을 묻으면서 그 밑에 이름
을 써 넣으면 만복이 오며 나 여호와
가 기억하며 축복을 내린다 하여 그
이름 석 자와 저희 가족들의 이름을
그곳에 써 넣고자 하여 그들이 그 재
물을 바치고 그들로부터 재물을 거둬
들이는 노예 같은 그 형국을 하고 있
음이니,
42 돌 밑에 묻힌 이름은 세상사 아는 사
람이 없으니 나 여호와 또한 그와는
관계가 없으니, 그는 곧 죽은 자라 내
가 말하였느니라.
43 그것이 바로 너희들이 미신이요, 무당
이요, 이단이요, 사탄이요, 사악한 무
리들이 기복 신앙을 믿어 가는 것이라
욕하는 그들과 무엇이 다른가?
44 내가 말하였느니라, 그들은 나 여호와
의 이름을 빙자하지 아니한다 하였느
니라. 그리고 나 여호와를 아예 찾지
않는다 말하였느니라.
45 그러나 너희들은 나 여호와를 찾으며
나의 성령을 빙자하여 그와 같이 두
번의 죄를 짓는 행위를 하고 있으니
너희들이 얼마나 간악한 자인가?
46 내가 선지자를 통하여 일렀느니라. 주
춧돌 밑에 묻은 제 이름을 꺼내지 아
니하는 자, 영원히 구원받을 수 없으
며, 그와 같은 행위로써 저희들이 바
친 재물을 찾아오지 아니하는 자, 돌
려받지 아니하는 자, 영원히 나에게
구원을 받을 수 없다 말하였음이니라.
47 이를 나의 선지자를 통하여 나의 성령
이라 하여 세상에 내려보내니, 너희들
은 또한 이단이요, 사탄이요, 사악한
자가 부르짖는 해괴망측한 말이라 일
축할 것이며, 그를 따르고 지키는 자
들에게 너희들은 갖은 협박과 공갈과
회유로써 그와 같은 행위를 하지 못하
게 막을 것이니라.
48 그러나 너희들은 반드시 알아야 할
것이니라.

49 언젠가는 너희들의 그러한 행위를 되
돌려 달라는 나의 피조물 만백성이 일
어날 때가 있을 것이니,
50 너희들이 그때 가서 인간의 육신을 가
진 자들의 심판이 얼마나 가혹하고 무
서운가를 알게 될 것이며,
51 너희들이 죽어 나에게 와 영혼의 심판
을 받을 때는 그보다도 천 배, 만 배
더 가혹하고 과중한 벌을 받아야 한
다는 것을 잊지 말라.
52 선지자야!
53 "네, 여호와 하나님! 말씀하옵소서."
54 너의 제자들의 그 소중함을 알라. 그
리고 모든 것은 너의 제자들과 의논하
여 거기서부터 새싹이 트도록 그리하
라.
55 내가 단계적으로 너희들에게 같이 임
하여 너희 일을 이끌어 줄 것이니,
56 모두는 너의 제자들과 서로의 어렵고
힘든 지난날의 삶을 용서하며 어루만
져 주는 그 마음으로 하나가 되어, 사
선을 넘고 너에게 온 나의 그 백성과
같이 의논하여 모든 것을 이루어 나가
도록 하라.
57 그 속에 내가 지혜와 현명함을 줄 것
이니 그리 알라.

1,970 번째 하나님 말씀

2002년 3월 5일 0시 30분

1 사랑하는 선지자야!
2 "네, 여호와 하나님! 말씀하옵소서."
3 너희들의 말에 이르기를, 미물인 지렁
이라 하는 것도 너희들이 밟았을 때
용을 쓴다 하였으며, 작은 날짐승도
죽을 때 그가 제소리를 하고 죽는다
하는 그와 같은 말이 너희들에게 전해
지고 있느니라.
4 지금 그와 같은 너희들의 말이 전해지
듯이, 작은 것도 제 모두를 다했을 때
그를 지키고자 용을 쓰며 그를 지키고
자 발버둥친다는 그와 같은 뜻이 있으
며, 그대로는 넘어질 수 없다 하는 최
후의 발악의 힘을 발휘한다는 것이니
라.
5 지금 한 인간이 나 여호와로부터 음성
을 들으며, 나의 성령을 그의 가슴에
내가 심어 그 성령을 받아 나의 법전
이라는 것을 만들어 나의 피조물 만백
성이 잘못 가고 있는 그 길을 바로잡
고자 부르짖고 있음이니,
6 수천 년의 역사 동안에 다져지고 굳어
진 그 믿음의 세계는 기암절벽보다도
더 단단하고 굳게 그리 굳어져서 그들
이 어떠한 태풍이나 비바람에도 흔들
리지 아니할 정도로 지금 그와 같이
자리를 잡아 가고 있으며,
7 그와 같이 저희들의 위용과 힘을 과시
하고 자랑하는 기암절벽의 암반처럼
지금의 종교 지도자들, 그리고 나의
피조물 만백성을 이끌어 가는 그들의
자세가 그보다도 더하면 더했지 덜하
지 아니하며,
8 모든 것을 물리적인 힘으로, 그리고
돈과 세속의 권력과 재물을 가지고 저
희들이 모두를 다 덮어 나가고자 하
며, 세상을 지배하고자 하느니라.
9 기암절벽의 단단히 굳어져 있는 그 바
위산을 하나의 작은 조약돌이 날려 보
내겠다고 말한다 하면, 그 얼마나 웃

지 못할 형국이며, 과연 그를 누가 믿
겠는가?
10 지금 나의 선지자 네가 하늘에 오르는
길이요, 영혼을 구하는 그 길과는 전
혀 관계도 없이 기암절벽보다 더 웅장
하게 굳어져 있고 더 방대한 힘을 갖
고 있는 잘못된 믿음의 길을 가는 자
들을 바른길로 인도하며 그들을 무너
뜨려,
11 내가 만든 이 지구의 아름다운 동산에
그들이 뿌리를 내리지 못하게 하고,
그들을 쓸어버리며, 그들의 문을 닫게
하고, 그들이 손으로 만든 성전에 거
미줄을 치도록 하며,
12 나의 피조물 만백성이 지금까지 그들
이 잘못 가르쳐 오고 착취하고 갈취한
그들의 횡포에 대하여 단죄를 내릴 수
있도록 그들을 깨우치며 이끌겠다는
그 말을 전하며 그와 같이 만백성 앞
에 나의 법전을 전하니, 너를 그들이
어찌 보겠는가?
13 너희들이 발로 짓이기는 하나의 벌레
만큼도 너를 생각하지 아니하며 너를
의식하지 아니할 것이니라.
14 어떠한 힘에도 그가 넘어지지 아니하
고 버틸 수 있다 하나, 아무리 웅대한
기암절벽의 그 장대한 암석으로 되어
있는 산이라 할지라도 그가 비바람이
요, 풍화 작용에 견딜 수 없느니라.
15 지금 나의 선지자 네가 주먹보다도 작
은 조약돌로 그 기암절벽을 쓸어 없애
겠다 하고 밀어붙이겠다 하여 그리 외
치고 있으니,
16 그는 상상할 수도 없고 생각할 수도
없으며, 주먹보다도 작은 그 조약돌이
그 방대한 기암절벽을 밀어붙인다 하
니,
17 나의 피조물 만백성은 너를 믿을 자가
없으며 너를 따를 자가 없으며 네 우
편에 서 줄 사람이 없느니라.
18 그리하며 그 기암절벽이 백 번 천 번
이기고 말 것이며, 그를 무너뜨린다는
것은 상상도 할 수 없다 하며 모든 나
의 피조물 만백성이 그쪽에 가 서 있
음이니라.
19 그 속에서 주먹보다도 작은 그 돌이
기암절벽을 쓸어 붙인다 소리치고 그
를 날려 보낸다 하며 그를 밀어붙일
수 있으며 그와 같이 된다 하는 것을
나의 피조물 만백성이 아무도 믿지 아
니하나,
20 너의 제자들은 그를 믿고 그 조약돌
앞에 와 그가 그와 같은 힘을 발휘하
며 그와 같은 역사를 이룰 것이라 생
각하며 역사를 이루기를 바라며 너를
따르는 자들이니,
21 그들이 바로 나의 음성이요, 나의 성
령이 그 작은 조약돌과 같이하고 있기
에 이는 반드시 이길 것이라는 신념을
갖고,
22 위대한 기암절벽 속에 가 있는 그들의
비웃음과 손가락질과 그들의 멸시를
접어 둔 채 그 속에서 삶의 생명을 찾
아 주먹보다도 작은 나의 선지자의 그
조약돌 앞에 와 너희들이 서 있음이니,
23 그리하여 너희들이 위대한 나의 백성
이요, 나의 선지자를 따르는 제자들이
요,
24 그리하여 너희들의 이름을 내가 하늘
의 에덴동산에 걸어 놓았다 하였음이

니, 얼마나 너희들이 소중한 자들이며,
25 또한, 너희들이 받을 만한 그와 같은 역사적인 행위를 하였으며 역사적인 결단을 내렸기 때문에 너희들이 그와 같이 영광과 은혜의 축복을 받는 것이니라.
26 내가 너희들에게 말하듯이, 내가 너희들에게 내리는 모든 상과 은혜는 내가 주는 것이 아니며, 너희들이 받을 만한 준비가 되어 있고 받을 만큼 갖춰져 있기 때문에 내가 너희들에게 내린다 하였음이니라.
27 너의 제자들은 옳은 길을 선택하였느니라.
28 만백성이 그 기암절벽에 가 서 있으며, 거기서 즐김을 얻으며, 그 환경에 아름다움을 얻으며, 모든 아름다움과 위대함에 있어서 거기에 대해 인생의 낙을 얻으며, 비바람이 몰아쳐도 그 기암절벽은 쓰러지지 아니할 것이며 영원한 저희 터전이라 그리 생각하며,
29 주먹만 한 그 돌 쪽에 가 있는 너희들을 그들은 인간으로 생각하지 않으며, 어리석고 가장 우매하고 몽매한 자들이라 그리 말할 것이니라.
30 그러나 너희들은 나 여호와가 있기에, 나 여호와의 성령이 있기에 그 작은 돌이 기암절벽을 밀어붙일 것이라는 그와 같은 나를 믿는 신념의 마음 자세에서 그곳에 섰음이니, 너희들의 그 선택이 바르고 옳았음이니라.
31 너희들의 선택이 바르고 옳았으며, 너희들이 그 선택을 할 수 있는 그 용기는 나 여호와가 존재함을 믿기 때문이니,
32 그리하여 오늘 내가 너희들을 그리 사랑하며, 너희들을 영원히 구원의 길에 갖다 놓았으며, 죽어 그 뜨거운 불바다를 건너지 아니하고 너희들이 나의 낙원인 에덴동산의 너희 명패 앞에 가 너희들의 자리를 지키며 영원히 구원의 길을 살 수 있다 하였음이니라.
33 사랑하는 선지자야!
34 "네, 여호와 하나님! 말씀하옵소서."
35 너 자신이 지금 그 작은 조약돌이 방대한 기암절벽의 그 산을 어찌 무너뜨릴까 하는 그 두려움과 공포에 젖어 있으며, 그를 네가 의심하고 두려워함이니라. 그러나 너는 염려치 말라.
36 나 여호와가 있으며, 나 여호와가 존재함을 믿고 너를 따라온 너를 받쳐 주는 너의 제자들이 있음이니, 그 방대한 기암절벽의 산은 다 썩어 죽은 암반이니라.
37 기암절벽의 그 방대한 기암산은 성장함이 없고 변화되는 것이 없으니 죽은 돌이니라.
38 죽어 있는 그 돌이 아름답고 위대하다 하여 간 나의 피조물 만백성이 어찌 되겠는가?
39 그러나 네가 가지고 있는 네 주먹보다도 작은 그 돌은 살아 있는 돌이며, 생명이 있으며, 그리고 그 돌은 성장하는 돌이니라.
40 세월의 역사 속에서는 돌이 아무리 크다 하여도 죽어 있는 그 기암절벽은 성장하고 생명이 있어서 살아나가며 커 가는 너의 주먹보다 작은 돌을 견딜 수가 없으며, 그 돌의 힘에 의하여 그는 무너져 지옥 불로 떨어지는 그와

같은 형국이 이루어질 것이며, 제자리
를 찾지 못하고 재가 되어 무너질 것
이니라.
41 사랑하는 선지자야!
42 "네, 여호와 하나님! 말씀하옵소서."
43 너는 두려워하지 말고 불안해하지 말
라.
44 너의 그 작은 힘으로써 그 기암절벽보
다도 더 큰 바위산을 네가 어찌 밀어
붙일 것이며 넘길 것인가 하고 생각하
나,
45 너를 통하여 내려가는 나의 성령의 그
뜻의 나의 법전은 살아 있는 법전이
며, 성장하는 법전이며, 변화되는 법
전이며, 미래를 위해 창조적으로 가는
법전이며, 세상을 하나로 만드는 나의
법전이라 하였으니,
46 그 주먹보다도 작은 네가 가지고 있는
그 돌은 성장하는 돌이니, 그 돌이 바
로 이 세상을 다 덮을 것이며, 밀어붙
일 수 있는 그와 같은 웅대한 돌로서
계속 그는 성장하는 돌이며, 생명 있
는 돌이며, 내가 주관하는 돌임을 너
는 알아야 할 것이니라.
47 그와 같은 역사의 변화가 이루어짐이
니, 너는 두려워하지 말라.
48 네 앞에 있는 작은 그 조약돌은 세월
이 지나면서 성장하며, 생명이 있으며
변해 감이니라.
49 그리하여 썩어 있는 그 크나큰 기암
산들을 재가 되도록 짓눌러 뭉개는 것
이 나의 뜻이며 그리될 것이니,
50 너는 여기서 너의 제자들의 그 소중함
과 그들의 아름다움을 알아야 하며,
그들의 용기를 알아야 할 것이며, 그
들의 선택함을 알아야 할 것이니,
51 그들은 바로 나 여호와가 존재함을 알
고 있기 때문에 너를 선택하였다는 것
을 깊이 깨우쳐 행하도록 하라.
52 이 이치를 너의 제자들에게 깨우쳐
줘, 성장하는 그 돌의 모습과 더불어
그 크고도 큰 바위산을 재가 되도록
뭉개고 밀어붙이는 그 역사의 장을 너
희들이 볼 수 있다 말하였으니,
53 너희들이 죽어 나에게 오기 전에 그와
같은 역사의 찬란함을 보게 될 것이
며, 죽어서는 나의 낙원에 와 영원히
나와 더불어 사는 너희들이 되는 그
축복을 얻을 것이니, 그리 알아야 할
것이니라.

1,971 번째 하나님 말씀

2002년 3월 5일 01시

1 사랑하는 선지자야!
2 "네, 여호와 하나님! 말씀하옵소서."
3 나로부터 선택된 자의 자세란 어떠한
자세여야 되겠는가?
4 내가 너에게 명하나니, 이를 또한 너
의 제자들에게 일깨워 줘야 할 것이
며 너의 제자들 또한 그리 살아가야
하는 것이니라.
5 나로부터 선택된 백성이요, 나로부터
선택된 사람은 거룩하고 깨끗한 그 삶
을 생활화하며, 그 속에서 스스로 거
룩하고 깨끗한 모습으로 저희들이 변
해져 가고 발전해 가는 그와 같은 삶
을 사는 자가 나에게 선택된 자이며,
6 나의 피조물 만백성을 인도하며 그들
을 바른길로 깨우쳐 미래의 역사를 이

루는 데 그와 같은 선두의 지도자가
되어야 하는 것이며,
7 그리고 거룩한 마음과 깨끗한 마음으
로써 정화되고 변화되는 그 삶을 살면
서, 또한 나 여호와에게 나 여호와가
추구하는 그 뜻에 그 모두를 아름답게
바치며 나를 경배하고 따르는 그러한
사람이어야 하는 것이니라.
8 그리고 또한 그는 내가 추구하는 것이
무엇인가를 알고 있으며, 그리하여 그
가 아름답고 거룩한 나라를 만드는 데
모두를 다 바치는 마음의 자세가 되어
야 할 것이며,
9 그리고 지금같이 험악하게 살아가는
너희들의 그 세속에서 그를 정화하는
역할을 하고자 하는 자이니라.
10 그리고 그는 너희들의 세속에 살아가
는 인간들 속에 들어가 그 속에서 생
활하며 그들과 더불어 살되, 그들에게
물들지 아니하고 그들을 정화하여 이
끌고 나오는 그와 같은 자세의 마음을
가지고 사는 자이며,
11 그리고 지금같이 사악한 무리요, 너희
들 자신이 형용할 수 없는 이와 같은
극악한 세대요, 폭력이 난무하며 살인
이 난무하는 이와 같은 시대에 그들을
깨우쳐 아름답고 거룩한 나라를 만들
어 가는 자가 나로부터 선택된 자이니
라.
12 이와 같은 마음 자세와 이와 같은 행
동으로써 나의 피조물 만백성을 이끌
어 가는 자만이 나로부터 선택된 자이
며,
13 그리고 내가 추구하는 모든 인류요,
모든 나의 백성을 하나로 만들어 언어
가 하나의 공통어가 되며, 생활 습관
이 하나가 되며, 나에게 기도하는 길
이 한 길로써, 한 뜻으로써 너희들이
기도하는 삶을 살아갈 수 있도록 그를
만들어 나가고 지도해 나가는 자가 나
로부터 선택된 자이며,
14 또한, 그를 따라 그와 같은 역사를 이
루는 나의 피조물 만백성이 나에게 선
택된 자들이며, 나로부터 축복을 받으
며 나에게 올라올 수 있는 백성임을
너희들이 알아야 할 것이니라.
15 이와 같은 행위를 역행하는 자, 저희
들의 사리사욕과 저희들의 편안함을
위하여 모든 자를 다 저희들의 육신
의 욕구에 맞추고자 이끌어 가는 그와
같은 행위를 하는 자는 진정한 종교
지도자가 아니며,
16 내일의 미래를 열어 주며 미래를 살아
감에 있어서 발전적이며 변화되는 아
름다운 쪽으로 살아가는 그와 같은 나
의 피조물 만백성으로 인도하고 이끌
지 아니하는 자는 그가 바로 사탄이
요, 사악한 무리이니라.
17 나에게 선택된 자는, 오로지 거룩하고
아름다우며 진실된 삶을 살아가며, 그
를 생활화하며, 그 생활 속에서 제가
아름답고 깨끗하게 변해 가는 그 모습
으로써 그리 전진하고 변해 가는 자만
이, 그리 이끌어 가는 자만이 나에게
선택된 자이니라.
18 그리하여 제가 변하는 그 모습에 나의
피조물 만백성을 그와 같이 동반자로
서 이끌어 하늘에 올라와 구원을 받을
수 있도록 인도하는 자가 나로부터 선
택된 자임을 너희들은 알아야 할 것이

니,
19 오늘의 나의 피조물 만백성 중에 하늘
에 오르는 길이라 하여 많은 수천수만
가지 종파들이 울부짖고 그들을 인도
한다 하여 끌고 가는 그들의 형태와,
나의 성령을 받아 세상에 기록하는 지
금 나의 선지자의 가고자 하는 행위와
그가 이끌고자 하는 것과 그가 가는
그 자세를 너희들이 바라보며,
20 또한, 너희들은 나의 선지자와 더불어
나의 성령으로 내려보낸 나의 법전을
가지고 공부하며 깨우치는 너희들 자
세가 지금까지 잘못 살아온 그들의 모
두를 덮어 버리며 거룩하고 아름답고
깨끗한 그와 같은 마음의 생활 자세로
살려고 노력하며 그와 같은 생활 속에
서 너희들이 깨끗하고 아름답게 사랑
하며 나눔의 마음으로 변해져 가는 삶
을 산다 하면,
21 이는 바로 내가 추구하는 것이며, 나
의 성령이 정녕 나 여호와가 직접 나
의 선지자에게 내려보낸 나의 뜻임을
너희들이 알아야 할 것이니라.
22 또한, 선지자가 너희들의 미래를 열
며, 또한 그가 지금 사악하고 험악한
이러한 세상에서 나의 피조물 만백성
을 구하고자 하며,
23 모든 백성을 하나로 만들어 나에게 기
도하며 나에게 오르는 방법을 깨우쳐
줘 너희들이 똑같은 형제요, 한 '우리'
라는 그 뜻에서, 피부색이요, 지금까
지 살아온 방법이요, 모든 생활 상태
가 다르며, 배운 자, 배우지 못한 자,
너희들이 말하는 짐승과 같은 생활을
하는 나의 피조물 만백성까지도 너희
들이 다 끌어안아 공통어로써 세상을
하나로 만들고자 하는 그가 바로 나의
뜻을 받아, 영을 받아 행하는 자임을
알아야 할 것이니라.
24 나의 피조물 만백성은 다 나의 아들
이요, 나의 딸임을 알라.
25 어찌 생겼든 어떠한 형태로 살아가든
그들은 나의 자식이요, 나의 아들딸이
며,
26 너희들은 여기서 너희들이 천 갈래,
만 갈래, 수만 가지로 갈라져 살아가
는 형태가 다르며, 생김새가 다르며,
또 너희들이 쓰는 언어가 다르며, 생
활 방식이 다르며, 그리고 나를 경배
하고 따르는 것이 다르며,
27 너희들이 모든 기복 신앙에 젖어 있어
이루어지지도 아니하는 그 소원을 빌
며 그들에게 너희들이 병든 것을 고치
고자 하는 그와 같은 나의 피조물 만
백성을 바로잡아,
28 나 여호와가 존재하며 하늘에 내가 존
재함을 알아 그 길을 향하여 기도하고
경배하는 그와 같은 하나의 백성으로
만들어 하나의 지름길을 향하여 너희
들을 인도하고자 하는 그 뜻을 가지고
행하며 실천하는 자가 나로부터 이 시
대에 선택된 자며 나의 대명을 수행하
는 선지자임을 너희들이 깊이 깨달아
야 할 것이니라.
29 예수의 시대를 지나 제3의 시대를 여
는 지금의 시점에 있어서 그와 같은
대명을 이루는 자며 그와 같은 뜻을
이루고자 하는 자가 나의 뜻이니, 그
가 나를 대행하는 자임을 너희들이 알
고 깨우쳐야 할 것이니,

30 이를 깊이 새겨 나의 피조물 만백성에
게 전하여 나의 선지자를 옆에서 같이
따르는 제자 너희들이 그리 먼저 살아
가며 변한다 하면, 이와 같이 변하고
살아가는 것이 나의 뜻이요, 진정한
나의 백성이라는 것을 너희들이 알 것
이니,
31 너희들이 곧 나의 진정한 백성이요,
나의 아들딸들로서 다시 태어난 영광
을 얻고 살아가는 길이 너희들에게 있
음이니,
32 이와 같은 영광의 길에 들어선 너희들
은 좌우를 돌아보지 말며, 나의 선지
자를 통하여 내리는 나의 성령을 가슴
속에 깊이 새겨 그를 실천하고 행하며
살아오는 너희들이 되도록 그리하라.

1,972 번째 하나님 말씀

2002년 3월 5일 06시 10분

1 사랑하는 선지자야!
2 "네, 여호와 하나님! 말씀하옵소서."
3 모든 나의 피조물 만백성이 살아가면
서 자기의 육신과 그리고 그 육신의
편안함과 인간 세상에 살아가는 그 속
에서 너희들은 무엇인가 남보다 더 높
고자, 그리고 더 많은 것을 가지고자,
그리고 더 편안한 인생의 삶을 살아가
고자 모두를 다 바쳐 추구하고 있음이
니라.
4 그리고 너희들은 어렵고 힘든 길보다
는 편안한 인생의 삶을 추구하며, 그
리하여 너희들이 살다 나에게 와 영원
히 사는 나의 나라에서 구원을 받는
것으로써 너희들이 더 이상 바라는 것
이 없으며 또한 그 길을 위하여 너희
들이 살아오고 있음이니라.
5 그리고 너희들은 살아가면서 너희들
의 편안함과 육신의 영달을 위하여 사
회적으로 또는 도덕적으로 또는 작은
질서를 파괴하는 그러한 행위들을 스
스로 자제하지 못하며 더러는 그와 같
은 행위를 알게 모르게 행하며 살아가
나니,
6 그 옳고 그름을 판단하는 그 순간에
서서 정녕 선을 택하고 악을 버리는
것이 얼마나 위대한 길이며 또한 그리
살아가야 한다는 것을 너희들은 더러
는 잊어버리고 삶이니,
7 그리하여 너희들은 선보다는 악을 따
르며 악을 추구하는 그와 같은 삶을
살아가고 있음이니라.
8 그리하여 너희들은 너희 육신이 편안
하고 안일하다 하면 더러는 악이라는
것을 따르고 악에 순종하고 그를 추구
하는 그와 같은 삶을 살면서 너희들은
또 나름대로 너희 영혼은 구원을 받고
자 하는 것이 너희들의 마음의 자세이
니라.
9 그러나 내가 너희에게 말하여 일렀듯
이, 영의 세계와 육의 세계는 엄연히
분리되어 있으나, 그 육의 삶이 영의
맑고 흐림을 만들며,
10 또한, 육의 삶이 맑고 흐림에 따라 그
영의 맑고 흐림이 변화되며,
11 영의 맑고 흐림의 변화로써 자기가 제
자리를 지켜 갈 때 육의 행동을 바르
게 잡아 가며 그 또한 절제하며, 또한
그로써 그 영을 지배하는 집으로서 곧
고 바르게 자리를 지켜야 하는 것이니

라.
12 그리하여 너희들이 죽어 나에게 와서
육의 삶과 너희들이 생각하며 사는 영
의 삶 두 가지를 다 똑같이 심판을 받
는다 내가 너희들에게 일깨워 주었느
니라.
13 그러나 육을 가진 인간인 너희들이 육
을 버리며 영의 삶을 추구한다는 것은
그리 쉽고 아무나 실천할 수 있는 길
이 아니라 내가 너희들에게 일찍이 일
러 말하였느니라.
14 그러한 육의 생활에서 버리지 못하며,
육의 편안함을 버려 영을 선택하는 그
와 같은 길을 선택하지 못하고 사는
것이 나의 피조물 만백성이 살아가는
형태라 내가 너에게 말하였느니라.
15 그리하여 모든 인간이 저희 자신의 편
안함과 영달을 위하여 그것만을 추구
하는 그 세계 속에서, 또한 믿음이라
는 길을 가는 자와 믿음이라는 길을
가지 않는 자, 이와 같이 너희들의 양
분되는 세상 속에서,
16 또한, 믿음도 진정한 믿음이요, 잘못
가는 믿음을 믿는다 그리하여 너희들
은 사탄이요, 이단이라 하며 믿는 자
들 또한 갑론을박하고 그리 살아가는
것이니라.
17 그러나 지금 나의 피조물 만백성은 나
를 향하여 하늘에 오르고자 믿는 자와
믿지 않는 자, 그들이 서로 갑론을박
하며 옳고 그름을 저희들이 따지고 하
나, 그들 또한 바른길을 오지 못하고
있음이니라.
18 이는 그들이 옳고 그른 믿음의 길을
가고 있다, 가지 아니한다 저희끼리
시시비비를 하는 자체가 그들 모두가
힘들고 어려운 나에게 오르는 영의 삶
을 저희들이 바라보지 못하며, 오로지
육의 그 편안한 생활 속에서 살아가고
자 하며 저희들을 편안한 길로 인도하
는 그 종교 지도자들을 선택하여 가고
있기 때문이니라.
19 어렵고 힘든 그 길이 나에게 오름이
며, 너희들의 육의 삶을 통제하고 절
제할 수 있는 것과 그리고 그 통제하
기 어려운 너희들의 자유와 질서를 파
괴시키지 아니하며 또한 도덕적으로
너희들이 살아가며 남에게 부끄러운
행위를 하지 아니하는 그와 같은 삶을
살아가는 것이 나에게 오르는 길이니,
그게 얼마나 힘들고 고달픈 길이던가?
20 그러나 너희들은 아무리 옳고 바른 길
이라 하여도 육신의 편안함을 먼저 찾
으며 영의 구원의 길을 바라보지 아니
하고 살아가는 그와 같은 형태에 있느
니라.
21 그리하며 내가 너에게 일러 말하기를,
지금의 모든 종교의 믿음을 가는 그
방대한 힘과 조직이 기암절벽의 크나
큰 바위의 산을 이루고 있는 그와 같
은 형국이라 하였으며,
22 그들은 밀어도 넘어지지 아니하고 불
어도 쓰러지지 아니하며 부술 수도 없
는 그런 방대한 믿음의 터를 잡고 있
으며 그와 같이 자리를 잡고 있음이라
하였음이니라.
23 그리하여 안일하고 편안한 믿음을 향
하여 가고 있는 그들이 지금의 구원의
길이 무엇인지 모르기에 그들은 기암
절벽의 크나큰 산을 이루고 있는 그와

같은 돌산에 자리를 잡고 있는 형국이
며,
24 지금의 잘못 가고 있는 믿음의 지도자
와 그를 따르는 나의 피조물 만백성이
그와 같이 자리를 잡고 있다 하였음이
니라.
25 그리하여 흔들릴 수도 없고 부서질 수
도 없으며 넘어질 수도 없는 그 크나
큰 기암절벽의 그 산을 주먹보다도 작
은 조약돌이 그를 부수며 그를 깨겠다
말할 때,
26 만백성은 비웃으며 그는 불가항력이
라 하며 그들은 정녕 잘못된 자가 와
헛소리한다 하여 그 작은 조약돌의 위
대함을 바라보지 못하고 그들이 기암
절벽과 같은 큰 산만을 바라보고 그를
추구한다 하였느니라.
27 그러나 그 속에서 너의 제자들은 바로
기암절벽의 그 크나큰 암벽의 산을 작
은 조약돌이 짓이기며 부순다 할 때,
그 조약돌 쪽에 서는 용기 있는 자들
이며, 용감한 자들이며, 그리고 믿음
이 있는 자들이며,
28 나 여호와가 존재함을 믿기에 그 작은
조약돌은 그를 부술 수 있는 힘을 가
지고 있다 하여 그 방대한 기암절벽
암반들의 그 크나큰 산의 그와 같은
위대함 속에서 뛰쳐나온 자들이라 말
하였느니라.
29 그리하여 너희들은 그곳에서 뛰쳐나
올 때 죽은 생명이요, 너희들은 모두
를 다 버리고 한 번 죽는 그와 같은 어
렵고 힘든 길을 결단하여 작은 조약돌
을 따르고자 뛰쳐나온 자들이라 하였
느니라.
30 그리하여 그들은 죽음을 무릅쓰고 그
크나큰 방대한 힘을 버리고 작은 조약
돌을 따라 선 그 순간에 목숨을 바쳐
진리요, 나 여호와가 존재함을 깨달아
그 길을 가고자 하는 자들이라 하였느
니라.
31 그리하여 그들이 소중하며, 그들이 죽
음을 무릅쓰고 나 여호와가 존재하며,
내가 있기에 나의 희망에 의하여 그
조약돌은 반드시 그를 밀어내며 이길
수 있다는 그 신념과 믿음을 갖고 너
희들이 그 길을 선택하였기에 너희들
의 이름을 나의 에덴동산의 낙원에 기
록하여 놓았다 내가 너에게 말하였느
니라.
32 그러니라. 그 크나큰 암반의 돌은 썩
어지며 죽어 있는 바위이니라.
33 그러나 새로운 조약돌은 생명이 있고
변화하며, 변화를 이루지 못하는 그
기암절벽의 산들을 다 밀어붙이며 갈
아 그들을 존재하지 못하도록, 재가
되도록 만든다 함을, 너의 제자들은
그를 깨닫고 그를 본 자들이니라.
34 그리하여 그들이 소중하며 그들의 이
름을 나의 낙원에 걸어 놓았다 하였음
이니,
35 그리하여 너의 제자들이, 너를 따르는
그 백성이 얼마나 소중한 자들이며 위
대한 자들인가를, 서로 너희들은 깨달
아 한 몸과 같은 마음 자세로써 살아
갈 수 있는 그와 같은 변화의 마음을
이루라 내가 너에게 일렀으니,
36 이를 내가 강조하고, 이가 소중하며
그리 너희들이 가야 하기에 오늘 내가
다시 한 번 너에게 강조하는 내용이

니, 이를 깊이 너의 제자들에게 깨우
쳐 이와 같은 너희들이 위대한 자들이
며, 그리고 나에게 한 번의 목숨을 바
친 그 위대하고 소중한 자들임을 그들
에게 다시 한 번 상기시켜 주며,
37 나 여호와가 그들과 같이하고 있음을
항상 잊지 말라 그리 이르며, 그리고
그리하여 모두는 다 그 작은 조약돌로
서, 성장하고 변화하는 그 돌이 세상
을 지배하는 날이 머지않아 있을 것이
라는 것을 그리 전하도록 하라.

1,973 번째 하나님 말씀

2002년 3월 5일 08시 25분

1 사랑하는 선지자야!
2 "네, 여호와 하나님! 말씀하옵소서."
3 저희들만이 정녕 하늘에 오르는 길로
나의 피조물 만백성을 인도하며 저만
이 선택되었다 그리 말하며, 제 앞에
와 고개 숙여 기도하는 자만이 구원을
받을 수 있다고 말하는 그 종교 지도
자들, 그리고 또 예수의 보혈의 은혜
로써 죄를 다 사했으며, 저희들은 죄
를 짓지 아니하고 살았으며 깨끗하게
살았다 하는 자들, 그러면서 나의 계
명을 지키지 아니하고 살아가는 그 믿
음의 속에 가 있는 그 백성에게 물으
라.
4 하늘이 무너지고 하늘이 쪼개질 것 같
은 천둥 벼락이 내리칠 때, 그와 같은
천둥 벼락에 저희들이 맞지 아니할까
불안한 마음을 갖지 않는 자 있는가
물어보라.
5 하늘이 무너질 것 같은 천둥 벼락이
너희들에게 몇 시간 동안 내리친다 하
면, 그 속에서 저는 한 점의 부끄러움
이 없으며 죄를 짓지 아니한 자이기
때문에 그러한 것이 두려움이 없으며,
그가 저에게는 아무런 관계가 없다 생
각하여 조용히 하던 일을 계속할 수
있는 자가 얼마나 있는가 물어보라.
6 종교 지도자란 바로 그와 같은 마음의
두려움이요, 제가 어떤 천둥 벼락에
맞을 만한 그와 같은 불안과 공포를
느끼지 않는 자라야 할 것이며,
7 그리고 구원을 받았다 하는 나의 피조
물 만백성, 지금의 잘못 가르치는 종
교 지도자들 밑에 가서 저희들이 구원
을 받았다며 오도방정을 떨고 있는
자들, 그리고 뒤로는 남들이 형용할
수 없는 더 사악한 짓들을 하면서 말
로만 천사와 같은 행위를 하여 말하는
그자들,
8 그들이 천둥 벼락이 하루 종일 때릴
때, 과연 저희들은 하루 종일 그 천둥
벼락에 맞지 않을 수 있는 자신이 있
다고 생각하며, 제가 혹시 그와 같은
천둥 벼락에 맞지 않을까 하여 불안한
공포의 마음을 갖지 않는가 물어보라.
9 그러한 마음을 너희들이 갖는다 하면
그는 잘못된 것이며, 잘못 믿음을 가
고 있는 자이며, 그는 구원을 받을 수
없는 자이니 그리 알라.
10 그와 같이 당당한 자가 있거든 말하라
이르라. 그는 정녕 나로부터 선택된
길이며 나의 계명을 지키고 살아가는
자일 것이니라.
11 그와 같이 당당한 모습으로써 천둥 번
개가 하루 종일 내리친다 하더라도 불

안과 공포를 느끼지 아니하는 자는 바
로 나의 계명을 지킨 자밖에는 없느니
라.
12 나 여호와에 의하여 나의 주관하에 모
두가 이루어지며 그 천둥 벼락의 그
벌도 나로 하여금 떨어진다 생각하면,
내가 내린 나의 계명을 충실히 지키고
살아온 사람은 두려움이 없을 것이니
라.
13 그러나 나의 계명을 하나라도 지키지
아니하며, 나의 계명을 집어던지고 그
는 저와 아무런 관계도 없는 것이라며
이와 같은 관심 밖에 접어 두고 산 자,
14 아무리 제가 믿음의 지도자요, 많은
나의 피조물 만백성 위에 군림하고 있
는 자라 하더라도 그는 공포에 떨게
되어 있음이니, 과연 공포에 떨지 않
는 자가 있거든 대답해 보라 하라.
15 그와 같이 공포에 떠는 자, 그는 정녕
지도자가 아니며 구원받을 수가 없으
며, 그는 죄짓지 아니하고 천사와 같
은 삶을 살지 못한 자이니,
16 어느 누구도 나의 피조물 만백성 중에
서 십계명을 지키며 그 뜻을 지키고
살아가고자 하지 아니하는 자는 두려
워하지 아니할 자가 없을 것이니라.
17 저희 스스로 잘못 살며 저희 죄를 제
가슴속에 안고 있으며 저희 스스로 깨
닫고 반성하면서도 저희들이 시행하
고 실천하지 못하는 삶을 살고 있기
때문이니,
18 이것이 그들이 구원을 받을 자요, 못
받을 자임을 나의 법전에 내려가는 이
대목을 읽고 스스로 판단해서, 천둥
벼락이 하루 종일 너희들의 머리를 후
려칠 때, 제가 그 벼락을 맞지 않을까
하며 공포심을 갖는 자는 정녕 구원을
받을 자격이 없음이니,
19 그런 공포를 느끼는 자, 그 공포를 느
끼는 만큼 지옥 불로 가게 되며 그 죄
를 받는다는 것을 알아야 할 것이니라.
20 사랑하는 선지자야!
21 "네, 여호와 하나님! 말씀하옵소서."
22 나의 성령이요, 나의 뜻을 듣고 보며
나의 성령으로 기록한 나의 법전을 가
지고 깨우치고 있는 너의 제자들과 이
를 보고 깨닫는 나의 피조물 만백성에
게 너는 또한 그와 같이 전해야 할 것
이니라.
23 지난날의 삶이 천둥 벼락이 때릴 때
불안한 공포를 느꼈던 그 삶을 살아왔
던 너희들이 나의 법전을 접하며, 나
의 성령을 접하며, 나의 뜻을 선지자
를 통하여 그 음성을 직접 듣고,
24 천둥 벼락이 아니라 아무리 하늘이 깨
진다 해도 너희들은 의연히 앉아 있을
수 있는 그와 같은 사람으로 변해 가
야 하는 것이며, 그리 변해져야 되는
것이 너희들의 사명임을 너의 제자들
에게 일깨워 줘야 할 것이니라.
25 한 점의 부끄러움이 없고 한 점의 두
려움이 없는 그와 같은 마음을 갖고자
너희들이 지킨다는 것은 나의 계명을
충실히 지키며 너희들의 육신은 영의
세계를 따라오지 못하며 세속 속에서
살아간다 하나,
26 너희들의 영의 자세는 나의 법도 안에
하늘나라에 와 존재하며 살아간다는
그러한 생각 속에서 그를 지켜 가며
그와 같은 겸허한 자세로써 마음 자세

가 굳어질 때 너희들은 두려움이 없을
것이니라.
27 오늘 내가 많은 종교 지도자들이요,
그들이 잘못 가고 있으며 천둥 번개에
마음의 공포를 느끼며 불안을 느끼고
사는 자는 구원을 받을 수 없다 하였
음이니,
28 나의 성령의 나의 뜻을 직접 선지자를
통하여 들으며 나의 법전을 읽고 살아
가는 너희들은 오늘 이 순간부터 천둥
벼락이 아니라 하늘이 쪼개져 내려앉
는다 해도, 지구가 갈라져 불바다 속
에 들어간다 해도, 너희들은 당당한
모습으로써 조용히 그를 기다릴 수 있
는, 그리고 거기에 거부하지 아니하며
그를 순응할 수 있는 너희들이 되어야
할 것이니라.
29 그 모두는 나의 뜻에 의하여 이루어지
며 나의 주관하에서 이루어짐이니, 너
희들이 정녕 나의 계명을 지키고 나의
뜻에 의하여 살아간다 하면 너희들은
두려움이 없을 것이니라.
30 그리하여 그와 같은 어떠한 변화에도
너희들이 동요되지 아니하며, 그곳에
빠져들어 가 불안을 느끼는 그러한 삶
을 살아서는 아니 되는 것이니,
31 지금 잘못 가는 종교 지도자들을 거울
삼아, 너희들은 그와 같이 변하는 자
들이 되어야 할 것이니라.
32 여기서 너희들이 또 하나 깨달아야 할
것이 있느니라.
33 너희들이 어떠한 세파 속에 시달려도,
그 속에 너희들이 존재한다 해도 그
속에 동화되지 아니하고 굳건하고 바
른 자세로써 거룩하게 너희 자신을 다
스려 나가며 너희들이 거룩하고 깨끗
한 쪽으로 변화되며,
34 그리고 거룩한 미래를 위하여, 거룩한
나 여호와의 나라를 이룩하는 데 일익
을 담당한 자로서 한 점의 부끄러움이
없는 그와 같은 역사를 이루는 책임감
과 그 대열에 낄 수 있는 그와 같은 마
음 자세를 갖고 살아야 할 것이니,
35 나의 성전에서 공부하며 나의 법전을
듣는 너의 제자들에게 이르라.
36 너희들은 지금서부터 천둥 번개가 평
생을 때린다 해도 너희들과는 무관하
며, 나에게 죄를 받지 아니하고 그 벌
을 받지 아니하며 그 벼락을 맞지 않
는다는 그와 같은 당당한 모습으로써
너희 자신의 내면이 그리 변해져야 될
것이니라.
37 너희들은 외면을 고침이 아니니라. 너
희들의 외면은 늙고 찌들었으며 헌 옷
을 걸치고 있으며 누더기를 걸치고 있
을망정,
38 그 외면이 아닌 너희들의 내면은 하얀
눈과 같이, 하얀 백합꽃과 같이 그 자
리를 잡고 그와 같이 변해진 모습으로
살아가는 것이 너희들이 지켜야 할 길
이니, 이를 명심하여 따르라 그리 이
르라, 선지자야!

1,974 번째 하나님 말씀

2002년 3월 5일 15시 50분

1 사랑하는 선지자야!
2 "네, 여호와 하나님! 말씀하옵소서."
3 내가 최초에 이 세상의 만물이요, 이
우주를 만들어 그곳에 내가 가장 아름

답고 예쁜 모습으로써 너희 인간들을
창조하였다 하였음이니라.
4 그러나 너희들은 모든 영화와 영광을
너희들이 가지고 있으면서도 내가 지
키라 하는 그 계명을 지키지 아니하며
나의 뜻을 따르지 아니하여 지금과 같
은 시대가 이루어졌으며,
5 그리하여 또 구약 시대라는 그 시대에
너희들을 바로잡고자 하였으며, 그리
고 너희들이 나 여호와에게 오르는 길
이 무엇인가 진정한 그 깨달음을 깨우
쳐 나에게 오르는 그 백성으로서 성장
하게 하기 위하여 내가 구약 시대에
그와 같은 역사를 이루었음이니라.
6 그리하여 너희들로 하여금 세상에 나
의 피조물 만백성이 한 형제요, 한 민
족으로서 그 시대의 역사 속에서 너희
들을 다 다스려 나가며 같이 이루어져
나가기를 바랐으나,
7 너희들은 나의 뜻과는 전혀 반대 현상
에서 너희들 나름대로 우상을 섬기며
너희들 나름대로 육신의 편안함을 위
하여 많은 작태를 부리며 그와 같은
형국에 이르렀으니,
8 그리하여 너희들을 다스리기 위하여
너희들이 지키고 하늘에 오를 수 있는
길의 정답을 명하여 내렸으니, 그게
바로 내가 불로 쓴 그 계명이니라.
9 그러나 너희들은 그와 같은 역사의 계
명을 받으면서도 그를 시행하고 지키
지 아니하여 더욱 사악한 형태로 흘러
감으로 인하여 나의 아들 예수로 하여
금 너희들을 깨우치고자 하여 그리하
였으며,
10 또한, 나의 아들 예수가 저의 생명을
바쳐 나 여호와가 존재함을 만천하에
전하며 나의 뜻이요, 나의 가르침이
정녕 구원을 받을 수 있는 길이요, 하
나님이 존재하며 하나님의 뜻에 따라
살아오는 것이 구원의 길을 오를 수
있다 하는 그와 같은 것을 입증하기
위하여 목숨을 던졌음이니라.
11 스스로 그 소중한 목숨을 던져 나 여
호와가 존재하며 내가 이루고자 하는
그 뜻이 무엇인가를 만백성에게 보고
듣고 깨우치라 하여 그가 그 이상 바
칠 것이 없는 자기의 생명을 나에게
바쳤으며,
12 또 가장 험악하고 어려운 그 형태로써
그가 숨을 거둠으로 인하여 나의 피조
물 만백성에게 내가 존재하며 그리고
내가 이루고자 하는 뜻이 무엇인가를,
13 하늘이 있으며 너희들이 살다 죽어 하
늘에 와 반드시 심판을 받게 된다는
그와 같은 것을 너희들에게 깨우쳐 주
고 깨닫게 하기 위하여 그는 그와 같
이 힘들고 어려운 죽음의 역사로써 답
하고자 했으며, 나의 피조물 만백성
너희들을 구하고자 하였음이니라.
14 나 여호와가 존재함을 너희들이 믿지
아니하며, 나의 아들이 설법하는 것이
나의 뜻이라 너희들이 생각하지 아니
하며, 그가 설법하는 그 뜻에 따라 너
희들이 선하고 사랑을 베푸는 백성으
로 변화되지 아니함이니,
15 그가 오죽이나 답답하고 괴로우면 마
지막 그의 목숨을 던짐으로 인하여,
그리고 가장 험하고 힘든 형벌로써 그
가 나 여호와가 존재함을 입증하기 위
하여 죽어 갔겠는가?

16 그가 그리하여 너희들에게 전하는 것
은 내가 존재하며, 모두 나 여호와의
뜻이며, 그리고 내가 명한 십계명을
지켜 하늘에 오르는 길을 반드시 보
고 구원을 받으라 하여 그는 그와 같
이 고통스러운 죽음의 길을 마지막에
선택하였음이니,
17 목숨을 내던지는 것보다 더한 진실이
어디에 있으며 더 위대한 것이 어디에
있는가?
18 너희들이 남들과 시시비비를 할 때 너
희 뜻을 알아주지 아니하고 너희들의
참뜻을 받아들이지 아니하며 너희들
을 진실로 받아 주지 아니할 때, 너희
는 갖은 방법으로써 그를 설득하고 이
해시키려 하나 정녕 그들이 이해를 못
할 때,
19 또는 너희들이 그를 깨우치기 위하여
너희 목숨을 던져 그에게 너희들의 그
청백하고 깨끗함을 보여 준다 하면 그
들이 그러고도 너희들을 믿지 아니할
수 있겠는가?
20 너희들은 너희 부모가 잘못된 자식을
위하여 스스로 그 목숨을 던졌다 해도
그 부모의 뜻을 따르지 아니하고 망각
하는 것이 너희들의 지금 사악한 심성
의 살아가는 그런 형태이니라.
21 도둑질하지 아니하였으며 잘못하지
아니한 자를 너희들이 잘못하였다고
누명을 씌울 때, 그가 그 결백을 위하
여 제 목숨을 던졌다 하면, 너희들은
그러하고도 그를 거짓자라 그리 말하
고 몰아붙이고 그에게 그 죄를 그저
뒤집어씌워 진실을 밝히지 않고 묻어
두고자 하는 것이 너희들의 마음이니
라.
22 그를 밝히고자 하는 자가 어디에 있는
가? 그를 지키고자 하는 자가 어디에
있는가?
23 나의 사랑하는 선지자를 따르는 제자
너희들은 여기서 깨우쳐야 할 것이 있
느니라.
24 나의 아들 예수가 그와 같이 목숨으로
써 나 여호와가 존재함을 밝히고자 했
으며,
25 그 고통스러운 죽음으로써 너희들이
죽어 와 심판을 받으며 그리고 너희들
이 십계명을 지키는 그것이 구원을 받
는 길이며, 여호와 아버지가 내린 그
율법이요, 그 가르침만이 너희들이 존
재하며 구원을 받는 것이라 부르짖으
며, 그것으로써 진실을 밝히고자 하여
그는 죽어 갔음이니라.
26 그러나 너희들은 지금 어찌 가고 있는
가?
27 많은 종교 지도자요, 나의 백성을 이
끌어온다 하는 너희들은 과연 그와 같
은 뜻을 생각하며, 예수가 밝히고자
하는 그 죽음의 숭고한 내면의 뜻을
생각하고 그를 깨달으며 배움으로써
너희들이 정립해 가며 너희 자신이 그
와 같은 길로써 그가 원하고자 하는
그 뜻을 지키고자 하는 자가 얼마나
있는가?
28 그가 죽음으로써 모든 사실을 밝히고
자 하였으나 너희들은 지금 어찌 가고
있는가?
29 나에게 올 수 있는 가장 근본인 그 십
계명을 덮어 두며, 인간이기 때문에
그를 지킬 수 없는 것이라 하며 그를

헌신짝처럼 집어던졌으며,
30 예수가 오죽하면 그와 같이 죽었겠는
가 하는 그 진실을 파악하기 전에, 너
희들은 그 죽음을 갖다가 너희들의 모
든 죄를 다 그가 안고 대신 죽었다 그
리 가르치며,
31 그리하여 그가 너희 모든 죄를 안고
죽었기 때문에 너희들은 예수의 피로
써 사한 자들이다 그와 같은 생각조차
할 수 없는 교묘한 방법으로써 이를
뒤집어씌우고 역행하는 곳으로 가고
있음이니, 그러면서 너희들은 한 술
더 떠서 말하느니라.
32 인간이기 때문에 그와 같이 지킬 수
없다, 그러기에 너희들은 대충 사는
대로 살고 그저 나에게 기도하면 구원
을 받으며,
33 그리고 너희들이 손으로 지은 성전에
가서 너희들을 지도한다는 그 잘못된
지도자 앞에 재물을 바치며 울고불고
광란의 짓을 하면 구원을 받는다 그리
생각하고 있음이니, 그리고 너희들은
어찌 생각하느냐?
34 그저 너희들은 하나를 바치면 열 개를
주며 열 개를 바치면 백 개를 준다는,
그와 같은 재물의 축복을 받을 수 있
다는 허황된 것으로써 나의 피조물 만
백성을 그리 이끌어 가고 있음이니,
35 예수가 왜 그리 죽음을 선택하였으며,
오죽이나 그가 진실을 밝히고 싶었으
며 그리고 오죽이나 밝힐 수 있는 길
이 없었으면 그가 젊은 나이에 그 생
명으로써 그 모두를 대변하고 일찍 갔
겠는가?
36 지금의 나의 피조물 만백성은 그가 왜
그리 죽었는가, 얼마나 하나님이 계시
며 너희가 심판을 받는 것이 엄연한
사실이라는 것을 입증하고 싶었으면
그가 죽어 갔겠는가 그 형태를 생각지
도 아니하며 덮어 두고 있음이니라.
37 그리하여 지금의 너희들이 모든 믿음
의 길을 가는 자, 그리고 그를 인도하
는 지도자들이 가는 형태가 무엇이더
냐?
38 예수가 밝히고 그가 행하고자 했던 그
뜻을 너희들은 행하는 자가 지금 하나
도 없음이니라.
39 그리하여 너희들은 세속에 들어가 세
속의 권위와 출세의 욕구를 충족시키
기 위한 그와 같은 삶으로써 전락하였
으며 그러한 형태로 살아가나니,
40 지금 모든 폭력과 사악한 것들이 이
세상을 지배하며 사람의 목숨을 그저
팔아먹고 죽이며 그 대가를 받는 이와
같은 더 이상 사악할 수 없는 시대가
왔음이니라.
41 오늘 내가 나의 선지자를 통하여 너희
들에게 전하나니, 너희들은 이와 같이
지킬 것을 지키며 행하여야 할 것이
니라.
42 너희들은 인간사 세속에 살면서 그들
에게 물들지 아니하며, 거룩한 마음이
요, 아름답고 깨끗한 마음으로써 너희
자신을 다스려 가야 할 것이며, 그 속
에서 너희들이 변하여야 할 것이며,
그리고 그 아름답고 깨끗한 새로운 세
상을 이 지상에 열고자 하는 나의 뜻
을 알아야 할 것이니라.
43 새로운 동산이요, 새로운 낙원이요,
새 시대에 새로운 너희들로서 구성하

고자 하는 것이 나의 뜻임이니,
44 내가 이 지상을 새로운 시대로 이끌어
가며 새로 태어난 지상의 낙원으로 만
들고자 한다 하면, 이를 대역하여 일
하고 이를 이끌어 나갈 수 있는 자들
이 필요하지 아니하던가?
45 바로 너희들이 내가 새로운 동산을 만
들고자 하며 낙원을 만들고자 하는 그
대명을 맡아서 시행할 자들로 선택된
자이며,
46 그를 만들어 가는 데 내가 너희들을
깨우치고자 나의 선지자를 통하여 내
리는 나의 성령이 그 기본이요, 기초
질서이며, 모든 역사를 이루는 근본이
요, 근간임을 너희들은 알아야 할 것
이니라.
47 지금 이와 같이 사악한 시대에 나의
성령으로써 내려보내는 나의 법전은
깨우침의 규율과 책으로써 너희들에
게 전하는 그 역사를 이루지 아니하면
이 험악한 세대를 바로잡을 수 없음이
니,
48 그리하여 그것을 잡을 수 있으며 그들
의 뿌리를 이 세상에 존재치 못하게
하며, 내가 새로운 낙원을 이루는 새
로운 시대에 나의 백성을 거룩하고
아름다운 자세로써 창조하며 미래를
위하여 나의 낙원을 이루는 그 대임을
맡아야 할 자들이 바로 너희들이니,
49 너희가 새로 태어난 나의 백성이라 말
함이니라.
50 그러니 너희들은 지금의 종교의 역사
의 흐름과 그 속에 잘못되어 내포되어
있는 추하고 더러운 모습들을 하나하
나 찾아내야 할 것이며,
51 그리하여 너희들은 그와 같은 역사를
반복하는 것이 아니라 그와 반대쪽에
서서 너희들이 그들을 바라보며 그들
을 거울삼아 새로운 나의 동산을 이루
는 새로운 일꾼으로서, 새로운 생명으
로 태어난 너희들이 되어야 할 것이
니라.
52 오로지 미래의 창조와 미래의 아름다
운 세상을 설계할 수 있는 그와 같은
너희들로 변하여 가는 것이 나에게 선
택된 백성이니 그리 알라.
53 그리고 모두를 다져 가는 기초요, 기
본 질서요, 너희들의 근간이요, 뼈가
되는 것이 바로 나의 성령이요, 내가
내려보내 이 선지자를 통하여 기록하
는 나의 법전이니,
54 이를 정독하고 또 깨우쳐 이 속에 내
가 원하는 새로운 낙원을 이루는 그
뜻을 너희들이 그곳에서 찾으라.
55 그와 같이 행하고 행하여 살아올 때
너희들이 정녕 나에게 선택된 백성으
로서 너희들의 책무를 다하는 것이니
그리 알도록 하라.

1,975 번째 하나님 말씀

2002년 3월 5일 17시

1 사랑하는 선지자야!
2 "네, 여호와 하나님! 말씀하옵소서."
3 이 세상 너희들이 험악하고 험난한 지
금의 삶을 살아가는 그 형태가 어떠하
던가?
4 내가 만든 이 지상의 아름다운 동산은
너희 인간들이 행복함을 누리며 즐겁
고 편안한 영광된 그 생활을 할 수 있

도록, 모든 동식물까지 너희들이 섭취
하며 살아갈 수 있도록 내가 그 은혜
와 영광을 내렸건만,
5 너희들이 지금 나의 동산을 어찌 만들
어 놓았는가?
6 너희들이 노력하고 열심히 살고자 행
하는 자, 다 살아갈 수 있도록 내가 모
든 것을 너희들에게 다 만들어 주었거
늘, 그 속에서 욕심을 버리지 못하고
지금과 같은 너희들의 형태를 이루었
으니,
7 지상의 낙원이요, 아름다운 동산에 사
는 나의 피조물 만백성이 공포와 불안
속에, 그리고 너희들이 한 형제라 하
는 가장 신뢰하고 믿고 살아가야 할
자들끼리 서로 의심하고 질투하고 시
기하며, 그리고 만나는 걸 꺼리며 두
려워하는 이와 같은 삶을 살아가니,
8 내가 추구하던 지상의 낙원과는 정반
대인 이와 같은 형국을 이루었으며 그
속에서 너희들이 살아감이니,
9 이 얼마나 창조주로서 나 여호와의 마
음이 아픈가 너희들이 생각해 보았는
가?
10 너희 인간들도 남남이 만나 한 가정을
이루며 거기서 또 얻어지는 너희 후손
의 자식이 있으니,
11 그 자식이 곧고 바르게 자라 주기를
바라며 또 그가 남부럽지 않은 삶을
살며 모든 나의 피조물 만백성에게 버
림받는 사람이 아니라 칭송받는 사람
으로 살아가기를 원하는 것이니라.
12 그러나 귀하고 예쁜 자식이 일찍 너희
들 앞에서 숨을 거두며 또는 그가 잘
못 살아간다는 말을 들으며 남들로부
터 지탄을 받는 사람으로 살아간다 할
때, 너희들은 어떠하겠는가?
13 지금 나의 피조물 만백성 너희들이 나
를 아버지라 부르며 또 내가 너희들을
아들딸이라, 자식이라 부르며, 너희들
이 창조주요, 이 우주 만물을 창조한
너희들의 아버지라 부르는 내가 너희
들에게 지키고 살라 함을 너희들이 지
키지 아니하여,
14 너희들은 여하간 내 앞에 올 수 있는
너희들의 그 영혼의 세계를 살라 하였
으나,
15 너희들은 인간사에 살아가는 그 속에
젖어들어 지금 모든 종교 지도자들이
요, 나에게, 하늘에 오르는 길로 인도
하는 너희들이 죽은 그와 같은 삶을
지금 사는 것이라 하면 어떠하겠는가?
16 너희 영혼이 나에게 와 심판을 받으
며, 그 영혼이 존재하며 그 영양을 공
급하며 그를 지탱할 수 있는 것은, 나
의 계명을 지키며 바로 살아가는 너희
들의 육과 영이 하나가 되었을 때 그
는 힘찬 삶을 살아간다 하였음이니,
17 이를 거부하고 이를 지키지 아니하는
자는 죽은 자이니, 바로 너희 육신들
앞에 예쁘고 사랑스러운 자식이 먼저
세상을 등지고 죽어 가는 그와 같은
형국이 이루어져 있음이니,
18 그것을 바라보는 너희 육신의 부모도
백 년도 안 되는 그 인간관계요, 너희
가 죽어 가는 그 인연 속에 몇십 년 남
지 않은 그 삶 속에 지울 수 있고 버릴
수 있다 생각할 수 없으며,
19 너희들이 죽어지는 그 몇십 년의 삶을
살아가는 그 세월의 고통도 너희들이

형용할 수 없을 것이며, 슬프나 괴로
우나 또 너희들이 눈을 감을 때까지
먼저 간 그 자식을 생각하며 괴로워하
는 것이거늘,
20 영원히 사는 나의 나라에 올 수 있는
그 영혼이요, 나의 자식이요, 나의 딸
인 그들이 죽어 가고 죽어 있다 하면
너희들은 어떠하겠는가?
21 나의 이 아픈 가슴을 너희들이 알아보
겠는가?
22 그리고 살아 있는 나의 피조물 만백성
또한 어떠한가?
23 너희들이 곱게 자라 사회에 필요한 자
식으로 성장하기를 빌고 바라는 너희
들 마음과는 관계없이 잘못된 인생이
요, 남으로부터 저주받으며 사악한 인
간으로서 자식이 살아간다 하면 너희
들 또한 얼마나 통탄하며 마음이 괴롭
겠는가?
24 지금의 너희들이 말하지 아니하였느
냐?
25 나는 너희들에게 내가 만든 이 우주를
아름다운 낙원으로 만들라 하였으며,
그 낙원에 모든 동식물을 자연스럽게
섭취하고 너희 것으로 만들어 천사와
같이 살라 하였으나, 너희들은 그것까
지도 다 버리면서 지금 너희들은 말하
지 않느냐?
26 이 더러운 세상이요, 도둑놈이 우글거
리고 사기꾼이 우글거리며, 배우고 높
은 자, 지식인들이 더 도둑질하며 사
악한 자로서, 불쌍하고 어려운 백성만
이 그들의 폭력과 그들 앞에 시련과
고통을 겪고 사는 세상, 정말 살맛이
없다 말하며, 그리 살 수 없는 너희들
이 너희 자신을 비평하고 원망하는 것
은 무엇이더냐?
27 내가 만든 에덴동산에 너희들이 아름
답게 살라는 그 은혜를 모르며, 하늘
나라에 내가 존재함을 그들에게 깨우
치지 못하며 그들이 나를 원망하는 그
와 같은 삶을 살아가도록 하는 것이
지금 너희들의 그와 같은 형국이니라.
28 그 속에서 지금 그들에게 물들지 아니
하며 세속의 부귀영화를 다 버리고자
하며, 오로지 나의 법전이요, 나의 성
령에 따라 살아가고자 하는 너희들이
얼마나 소중하고 나에게 갸륵한 자식
인가?
29 너희들은 여기서 버려지는 자식이 되
지 말라.
30 부모 앞에서 일찍 죽어 가는 자식이
되지 말라.
31 나 여호와 앞에서 너희들이 일찍 죽어
가는 자식이 되지 말라.
32 그리고 내 앞에서 잘못 가는 자식이
되지 말며, 방탕한 자식이 되지 말며,
부모를 속썩이는 자식이 되지 말라.
33 나 여호와 앞에서 너희들이 그와 같이
살아가는 자식이 되어 주길 바라노라.
34 내가 오늘 나의 선지자로부터 선택된
나의 백성 중에 아름답게 살아가고자
노력하며, 나 여호와가 존재함을 믿으
며, 나의 성령을 들어 깨우치고자 그
어렵고 힘든 너희들의 지나온 잘못 살
아왔던 그 생활 형태를 다 바꾸고자
하는 너희들의 노력을 나 여호와가 아
느니라.
35 도둑질하며 살았던 자, 도둑질을 하지
않으려 하며, 간음하며 살았던 자, 간

음하지 않으려 하며, 남을 사기 치고
속이며 거짓 하던 자, 그를 하지 않으
려 하며, 이웃과 형제를 사랑하지 아
니하였던 자들이 이웃을 사랑하며 부
모에게 효도하며 형제지간에 우애를
돈독히 하고자 하여 너희들이 넘을 수
없는 그 벽들을 하나하나 넘어가는 그
갸륵한 정성을 내가 바라보고 있음이
니, 나 여호와가 기쁘기 한량없느니라.
36 오늘 특히 내가 너희 둘에게 말하노라.
37 나의 성전에 와서 깨우쳐 살아가고자
하는 나의 백성 중에서 너희 둘이 이
성전에서 결혼하였음이니,
38 그리고 결혼하여 맺어진 그 쌍의 안과
밖이 다 나 여호와를 믿으며 아름답게
살아가고자 하는 너희들의 그 갸륵한
마음을 나 여호와가 아나니,
39 너희들의 이름을 내가 나의 법전에 기
록하여 대대손손 영원히 축복받으며
영원히 기록에 남는 너희 부부를 만들
고자 함이니,
40 '이진우'와 '신은정', 너희 부부는 오늘
과 같은 그 마음이 변하지 말며, 너희
들이 오늘과 같은 마음으로써 살아오
고 나 여호와를 경배하고 따를 때 너
희들의 영혼이 영원히 사는 영양을 공
급받음이니라.
41 나의 계명을 지키며 그 계명 속에 살
아가며 아름답고 고운 마음으로써 살
아가고자 하는 것이 너희들의 영혼을
살리는 영양가를 공급함이니라.
42 너희들 육신이 살아가면서 영양을 공
급받지 못하면 살지 못하듯이, 너희들
의 육신이요, 나에게 와 심판을 받는
영혼이 영양의 공급을 받고 보충을 하
는 것은 너희들이 한 가지 착한 일을
할 때, 그리고 아름다운 일을 할 때,
43 너희들에게 그 하나의 영양이 공급되
어 왕성하고 장성한 그와 같은 나의
아들이요, 딸인 그 영혼들을 지탱하고
살아 하늘에 오르게 할 수 있도록 하
는 것이며,
44 너희들이 악하고 간악한 짓을 할 때마
다 너희들이 지탱하여야 할 그 영양이
너희 몸에서 벗어남이며 너희 영혼에
서 떨어져 감이니,
45 그는 쇠진하여 쓰러지며 곧 죽은 자가
될 것이며 그리고 나에게 오를 수 없
는 자가 됨이니라.
46 그리고 사악하고 잔인한 것을 너희들
이 육신의 집에서 받아들일 때 그 영
혼은 방탕한 인생이 되는 것이며 사악
한 무리가 되는 것이니, 너희들은 이
러한 이치를 깨우쳐 실행해야 할 것이
며,
47 내가 오늘 두 남녀의 이름을 기록하여
나의 법전에 남기고자 하여, 수천 년
역사와 수만 년 역사가 흐르는 그 속
에서 너희들이 영원히 보존되며 남을
것이니,
48 너희들이 길이 역사에 남는 부부의 삶
을 살아야 할 것이며, 오늘의 너희들
이 이야기하는 그 아름다운 마음과 아
름다운 생각을 가지고 나 여호와를 경
배하며 선지자가 가는 그 길에 너희들
이 마당을 쓸어 주는 그와 같은 역할
의 마음으로 오늘과 같은 마음을 영원
히 변하지 말며 길이 지킬 것이며, 나
의 법전을 전하는 데 너희들의 모든
열과 성의를 다하여야 할 것이니라.

49 이진우라 하는 그 또한 그 어렵고 힘
든 저의 생활에서 그를 즐거움이요,
행복이라 받아들임은 나 여호와가 존
재함을 그가 믿고 있으며, 내가 저에
게 명한 것이라 생각하며, 내가 저를
깊이 크게 쓸 것이라는 그 깨끗하고
아름답고 순수한 사랑의 마음을 가지
고 있음이니라.
50 그의 아내 신은정 역시 아무런 대가
요, 바람이 없이 제가 할 수 있는 도리
를 하며, 제가 하나님을 따라서 하나
님으로부터 하나님의 성령의 아름답
고 고운 그 말씀으로 저 자신의 잘못
됨을 쓸어 낼 수 있는 그 은혜와 은총
을 받음을 감사하며 영광으로 생각하
며 살아감이니,
51 내가 또한 너희 두 사람의 이름을 나
의 법전에 기록하여 영원히 너희들을
기억하고자 함이며, 대대손손 너희들
이 빛이 되는 삶을 산 자로서 남기고
자 함이니,
52 너희들은 더 갈고 닦아야 할 것이며,
지금의 열배 백배 더 깨끗하고 아름다
운 마음으로 사는 데 열성을 다하도록
하라.

1,976 번째 하나님 말씀

2002년 3월 5일 21시 10분

1 사랑하는 선지자야,
2 "네, 여호와 하나님! 말씀하옵소서."
3 내가 너에게 이르기를 모두는 다 하나
가 되어야 한다 하였음이니라.
4 너희들의 육신은 하나의 몸체요, 그리
고 한 사람으로서 형성된 그 부분이
팔은 팔대로 다리는 다리대로 머리는
머리대로 몸은 몸대로 각자 논다 하면
어떠한 형태가 되겠는가?
5 그와 같은 것은 지탱할 수도 없으며
서로 싸우며 또 서로 자기주장이 옳고
자기 것만이 옳다는 그와 같은 형국에
제가 하고자 하는 행동만 제가 먼저
이루고자 하는 그 행동에 의하여 아무
것도 이루어질 수가 없고 할 수가 없
지 않으냐?
6 그리하여 너희들의 모두를 지배하고
통제하며 생각하는 지혜가 있으며 너
희들을 통제하는 영이 존재함이니,
7 그 통제하에 질서 정연하게 움직이는
것이 너희들의 몸체가 아니더냐?
8 숨을 쉬고자 할 때 숨을 쉬지 못하게
하며 무엇을 먹고자 할 때 먹지 못하
게 한다 하면 어떠한 형국이 되겠는가?
9 이와 같이 모든 만물의 창조를 나 여
호와가 다 했음이니, 그 모두가 하나
가 되어야 함이니라.
10 다 그 자리에 필요하여 그가 형성되어
있듯이 그리하여 내가 하나로써 모든
것을 통제하며 이루고자 함이니라.
11 이것이 새로운 시대를 열고자 함이며
내가 천 년에 걸쳐 이루고자 하는 것
이니라.
12 그리하여 너희들이 쓰고 있는 그 언어
와 글과 그리고 또 하나 나에게 기도
하는 것도 한 가지 방법이며 한 길밖
에 없음이니라.
13 그리고 하늘에 오르는 길도 한 길밖에
없다 내가 말하였느니라.
14 그리하여 모두가 하나로 이루어지고
하나로 이루고자 함이니라.

15 그와 같이 하나로 이루고자 하는 지
금, 너희 종교, 너희들의 종파는 어찌
되었느냐?
16 내가 구약과 신약을 내려보내 너희들
이 그 하나를 가지고 연구하고 공부하
며 그리고 나의 뜻이 무엇인가를 알며
내가 지키라는 그 십계명을 지키며 율
법을 지키도록 너희들이 단합되고 단
결되어서 그것만 공부하고 깨우쳤다
면 오늘의 많은 너희들이 하나로 이루
어지는 그와 같은 형국이 되었을 것이
니라.
17 지금 너희들이 살아가며 믿음을 향하
여, 또 나를 향하여 너희들이 공부하
며 깨우쳐 오고자 하는 너희들의 그
믿음이요, 그 종교 모두를 지배하는
그 정신의 영은 바로 십계명이니라.
18 내가 말하기를, 너희들 육신에서 영혼
의 지시요, 영의 지시를 받지 아니하
며 내가 너희들에게 심은 그 너희들의
영에 대한 지시를 받지 아니하고 너희
들이 각자 움직인다면 아무것도 이루
어질 수가 없다 말하였느니라.
19 그러나 너희들은, 지금 내가 너희들
모두를 다 지배하여 하나로 만들고자
하여 지배하는 것이 바로 무엇이더냐?
20 나 여호와며 나를 대신하여 내려간 나
의 십계명이니라.
21 십계명은 너희 인간들이 더불어 사는
그 속에 영의 역할을 함이니, 너희들
의 몸체에 있어서 너희들을 지배하는
영과 같으니라.
22 그러하니 너희들이 어찌하여야 하겠
는가?
23 너희들의 육신을 지배하는 것은 영혼
이며, 너희들 모두를 하나로 통제하여
지배하는 그 영은 십계명이니라.
24 그런데 그 영을 지배하는 너희들의 그
영인 십계명을 너희들은 버리며 집어
던지며 그 영혼을 너희들 자체에서 뽑
아내 버렸음이니, 누가 너희들을 통제
하며 누가 너희들을 다스릴 수 있겠는
가?
25 너희들 육신을 다스리는 그 생각을 지
배하는 영이 없다 하면 너희들은 팔다
리요, 너희들 모든 몸 부분이 서로 다
따로 논다 하였음이니,
26 지금의 너희들의 믿음의 길을 가고 있
는 종파들이 가는 그 속사정이 그와
같이 되어 있느니라.
27 근본이요, 너희들을 지배하는 나의 십
계명을 버리고 나서 너희들이 무엇인
가를 갈구하여 하늘에 오르고자 하여
기도하고 무엇인가를 찾고자 한다 하
면 그는 무엇이더냐?
28 너희들은 각자 스스로 자리를 지키지
못하며, 그리고 너희들 각자가 스스로
옳다 부르짖으며, 자기 것이 최고라
소리 지르며, 자기만이 구원을 받을
수 있다 하여 각자가 움직이는 그러한
형국이니,
29 지금 무엇으로써 하나를 이루고 있으
며 하나로써 단합이 되며 하나로써 이
루어질 수 있겠는가?
30 이와 같은 형국에 지금 너희들이 살아
가고 있으니, 이를 어찌 다스릴 수 있
다 할 수 있겠는가?
31 그리하여 내가 나의 선지자를 통하여
너희들에게 이르기를, 하나가 되라 하
였음이니라.

32 몸과 마음을 지배할 수 있는 하나의
점으로 만들되, 그 점이 아름다우며
나의 계명을 지키고 살고자 하는 그
뭉쳐진 하나의 점이 너희들을 지배할
때,
33 너희들은 모든 악의 근원을 뿌리 뽑을
수 있으며 선을 위하여 행하고 갈 수
있는 그와 같은 힘의 원동력이 이루어
진다 하였느니라.
34 그러하니 너희들이 하나가 되고 또 너
희들이 이웃과 더불어 하나가 됨이라
하였으니,
35 이 또한 나의 계명을 지키고 나의 십
계명에 따라서 너희들이 살아가고자
할 때, 그리고 나에게 기도하는 것이
통일되어 있을 때 그러함으로 인해서
너희들이 하나가 되는 것이며 너희들
의 영혼이 너희들을 다 지배하게 됨이
니라.
36 그리하여 내가 너를 통하여, 제자가
선지자를 통하여 하나가 되며, 그리고
내가 한 지역을 하나로 이루라 말하였
으며,
37 그리고 동방에 사는 너희들이 지금 존
재하고 있는 이 나라를 하나로 통일시
키라 하였음이니라.
38 그리하여 온 세상을 다 하나로 통일시
키라 하였음이니,
39 하나가 되어 같이 움직여 한 곳의 지
배를 받아 움직이는 그와 같은 형국을
만들고자 하는 것이 나 여호와의 뜻이
니라.
40 나는 귀한 자식이나 미운 자식이 없으
며 다 똑같이 너희들을 사랑하고 너희
들이 소중함이니,
41 그리하여 지금서부터 천 년에 걸쳐 하
나로 만들고자 함이니, 이는 육신의
생각이 모두를 지배하듯이 나의 계명
이 모두를 지배하며 존재하며 살아가
는 그 시대를 열고자 함이니,
42 그리하여 너희들에게 나의 계명을 깨
우치고 공부하며 지키고 실천하는 그
와 같은 새로운 역사의 장을 열라 하
였으며,
43 그리고 그를 위하여 창조할 수 있는
능력을 계발하여, 너희들 온 피조물
만백성이 하나로 되어 나에게 오르는
길을 같이 오를 수 있도록 하고자 함
이니라.
44 이와 같은 나의 깊은 뜻을 알아 너희
들이 행할 때, 너희들이 구원의 길을
볼 수 있으며 구원을 받을 수 있음을
알아야 할 것이니라.
45 지금의 많은 나의 피조물이 한 몸뚱이
면서 각자가 그를 지배하는 영을 너희
들 자신에서 밀어내고 그를 너희들이
받으려 하지 않으며 그 통제를 받으려
하지 아니하기 때문에 손발이 각자 노
는 것처럼,
46 너희들 모든 종파가 우후죽순같이 생
겨 각자 지금 그 자리에서 제 갈 길을
모르며 제 위치를 모르며 제가 할 일
을 모르고 엉뚱한 방향으로 각자가 옳
다 하여 달려가며 그와 같은 길을 향
하여 가는 형국이 이루어지고 있음을
너희들이 알아야 할 것이니라.
47 그러하니 네가 나의 영을 받아 너희들
이 하나가 되어 하나로써 오는 기도
요, 하나로써 오는 한 길을 향하여 와
야 할 것을, 너희들이 그 길이 아닌 각

자의 그 생각이 없이 움직이며 행동함
이니,
48 이는 무질서가 난무하게 되었으며 세
상의 모두가 지금 질서를 파괴하고 질
서를 지킬 수 없는 무질서한 형태가
되었음이니라.
49 지배하는 너희들의 영혼이 십계명을
따르지 아니하여 너희들이 갈 길을 모
르기 때문에 지금 그와 같은 혼란의
상태로써 이와 같은 형국이 이루어지
다 보니, 너희들이 살아가는 세속의
세상에 아름답고 소중한 것이 없으며,
귀한 것이 없으며,
50 그리고 너희들이 너희 자신의 소중함
도 모르는 이와 같은 세상이 되어 있
어 도둑이라는 것이 세상에 판치며,
배우고 능력 있는 자가 못 배우고 어
리석은 자를 등치며,
51 그리고 그들을 감언이설로써 이용하
며, 버젓이 모든 악의 뿌리들이 판을
치며 악의 뿌리들이 활보하는 이와 같
은 세상이 되어 있으며,
52 종국에는 너희들의 목숨까지도 그저
아무런 가책 없이 버리고 또 사고파는
이와 같은 형국이 되어 있으며, 살인
하며 그 살인을 맡아 대행하는 이와
같은 사악한 시대가 이루어짐이 바로
그와 같은 무질서에서 왔기 때문이니
라.
53 통제하는 것이 없으며, 통제하는 기준
이 없으며 통제하는 기본이 너희들로
부터 떨어져 있기 때문에, 너희들이
각자 그와 같은 행동을 하고 있기에
이와 같이 험악한 형국이 이루어졌음
이니,
54 지금이라도 너희들이 나의 십계명을
너희들을 통제할 수 있는 영으로 받아
들여 너희들을 지배하고 통제할 수 있
도록 그리 받아들이는 자만이 구원을
받을 수 있음이니라.
55 너희들이 육신의 생각이 지배하는 대
로 질서 정연하게 움직여야만 너희들
의 몸의 가치를, 기능을 발휘할 수 있
으며 무엇인가를 이룰 수 있는 것같이,
56 너희들이 십계명의 영을 받아들여 모
두가 다 일사불란하게 자기의 임무에
따라, 계명에 따라 움직이는 그와 같
은 역사를 이루는 것만이 너희들이 구
원받는 길이니 이를 잊지 말고 시행하
도록 그리하여야 할 것이니라.
57 그리고 깨우쳐 너희들이 그 영혼을 너
희들 자신 안에 받아들이는 나의 뜻이
요, 나의 생명이요, 나의 몸체요, 나의
친필로 내려보낸 그 소중한 십계명의
통제를 받아 질서 정연하게 살아가며,
58 그 질서 속에 새로운 창조를 하며 나
에게 오르는 새로운 낙원이요, 새로운
동산을 이루고자 하는 나의 뜻을 너희
들이 보게 되며 새로운 시대를 열고자
하는 내 뜻을 알게 될 것이니라.
59 그리하여 너희들이 지금보다도 너희
들 자신을 지배하는 영혼이 나의 십계
명과 나의 율법을 너희 머릿속에 심어
너희들이 그 통제를 받는 그 속에 들
어가야 할 것이니라.
60 지금 너희들이 그를 받지 아니하여 오
합지졸로 각자가 잘났다며 각자의 직
무만이 최고라는 그와 같은 형국으로
가기에 이를 잡을 수가 없어,
61 내가 나의 성령으로써 나의 선지자를

통하여 나의 그 영혼을 너희들에게 다
시 불어넣고자 하여 나의 법전을 세상
에 내려보냄이니라.
62 각자가 수천수만 길로 갈라지고 찢어
져 저희들이 옳다 부르짖는 너희들의
그 집단에 영혼이 없음이니, 오늘의
이와 같은 형국이 이루어져,
63 각자가 자기 뜻대로 이단이요, 삼단이
요, 사탄이요, 사악한 무리라며 아귀
다툼을 하며, 그리고 서로 핍박하며
서로 저주하며 이와 같은 형국이 이루
어진 너희들의 모든 마음을 다스릴 수
있는 길이 없어,
64 나의 성령을 태워 나의 법전으로 나의
선지자를 통하여 160권이 넘는 이와
같은 나의 깨우침을 너희들에게 전함
이니라.
65 이 160권 중에 너희들이 한 권의 나의
법전을 통하여 거기에서 깨달아 세상
의 이치를 깨달으며, 하늘에 오르는
길을 찾아 영광된 너희들의 삶을 이루
고자 하며,
66 그리고 너희들 영혼이 나에게 와 구원
을 받는 그와 같은 축복과 영광을 너
희들에게 내가 내리고자 나의 법전을
세상에 내려보내는 뜻을 너희들이 깨
달아, 나의 법전을 덮지 말고, 찢지 말
고, 불에 태우지 말며, 그리고 사탄이
요, 이단이라 말하지 말라 내가 너에
게 이르지 아니하였더냐?
67 도둑이 볼 때는 저희들을 잡아들이는
포도대장이 이단이요, 사탄이며 그러
한 형국으로써 지금에 와 있음이니라.
68 지금의 사악한 너희들의 그 무리가 지
금 나의 성령을 태워 너희들을 구하고
자 하는 나의 이 뜻을 바라보고 받아
들이기는 사탄이요, 이단이라 그리 보
일 것이니라.
69 너희들을 흩트려 놓으며 너희들을 질
서 정연한 나의 하늘을 오를 수 있는
길로 인도하고자 너희들을 도둑처럼
하나씩 내가 깨우쳐 이를 이루도록 하
고자 함이니,
70 너희들이 보는 그 속에서는 바로 이단
이요, 사탄과 같이 사악한 무리로 보
일 것이니라.
71 내가 너희들에게 말하였느니라, 도둑
같이 와 너희들을 깨워 주리라.
72 너희들을 이끌어 준다 하였음이니라.
73 지금 너희들이 아무리 철옹성같이 너
희들의 조직을 쌓아 놓았다 하나, 나
의 법전을 너희들의 신도요, 제자라
하는 자들이 읽고 하나가 깨우치고 둘
이 깨우쳐 서서히 나의 선지자의 그
설법에 귀를 기울이게 될 것이니,
74 이게 바로 너희들에게 도둑과 같이 조
용히 와 도둑과 같이 너희들을 하나씩
내가 구원의 길로 인도하는 그와 같은
역사를 이루고자 하는 그 뜻을 내가
성서에 비쳐 놓았음이니,
75 이 뜻을 너희들이 깨닫고 오늘의 실정
을 견주어 보면, 과연 이는 나 여호와
하나님이 도둑과 같이 와서 도둑과 같
이 너희들을 구원한다는 미리 준비된
그 뜻임을 너희들이 알게 될 것이며,
76 오늘의 나의 선지지가 행하고 있음이
그와 같을 것이며, 나의 법전이 조용
히 너희들의 손에, 도둑과 같이 너희
가슴에 들어가 그 가슴을 울리며 그
가슴에 깨우침을 얻게 하여, 너희들이

스스로 나의 법전을 정독하며 하늘에 오르는 깨우침의 길로 올 수 있도록 내가 지금 시작하였음이니,

77 이 역사 앞에 너희들은 거부하려 하지 말며, 저항하려 하지 말며, 너희들은 나의 선지자를 이단이요, 사탄이라 핍박하지 말라.

78 다만, 너희들은 내가 내리는 160권의 10분의 1인 16권의 나의 법전이라도 읽어 보고, 그렇지 않으면 160분의 1인 한 권의 법전이라도 읽어 봐서 그 뜻이 잘못되었으며, 그 선지자가 너희들에게 전하고자 하는 그 내용이, 그 책이 잘못되었다 생각하면 그때 가서 너희들이 나의 선지자를 욕하며 나 여호와를 욕해도 내가 너희들을 벌하지 아니할 것이니라.

79 다만, 한 권의 법전이라도 너희들이 읽어 보면 그 속에 있는 나의 뜻이요, 나의 성령을 내가 직접 내려보냄을 너희들이 알게 될 것이니라.

80 내가 160권 이상의 법전을 세상에 내보내 그중에 너희들에게 160분의 1이 안 되는 한 권을 읽어 보라 함이니, 그것도 너희들이 하지 아니하고 나 여호와를 욕하지 말며,

81 나 여호와가 이와 같은 선지자를 통하여 나의 성령의 뜻을 내려보내는 그 법전을 이단이요, 삼단이요, 사악한 무리요, 종말에 오는 거짓 선지자라 하는 그와 같은 오명을 씌우지 말며, 그 잘못 가르치는 그들의 그 사악한 소리에 현혹되어 나의 사랑하는 피조물 만백성이 바른길을 보지 못하는 그런 우를 범하지 말라.

82 내가 오늘 마지막으로 너희들에게 다시 한 번 강조하노라.

83 도둑질하는 자가 볼 때는 그를 잡으려 하는 포도대장이 이단이요, 사악한 사탄으로 그리 보일 것이니, 이와 같은 나의 깨우침을 너희들이 깊이 깨우치라.

84 지금의 너희들이 가는 것이 다 잘못 가고 있으며 지옥 불로 가고 있음이니라.

85 지옥 불로 가는 것을 바로잡고자 내려온 나의 법전이 바로 무엇이더냐?

86 도둑을 잡으려는 포도대장이 이단이요, 사탄과 같이 보이는 그와 같은 형국이니라. 이를 깊이 깨우쳐 행하도록 하라.

부 록

【하나님께서 가르쳐 주신 운동】

천재지변이 일어날 때, 동물이나 미물들은 미리 알고 대피하지만, 인간은 알지 못하고 큰 화를 당합니다. 하나님께서 인간에게 가장 높은 지혜를 주시고 완벽하게 창조해 주셨기에 동물들보다 더 잘 알 수 있지만, 욕심으로 마음이 혼탁해져서 한 치 앞을 보지 못하는 것입니다.

마찬가지로, 인간은 누구나 스스로 필요한 운동을 해서 건강을 지킬 수 있도록 하나님께서 만들어 주셨습니다. 우리의 머리에서 우리 몸에 필요한 동작을 해 달라고 끊임없이 신호를 보내지만, 인간이 혼탁하게 살아서 그 신호를 알아채지 못합니다. 그러니 자연스럽게 자기 몸이 원하는 그 신호를 따라서 운동하는 것이 하나님께서 가르쳐 주신 운동 방법입니다. 바로, 우리의 영이 육을 이끄는 운동입니다.

▶ 하나님 운동법

1. 눈을 감고, 발을 어깨너비로 벌리고 바르게 선다.
2. 몸에 힘을 풀고, 허리를 숙이면서 손과 머리를 아래로 내린다.
3. 허리를 펴고 싶을 때, 천천히 펴면서 하고 싶은 동작을 하면 운동이 시작된다. (사람마다 다르다.)
4. 멈추지 말고, 어떤 동작이든지 자기 몸의 느낌대로 계속 이어서 한다.

▶ 참고 사항

① 눈을 감은 상태로 아무 생각 하지 않고, 자기 몸의 느낌대로 움직입니다.
② 마음을 비우고, 욕심을 버리고, 지난날의 잘못을 반성하면서 몇 차례 시도하다 보면, 자기도 모르게 하고 싶은 동작이 끊임없이 생깁니다.
③ 운동 장소는 방 안이든 운동장이든 관계없으며, 걷거나 달리고 싶을 때는 눈을 떠도 됩니다.
④ 매일 40분 이상, 주 4회 이상, 3개월 이상 하면 음식 조절에 들어갑니다.
- 음식으로 생긴 병은 음식으로 치료하게 되며, 어떤 음식을 먹어야 하는지 스스로 알게 됩니다.
(자기 몸에 필요한 음식만 먹고 싶어집니다.)
⑤ 사랑하는 사람과 함께 운동하면 서로 치료해 주기도 합니다.
⑥ 운동을 하다가 몸의 어느 한 부분을 계속 손으로 자극한다면 그쪽에 이상이 있는 것이니, 의사에게 상담을 받고 적절한 치료를 받으면 됩니다.
⑦ 다이어트 및 기타 건강관리에 효과적입니다.
⑧ 꾸준히 운동하여 영이 맑아지면, 자신의 과거와 미래를 스스로 보게 됩니다.

누구나 스스로 하실 수 있습니다.

간행사

《새로운 성경》은:

· 새로운 성경은, 하나님께서 선량하고 선한 자를 선택하여 십계명을 암송하도록 하시고, 십계명을 암송한 다음에 음성으로써 들려주시는 말씀을 듣고 그대로 카세트테이프에 녹음해서 받아쓴 책입니다.

· 90분짜리 녹음테이프 700여 개에 달하는 말씀으로, 1999년 8월부터 2004년 7월까지 총 160권(권당 288쪽)을 완성하였으며, 그 이후에도 현재까지 계속 말씀을 내려 주고 계십니다.

· 새로운 성경은 "하늘을 두루마리 삼고 바닷물을 먹물 삼아 쓰고 써도 다 못 쓴다"는, 끝없이 방대한 하나님의 말씀이 두루마리로 직접 내려오는 것입니다. 이러한 새로운 성경은 구약과 신약을 폐하려는 것이 아니라 "인봉된 성서의 비유의 뜻"을 상세히 설명하여 완성하고자 하나님께서 직접 내려 주신 말씀입니다.

《새로운 성경》의 구성:

· 제 목: 2013년, 160권 모음집을 발간하면서, 본 도서의 제목을 "하나님! 말씀하옵소서"에서 《새로운 성경》 으로 명해 주셨습니다.

· 단행본: 각 권당 288쪽(신국판) 책이 160권까지 시리즈로 출판됩니다.
(모음집은 단행본을 16권씩 묶어서, 총 10부로 구성됩니다.)

《새로운 성경》의 성경적 근거:

· 신약 성경 [요한복음] 16장 13절에 "진리의 성령이 오시면 그가 너희를 모든 진리 가운데로 인도하시리니 그가 자의로 말하지 않고, 오직 듣는 것만을 말하며" 하신 말씀처럼 하나님의 음성을 들은 것만 기록하였으며,

· "장래 일을 너희에게 알리시리라" 하신 말씀과 같이 개인, 나라, 인류의 "장래"일을 하나님께서 알려 주시는 것만 기록하여 책으로 만들었습니다.

《새로운 성경》의 기록 방법:

· 1999년 8월부터 하나님께서 저에게 들려주시는 음성을 기록하였습니다. 처음에는 제가 들은 말씀을 불러 주면 저의 아내가 기록하여, 2000년 1월 29일에 1권 초판이 세상에 나왔습니다. 2000년 4월부터는 주시는 말씀을 받아 녹음기에 기록하기 시작하였습니다.

· 녹음을 시작하면서 하나님의 말씀을 받는 데 가속도가 붙었고, 2001년 5월 3일에 1부(1~16권까지)를 인쇄하여 출판하였으며, 2004년 7월까지 총 160권 분량의 말씀을 받아 기록하였습니다.

하나님께서 저에게 주신 것은:

· 첫째, 만백성을 상대로 내려 주시는 "기도", 둘째, 수시로 내려 주시는 "묵상", 셋째, 개인의 과거, 현재, 미래를 알려 주시는 "개인 기도", 넷째, 개인의 건강을 위해서 내려 주시는 "음식 처방", 다섯째, 하나님께서 가르쳐 주신 "운동"등이 있습니다. 이 중에 첫 번째, "기도"를 책으로 편찬하였습니다. 사람의 생사, 개인의 미래에 관한 천기는 수록하지 말라 하셨습니다.

강론 안내:

· 하나님께서는 지금도 매일 저에게 새로운 하늘의 비밀의 말씀을 내려 주고 계십니다. 수시로 내려 주시는 말씀을 정리해서 제자를 육성하라는 말씀에 따라 매주 강론을 하고 있습니다. 누구나 무료로 들으실 수 있습니다. (book160.com)

《새로운 성경》을 읽는 분들에게 드리는 선물:

· 개인 기도: 개인의 과거, 현재, 미래에 관하여 말씀을 내려 주십니다.

· 음식 처방: 사람은 음식을 먹고살다가 건강을 잃으니, 음식과 운동으로 건강을 되찾는 방법을 알려 드립니다. 단, 하나님이 계심을 믿고, 십계명을 지키겠다고 진실로 서약하는 분들께 알려드립니다.

《새로운 성경》의 은혜와 기적:

· 새로운 성경 전160권은 16권씩 묶어서 총 10부의 모음집으로 구성됩니다. 모음집 한 부를 읽고 깨우치는 자에게 하나님께서 다음과 같은 기적이 있다고 하셨습니다.

· “첫째, 그가 죽어 하늘에 갔을 때 그의 죄를 묻지 아니하며, 구원을 받는 위대한 은혜가 있으며, 둘째, 그의 소원과 소망이 이루어지고, 셋째, 죽은 자(부모, 형제, 자식, 사랑하고 은혜 입은 분)의 이름으로 구입한 책을 읽고 누군가 한 사람이 깨우칠 때, 그 죽은 자가 지옥에서 천국으로 구원을 받게 되며, 넷째, 유산, 중절 수술 등으로 태어나지 못한 아이를 위하여 구입한 책을 보고 한 명이 깨우쳤을 때, 그 아이가 사람으로 다시 한 번 태어나는 은혜를 받는다.”

· “새로운 성경”을 3회 이상 정성을 다해 정독하는 자, 성서의 비밀을 알게 되고, 세상의 이치를 알게 되며, 세상을 지배하고 통제할 수 있는 지혜를 다 얻게 된다고 하셨습니다. 이 책은 만백성이 정독하고 이웃에게 전하여, 평생 가슴에 묻은 슬픔과 고통의 짐을 벗고 미래를 위한 힘찬 삶을 살아가도록 하는 책입니다.

끝으로

· 하나님께서는 흰 눈이 세상을 덮듯이 새로운 성경을 온 세상에 전하라고 하셨습니다. 《새로운 성경》 을 각국어로 번역해서 온 인류에게 구원의 길을 깨우쳐 주고, 그 수익으로 가난하고 어려운 백성을 구제하여, 만백성의 영과 육을 함께 구원하는 선지자의 임무를 수행하라고 저에게 명하셨습니다.

· 하늘에서 내려 주신 말씀의 보화를 만백성에게 나누어 주는 것이 선지자의 임무라고 하셨습니다. 새로운 성경을 통해서 얻는 재물을 사용할 곳도 하나님께서 일일이 명해 주십니다. 모든 재물은 저의 자의로 쓸 수 없고, 하나님께서 명하시는 대로만 쓰여집니다.

· 어떤 명분으로든 십일조나 각종 헌금을 거두어들이지 말라 하셨으며, 국내뿐 아니라 각국에 성전과 단독 서점을 운영하며, 한국의 많은 젊은이들을 전 세계에 지도자로 내보내라고 하셨습니다.

· 우리는 세계적으로 새로운 성경을 보급하며 어려운 이들을 돕는 역사를 해 나갈 것입니다. 지금까지 비록 몇 명 안 되는 제자들과 함께 이러한 일을 역사했지만, 앞으로도 계속 하나님께서 기뻐하시는 일들을 해 나갈 것입니다. 부족한 저희에게 여러분들의 지혜와 성원을 보내 주시기를 바랍니다. 많은 분들의 참여와 도움을 간절히 기다립니다. 감사합니다.

한국어로 내려온 《새로운 성경》 단행본을 출간하며
2016년 4월 10일

발행인 **김 용 철**

한국어로 내려온

새로운 **성 경** · 2부 · 제24권

지은이 하나님 말씀
대역자 김용철

초판인쇄 1쇄 2006년 12월 12일
재판인쇄 1쇄 2017년 4월 3일

펴낸 곳 도서출판 하얀마음
등록번호 제 10-2107호 (2001년 2월 14일)
주소 서울시 노원구 덕릉로86길 5, 2층
전화번호 02) 313-1114
팩스 02) 393-5554
전자우편 book160@hanmail.net
편집위원 조나영 김미향 이석교
제작지원 민평기 양영아 민대웅 민영주 김도윤 민지영 이현종

도서상담 1600-7527
ISBN 978-89-5875-124-3 (04230)
978-89-5875-100-7 (세 트)

값 10,000원
잘못된 책은 구입하신 곳에서 바꾸어 드립니다.

※이 책은 10부로 제작되며, 각 부 16권씩 총160권으로 구성됩니다.※

1부	**2부**	3부	4부	5부	6부	7부	8부	9부	10부
1권	17권	33권	49권	65권	81권	97권	113권	129권	145권
2권	18권	34권	50권	66권	82권	98권	114권	130권	146권
3권	19권	35권	51권	67권	83권	99권	115권	131권	147권
4권	20권	36권	52권	68권	84권	100권	116권	132권	148권
5권	21권	37권	53권	69권	85권	101권	117권	133권	149권
6권	22권	38권	54권	70권	86권	102권	118권	134권	150권
7권	23권	39권	55권	71권	87권	103권	119권	135권	151권
8권	24권	40권	56권	72권	88권	104권	120권	136권	152권
9권	25권	41권	57권	73권	89권	105권	121권	137권	153권
10권	26권	42권	58권	74권	90권	106권	122권	138권	154권
11권	27권	43권	59권	75권	91권	107권	123권	139권	155권
12권	28권	44권	60권	76권	92권	108권	124권	140권	156권
13권	29권	45권	61권	77권	93권	109권	125권	141권	157권
14권	30권	46권	62권	78권	94권	110권	126권	142권	158권
15권	31권	47권	63권	79권	95권	111권	127권	143권	159권
16권	32권	48권	64권	80권	96권	112권	128권	144권	160권